초기불교
94가지 주제로 풀다

초기불교
- 94가지 주제로 풀다

2013년 9월 25일 1판 1쇄 인쇄
2013년 9월 30일 1판 1쇄 발행

지은이	임승택
펴낸이	김인현
펴낸곳	종이거울

등록	2002년 9월 23일(제19-61호)
주소	경기도 안성시 죽산면 용설리 1178-1
서울사무소	서울시 종로구 경운동 96-21
	전화 02-419-8704 팩스 02-336-8701
E-mail	dopiansa@hanmail.net
홈페이지	http://www.dopiansa.or.kr
인쇄	금강인쇄(주)

ⓒ 2013, 임승택

ISBN 978-89-90562-44-9 04220

- 책값은 뒤표지에 있습니다.
- 잘못된 책은 바꿔드립니다.
- 이 책의 내용 전부 또는 일부를 다른 곳에 사용하려면 반드시 저작권자와 종이거울 양측의 서면동의를 받아야 합니다.

萬里無雲 8

초기불교
94가지 주제로 풀다

임승택 지음

시작하는 말

이 책은 초기불교의 경전(經典) 모음집인 니까야(Nikāya)를 바탕으로 작성되었다. 필자는 가급적 니까야의 범위를 벗어나지 않으려 했고 이를 통해 이 책의 고유한 색채를 분명히 하고자 하였다. 여기에서 채택된 94가지 주제는 필자 자신이 뽑아낸 것으로 초기불교를 효과적으로 이해하기 위한 키워드에 해당한다. 방대한 분량으로 전해지는 초기불교의 가르침을 주제별로 간결하게 정리해 보자는 것이 원래의 의도였다. 여기에는 다소 전문적인 내용들도 포함되지만 대체로는 초기불교의 기본 가르침에 속한다고 할 수 있다.

이 책의 원고는 지난 2년 동안 '초기불교 순례'라는 칼럼명으로 「법보신문」에 연재되었다. 200자 원고지 10장 내외의 분량으로 도합 94회에 이르는 연재를 진행하면서 조금씩 분량을 더했다. 그 기간 동안 이 작업과 더불어 알뜰하게 보냈다는 생각에 흐뭇한 마음이 인다. 매회 짧은 글로 초기불교의 가르침을 엮어내는 작업이 쉽지는 않았다.

조금이라도 군더더기가 들어가면 분량이 초과되기 일쑤였고, 그렇다고 원론적인 내용만을 다루면 재미없는 글이 되고 말았다. 신문연재의 특성에 익숙해지는 데에만 적지 않은 시간이 걸렸다. 연재를 마친 후 원고를 다듬는 과정 또한 스스로의 부족함을 반성해 보는 좋은 기회가 되었다. 다시 쓴다는 각오로 수정 작업에 임했다.

필자는 초기불교를 전공으로 하는 동시에 위빠사나(vipassanā)와 요가(Yoga) 명상에 주력해 온 이력을 가지고 있다. 이 책은 이와 같은 필자의 경력과 관심을 반영한다. 매 주제마다 어떻게 해서 명상의 실천과 연계시킬 수 있는가의 질문을 스스로에게 던졌고 그것에 대한 해답을 찾기 위해 애썼다. 또한 초기불교 분야에서 발생했던 그간의 주요 논쟁과 쟁점에 관해서도 나름의 입장을 분명히 하고자 하였다. 따라서 이 책은 누구보다도 필자 자신을 위한 것이라고 할 수 있다. 그러나 필자는 이러한 접근방식이야말로 초기불교에 다가가기를 희망하는 모든 사람들이 적극 고려해 볼만한 것이라고 생각한다. 초기불교에 대한 이해는 각자 당면해 있는 현실과 연관하여 그 의미를 되새기는 작업이 병행되어야 한다는 것이 필자의 신념이다.

최근 국내의 초기불교에 대한 연구와 논의는 상당한 수준에 이르고 있다. 4부 니까야가 완역되었고 『법구경』이라든가 『숫따니빠따』 등의 주요 소부니까야(Khuddaka-Nikāya)도 속속 번역·출간되고 있다. 또한 어느 분야에 못지않게 학술적인 논의가 활발하게 펼쳐지고 있다. 그러나 아직도 사성제(四聖諦), 오온(五蘊), 십이연기(十二緣起) 등의 주요 교리를 자상하게 설명하는 대중적인 해설서는 부족한 편이다. 그나마 주목할 만한 책들은 후대의 아비담마(Abhidhamma)라든가 대승불교(Mahāyāna)의 시각을 상당부분 개입시키고 있다. 이러한 실정을 접하면서 초기불교를 니까야의 가르침만으로 풀이해 보자는 생각이 줄곧 머릿속을 떠나지 않았다.

일부에서 지적하듯이 니까야와 『청정도론(Visuddhimagga)』 등의 주석문헌 사이에는 상당한 간극이 존재한다. 이것은 두 부류의 문헌을 비교해서 읽어본다면 쉽사리 느낄 수 있다. 니까야를 읽을 때의 감격과 환희는 사라지고 메마르고 건조한 분석적 체계와 마주하게 된다. 더욱이 그러한 문헌들은 초기불교에서 거부했던 본질주의 혹은 실체론적 관점을 공공연히 도입하고 있다. 정밀한 기계부품처럼 묘사되는 52가지 마음요소(心所, cetasika), 정형화된 패턴의 찰나적 인식 과정(路心, vīthicitta) 등을 대표적인 사례로 꼽을 수 있다. 이들은 마치 수동시계의 톱니바퀴들처럼 정교하게 맞물려 초기불교 당시에는 존재하지 않았던 거대한 형이상학적 체계를 구성하게 된다.

필자는 일정한 한도 내에서 상좌부(上座部, Theravāda) 전통의 주석문헌이 니까야를 이해하기 위한 참고가 될 수 있다고 본다. 그들을 외면하면 자칫 잘못된 이해와 독선에 빠질 위험성이 없지 않다. 그러나 필자는 그러한 문헌들이 지니는 한계와 문제점에 대해서도 경각심을 가져야 한다고 생각한다. 특히 초기불교에 대한 최근의 관심이 정당성을 지니기 위해서는 특정 부파의 주석문헌에 지나치게 의존하는 태도 또한 시정되어야 할 것이다. 쉽지는 않겠지만 니까야에 대해서는 니까야 자체의 시각으로 해명하려는 노력이 경주되어야 할 것이다.

한편 니까야 역시 후대에 문자화되었으므로 초기불교의 것으로 간주하기 힘들지 않느냐는 의문이 제기되기도 한다. 전혀 근거 없는 이야기는 아닐 것이다. 그러나 이러한 의문 또한 니까야와 아비담마의 주석문헌들을 비교해서 읽어본다면 어렵지 않게 해소될 수 있다. 대부분의 경우 니까야 경전들은 "나는 이와 같이 들었다(evaṁ me suttaṁ)."라고 하는 아난다 존자의 회고로부터 시작된다. 반면에 주석문헌들에는 그러한 언급이 나타나지 않으며, 경전의 내용을 일정한 패턴으로 분류하고 설명하는 데 주력할 뿐이다. 또한 니까야에서는 사용되지 않는 전문화된 술어들이 등장하여 논지를 이끌어 나간다. 서술의 방식은 물론 내용 면에서도 서로에게 발견되는 차이는 뚜렷하다.

니까야는 길거나 짧은 수많은 경전들로 이루어져 있다. 거기에는 붓다 자신의 가르침과 행적은 물론 주요 제자들의 교리해설과 실천방식에 대한 언급까지도 포함된다. 또한 동일한 가르침을 이질적인 방식으로 중복해서 기술하는 경우도 있고, 특정한 제자집단들 사이의 상호 모순적인 견해라든가 긴장관계에 대한 묘사도 나타난다. 이러한 니까야의 구성은 초기불교의 가르침이 정연하지 못하다는 인상을 줄 수도 있다. 그러나 이것은 구체적인 현실에 비추어 초기불교를 적용해 보게 하는 훌륭한 소스가 될 수 있다. 이점에서 니까야 전체를 읽는 것이야말로 의심의 여지없이 초기불교를 가장 온전하게 이해해 들어가는 방법이 된다.

물론 니까야에 기술된 내용만으로 온전한 이해가 불가능한 경우에는 주석문헌의 도움을 받는 것이 마땅하다. 그러나 우선은 니까야에 충실해야 한다는 것이 필자의 좁은 소견이다. 굳이 주석문헌을 끌어들이지 않더라도 현실 삶에서 니까야의 가르침을 적용해 볼 여지는 많기 때문이다. 한 발짝 더 나아가, 필자는 그러한 적용이 어느 누구도 아닌 바로 '나' 자신에 의해 수행되어야 한다는 사실을 강조하고 싶다. 그와 같은 태도에 입각할 때라야 초기불교는 우리 모두가 직면해 있는 구체적인 삶에 대해 지침 역할을 할 수 있을 것이다. 아래의 경문은 이러한 필자의 신념을 뒷받침해 준다.

> 깔라마들이여, 그대들은 소문에 의해서, 전승에 의해서, 그렇다는 말에 의해서, 경전에 근거해 있다고 해서, 추리를 원인으로, 논리를 원인으로, 모습의 고려에 의해서, 견해와 숙고에 일치한다고 해서, 유능하게 보인다고 해서, 혹은 '우리의 스승인 사문이시다.'라고 해서 [특정한 가르침을 받아들이지] 말라. 깔라마들이여, 실로 그대들은 '이 가르침은 옳으며, 이 가르침은 허물이 없으며, 이 가르침은 현명한 이들의 비난을 받지 않으며, 이 가르침을 받들어 행하면 유익함과 즐거움이 발생한다.'라고 스스로 알아야 한다. 깔라마들이여, 그대들은 그러한 경우에 [그 가르침을] 받아들이고서 [거기에] 머물러야 한다. (AN. I. 191-192)

집필을 시작할 때부터 최종 마무리 단계에 이르기까지 끊임없는 격려와 자극으로 버팀목이 되어주신 송암스님께 깊이 감사드린다. 스님께서는 몸소 연구실을 방문하시어 원고를 쓰도록 설득하셨다. 이러한 은혜가 없었더라면 이 책은 기획조차 되지 못했을 것이다. 또한 부족한 글을 계속해서 신문지면에 연재할 수 있도록 배려해 준 법보신문의 이재형 기자에게도 깊이 감사한다. 성심껏 원고를 읽고서 문제점을 지적해 준 평생 도반 김수연 선생께도 고마움을 전한다. 속히 건강을 회복하여 활발하게 활동하시길 간절히 염원한다. 교정을 위한 윤독에 동참해 준 경북대학교 철학과 대학원생들, 출판교정에 힘써 주신 이상옥 선생께도 감사의 마음을 전한다.

2013년 6월 30일

저자 임승택

목차

시작하는 말 4

제1장 초기불교의 특징

1. 초기불교의 특징 15 | 2. 붓다의 진리관 18 | 3. 붓다의 생애 21 | 4. 붓다의 출가와 수행 24 | 5. 붓다의 깨달음 28 | 6. 붓다 가르침의 특징 31 | 7. 붓다의 최초 설법 34 | 8. 붓다의 마지막 가르침 37 | 9. 초기불교와 그 이후의 불교 40 | 10. 남방불교와 북방불교 44

제2장 불교와 비불교

11. 바라문교와 불교 49 | 12. 제식주의와 불교 52 | 13. 금욕주의와 불교 56 | 14. 범아일여와 불교 59 | 15. 쾌락주의와 불교 62 | 16. 숙명론과 불교 66 | 17. 단멸론과 불교 69 | 18. 힌두교와 불교 72 | 19. 불교에서의 신 75 | 20. 인도철학의 업 78 | 21. 제식주의의 업 81 | 22. 자이나교의 업 84 | 23. 초기불교의 업 88 | 24. 요가와 불교 91 | 25. 철학과 불교 94

제3장 초기불교의 기본 가르침

26. 무상 99 | 27. 괴로움 102 | 28. 무아 105 | 29. 견해의 위험성 110 | 30. 마음과 세계 113 | 31. 세계의 구성 116 | 32. 출세간 119 | 33. 탐냄 122 | 34. 성냄 126 | 35. 어리석음 129 | 36. 해탈 132 | 37. 깨달음 135 | 38. 보시에 대한 가르침(施論) 138 | 39. 계율에 대한 가르침(戒論) 141 | 40. 천상에 관한 가르침(生天論) 144

제4장 사성제의 이해와 실천

41. 사성제의 의의 149 | 42. 고성제 152 | 43. 고성제와 오취온 156 | 44. 집성제 160 | 45. 집성제와 갈애 164 | 46. 멸성제 168 | 47. 멸성제와 열반 172 | 48. 도성제로서의 팔정도와 중도 176 | 49. 팔정도와 돈오점수 181 | 50. 바른 견해 184 | 51. 바른 의향 187 | 52. 바른 언어 191 | 53. 바른 행위 194 | 54. 바른 삶 197 | 55. 바른 노력 200 | 56. 바른 마음지킴 203 | 57. 바른 삼매 207 | 58. 삼학과 팔정도 211 | 59. 사념처의 이해 214 | 60. 몸에 대한 지속적인 관찰 217 | 61. 느낌에 대한 지속적인 관찰 220 | 62. 마음에 대한 지속적인 관찰 224 | 63. 법에 대한 지속적인 관찰 227 | 64. 사념처의 순서 231 | 65. 사마타와 위빠사나 234 | 66. 다섯 장애 239 | 67. 다섯 기능 242 | 68. 자애 247 | 69. 사띠 논쟁 250

제5장 있음에 대한 분석

70. 오온의 이해 255 | 71. 물질현상〔色〕 258 | 72. 느낌〔受〕 262 | 73. 지각〔想〕 265 | 74. 지음〔行〕 269 | 75. 의식〔識〕 272 | 76. 십이처 276 | 77. 십팔계 279 | 78. 십이연기의 취지 283 | 79. 십이연기의 해석 287 | 80. 늙음·죽음〔老死〕 292 | 81. 태어남〔生〕 295 | 82. 있음〔有〕 298 | 83. 집착〔取〕 303 | 84. 갈애〔愛〕 306 | 85. 느낌〔受〕 309 | 86. 접촉〔觸〕 312 | 87. 여섯 장소〔六入〕 316 | 88. 정신·물질현상〔名色〕 319 | 89. 의식〔識〕 323 | 90. 지음〔行〕 327 | 91. 무명〔無明〕 331 | 92. 법의 이해 334 | 93. 유위와 무위 339 | 94. 무아·윤회 논쟁 342

인용 경전 346

찾아보기 348

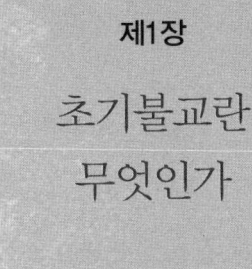

제1장

초기불교란 무엇인가

1
초기불교의 특징

초기불교는 우리에게 과연 어떤 의미를 지닐 수 있는가. 역사적 사실만을 말하자면 2500년 전쯤 인도에서 시작되었으며, 고따마 싯닷타(Gotama Siddhattha)라는 인물과 그의 제자들에 의해 주도된 개혁적 종교라고 할 수 있다. 남방의 상좌부(Theravāda)에서는 바로 이것만을 순수한 불교로 간주하고서 그 이외의 가르침들에 대해서는 경계하는 모습을 보인다. 그런데 북방의 대승불교에서는 초기불교에 대해 불교라는 흐름이 시작된 최초의 발원지 정도로만 여기고서 오히려 그 이후에 성립된 가르침들에 대해 더 많은 관심을 보인다. 한편 더욱 후대의 밀교 등에서는 초기불교의 역사성에 그다지 큰 의미를 부여하지 않으며, 석가모니(釋尊, Śakyamuni, Gotama-Buddha) 또한 진리의 몸체로 상정되는 비로자나(大日如來, Vairocana)의 화신(化身)으로 간주할 뿐이다.

세계의 종교사를 통틀어 불교만큼 스스로에 대해 이와 같이 다양한 시각을 용인하는 종교는 없을 것이다. 불교는 마치 거대한 대양처럼 여러 이질적인 사상과 교리를 흡수하면서 오늘에 이르고 있다. 한쪽에서는 무아(無我)와 공(空)의 가르침을 통해 그릇된 견해와 집착을 해체하는 데 주력하는 반면, 다른 한쪽에서는 불성(佛性)이라든가 여래장(如來藏) 혹은 한마음〔一心〕과 같은 포용의 논리로써 각박해진 마음을 다독인다. 이러한 양상은 서로 모순되는 것처럼 보이기도 하고 혼란스러움을 초래할 수도 있다. 그럼에도 불구하고 각각의 입장들은 스스로에 대해 불교라는 명칭을 포기하지 않는다. 바로 이것은 불교라는 종교에 대해 '대책 없는 상대주의' 라는 또 다른 편견을 불러일으킬 수 있다.

상대주의에서는 동일한 사태에 대해 서로 모순되는 주장들을 용인한다. "너의 입장에서는 이것이 정답이지만 그의 입장에서는 그것이 정답이다." 그러나 이러한 상대주의적 논리는 결국 있으나마나 한 것이 되고 만다. 상반되는 입장들을 무차별적으로 수용하다보면 보편적 진리가 들어설 여지가 없다. 이것은 일관된 목적과 방향을 흩트리는 결과를 초래한다. 그렇다면 불교라는 단일한 이름 아래 전해지는 다양한 이질적 가르침들은 심각한 문젯거리가 아닐 수 없다. 이들 중에서 과연 어떤 주장이 붓다의 가르침을 진실로 계승하는가. 붓다 자신은 이러한 현상에 대해 어떻게 생각할까. 불교에서도 다른 종교와 마찬가지로 이단 사냥에 나서야 하는 것은 아닌가.

그러나 초기불교 경전에는 이러한 고민을 말끔히 씻어 줄 가르침이 존재한다. 그것은 다름 아닌 사성제(四聖諦)이다. 즉 모든 인간이 괴로움에 노출되어 있다는 것(苦聖諦), 그것의 원인은 내면의 탐욕과 무지에 있다는 것(集聖諦), 그러한 괴로움은 극복될 수 있다는 것(滅聖諦), 그것을 극복하는 길이 존재한다는 것(道聖諦)이다. 사성제는 모든 유형의 불교적 가르침에서 전제가 되는 것으로 이것만큼은 상대주의의 여지를 남기지 않는다. 바로 여기에서 괴로움을 극복하는 데에 오로지 주력해 온 불교라는 종교의 보편적 성격을 확인할 수 있다. 시대를 관통하는 불교의 궁극 목적은 모든 중생들이 '괴로움을 벗어나 즐거움을 얻는 것(離苦得樂)'이다.

우리는 몸이 아플 때 병원에 간다. 그런데 병원에서의 처방은 매번 다르다. 몸의 상태라든가 질병의 경과에 따라 달라지는 것이다. 이와 같이 불교에서는 중생구제라는 일관된 목적 아래 다양한 방법을 사용해 왔다. 시대적으로 혹은 지리적으로 각기 다르게 나타난 불교적 가르침들은 결국 중생을 구제하기 위한 방편이었다. 초기불교의 특징 또한 여기에서 찾을 수 있다. 초기불교의 가르침은 간명하면서도 구체적이다. 그러나 어느 불교에서보다도 유연하고도 탄력적으로 괴로움에 대한 대처 방안을 제시한다. 바로 이것이 오늘날 초기불교에 대해 다시 주목해야 하는 이유이다.

2
붓다의 진리관

|

 진리란 무엇인가. 인류 역사상 무수한 종교가 혹은 사상가들이 출현하여 제각기 진리를 역설했다. 그들은 한결같이 말한다. "오직 이것만이 진리이고 다른 것은 거짓이다." 그들 중에서 어느 하나가 옳다면 필시 다른 나머지는 저절로 거짓일 것이다. 그렇다면 과연 어떤 가르침을 참된 진리로 받들어야 할까. 도대체 진리와 진리 아닌 것 사이에는 어떤 차이가 있는 것일까. 우리는 무수한 제각기의 진리들을 보면서 오히려 당혹해 한다. 이러한 상황에서 어떻게 방향을 가늠해야 할까. 과연 무엇에 의지하여 거칠고 험난한 인생길을 헤쳐 나가야 할까.

 붓다는 이와 같은 문제를 첨예하게 의식했던 인물이다. 그는 당시까지 전해져 내려온 여러 유형의 형이상학적 세계관에 정통해 있었다. 최초로 결집된 경전인 『범망경(梵網經, Brahmajala-Sutta)』에서는 당시 존재했던 사상을 62가지로 분류하고 그들 하나하나를 고찰한다.(DN. I. 1-46) 거기에는 영혼의 불멸을 주장하는 상주론(常住論)이라든가, 죽고 나면 모든 것이 소멸되어 없어진다는 단멸론(斷滅論), 조물주에 의해 세상이 창조·유지된다는 일분상주론(一分常住論) 등이 포함된다. 사실 이들은 동서고금의 형이상학적 논의에서 끊임없이 쟁점이 되어 왔다. 그러한 주장들에 대해 붓다는 치우침 없는 반성적 태도로 일관한다.

붓다는 그들 가운데 어느 하나를 지지하거나 혹은 새로운 견해를 제시하는 것에 목적을 두지 않았다. 오히려 그는 형이상학적 추구가 내면의 탐욕과 집착에 연결될 수 있음을 지적하였다. 즉 경험세계를 벗어난 문제들에 대한 견해나 주장은 집착이라든가 불안과 같은 심리적 요인에 뿌리를 둔 것일 수 있다고 환기시킨다. 예컨대 영혼의 불멸에 대한 주장은 현재의 자기를 영속화하려는 집착의 산물이며, 죽고 나면 모든 것이 소멸한다는 단멸론은 현실의 불만에 대한 자포자기적 심리를 반영한다. 한편 조물주에 의해 세상이 창조·유지된다는 견해도 마찬가지이다. 초월적 절대자를 내세우는 이러한 주장들 역시 불안과 두려움을 해소하기 위한 의도에서 비롯된 것일 수 있다.

그런데 이와 같은 견해나 주장들은 개인적인 신념에 머물지 않는다는 점에서 문제를 야기한다. 즉 특정한 견해를 확신하는 대다수 사람들은 그것을 타인에게 강요하려 든다. 그리고 바로 이것은 지난 수천 년 동안 목격되어 온 비극적 인류 역사의 주요 원인이 되었다. 역사상 대규모로 자행된 거의 모든 종류의 핍박과 박해에는 특정한 견해에 대한 요지부동한 확신과 강요가 전제되어 있었다. 초기불교 경전에서는 그것이 발생하는 양상을 다음과 같은 소박한 문구로 정형화한다. "그대는 그릇된 길을 가는 자이고 나는 바른 길을 가는 자이다. 나의 주장은 옳고 그대의 주장은 그릇되었다.(DN. I. 66)"

붓다는 누구보다 일찍이 교조적 신념체계가 가져올 수 있는 위험성을 간파하였다. 형이상학적인 견해나 주장들은 증명될 수 있는 성격의 것이 아니다. 그것은 결국 힘의 논리로써 정당화되기 마련이며 종국에는 타인을 억압하고 스스로를 경직되게 하는 방향으로 나아간다. 따라서 붓다는 경험 영역을 벗어난 문제들에 대해서는 의도적으로 침묵(無記, avyākata)한다. 그는 인간의 삶이 황폐해지는 주요 원인이 스스로의 한계를 망각하고서 독단(獨斷)이라는 함정에 빠지는 데 있다고 보았다. 그러한 이유에서 붓다는 내면에 도사린 편견과 집착부터 가라앉힐 것을 권한다.

45년에 이르는 붓다의 설법 여정에는 깨달음에 관련한 여러 내용이 나타난다. 그러나 『상적유경(象跡喩經, Mahāhatthipadopama-Sutta)』에 제시되듯이 그의 모든 가르침은 사성제(四聖諦)로 집약될 수 있다.(MN. I. 184-191) 괴로움이라는 현실[苦]과, 그것의 원인으로서의 갈애[集]와, 괴로움이 소멸된 경지[滅]와, 완성의 길[道]이라는 네 가지 거룩한 진리(聖諦, ariyasacca)가 그것이다. 붓다는 아리야삿짜 즉 거룩한 진리라는 표현을 사성제에 대해서만 제한적으로 사용하였다. 그는 괴로움 해소라는 현실의 문제에 주력했으며 여타의 사변적 견해들에 대해서는 차가운 태도를 유지하였다. 바로 여기에서 다른 종교가 혹은 사상가들과 구분되는 붓다만의 독특한 진리관이 드러난다고 할 수 있다.

3
붓다의 생애

|

 붓다는 과연 어떤 삶을 살았는가. 우리는 붓다의 행적을 어떻게 보아야 하며, 또한 거기에서 무슨 교훈을 얻어야 하는가. 붓다의 초상은 보는 이의 눈높이에 따라 여러 가지로 그려질 수 있다. 일부에서는 불교라는 종교를 창시한 교주로 부른다. 다른 일부에서는 해박하고 냉철한 사상가 혹은 철학자로 이해한다. 또 다른 일부에서는 초능력자 혹은 신(神)적 존재로까지 묘사한다. 현대에 이르러서는 상담가·명상가·심리치료가 등의 여러 수식어들이 뒤따르기도 한다. 그러나 다채로운 그의 행적은 어느 특정한 명칭만으로 그의 삶 전체를 드러내는 데에 부족함을 느끼게 한다.

 널리 알려져 있듯이, 붓다는 샤캬족(Sakya) 출신으로서 지금으로부터 약 2500년 전 오늘날의 네팔과 인도 국경 부근에서 왕족 계급으로 태어났다. 그는 어린 시절을 비교적 유복한 환경 속에서 보냈으며, 장래의 통치자에게 요구되었던 제반 학문 분야와 전투술 등을 배웠다고 한다. 그는 열여섯에 결혼하여 라훌라라는 아들을 얻었지만 죽음의 공포와 불안을 극복하려는 열망으로 스물아홉의 나이에 출가를 단행하였다. 이후 육년에 이르는 치열한 구도 끝에 서른다섯에 깨달음을 얻었고, 40년이 넘는 세월 동안 교화에 전념하다가 여든의 나이로 입멸(入滅)했다고 전해진다.

역사적 사실로서 불교라는 종교단체는 그의 가르침을 따르는 이들이 모여 형성된 공동체이다. 따라서 그를 일컬어 불교를 창시한 교주로 칭하는 것은 틀리지 않다. 그러나 교주로서의 그의 모습은 여느 종교에서 나타나는 일반적인 양상과 사뭇 다르다. 그는 맹목적인 믿음보다는 바른 이해에 기초하여 현실을 살아갈 것을 권하였다. 또한 어떠한 권위와 전통에도 굴복하지 말라 일렀고, 심지어는 자기 자신에 대해서도 무조건적으로 이끌리지 말라고 충고했다.(AN. I. 188 이하) 그는 자신의 가르침이 올바른 이해에 기초하여 받아들여지기를 희망했고 또한 그것과 더불어 삶의 버팀목이 될 수 있기를 바랐다.

이러한 붓다의 모습은 교주라기보다는 차라리 사상가 혹은 철학자에 가깝다고 할 수 있다. 사실 초기불교 경전에 묘사된 그의 가르침은 고도로 발달된 형이상학적 사색을 포함한다. 거기에는 세계의 기원이라든가 본질 혹은 궁극의 목적이라든가 사후 세계에 관한 다양한 이론들이 망라된다. 그런데 그는 그러한 사변적 견해들이 인간을 경직시키고 부자연스럽게 만들 수 있다는 것에 대해 긴장을 늦추지 않았다. 말하자면 형이상학적 사고의 해체를 통해 현실 삶을 회복하려는 독특한 철학적 입장을 취하였다. 바로 이점에서 그는 2500년이라는 세월을 건너뛰는 최첨단의 비판철학자로서의 면모를 지닌다.

그러나 그는 결코 메마른 이지적 지혜의 추구에 매몰되지 않았다. 따라서 그를 여느 철학자들과 동일시하는 것 또한 타당하지 않다. 오랜 교화활동을 통해 나타나는 붓다의 행적은 때로는 지극히 인간적이고 자상한 상담가로, 때로는 불가사의한 초능력자로, 때로는 부당한 사회적 관습에 맞서는 개혁가로 묘사된다. 한편 최근의 심리치료계에서는 그가 가르친 명상의 치료적 효능에 주목하여 심리치료자로의 붓다를 강조하기도 한다. 물론 그의 모습에서 자신과 타인의 정신적 진보를 위해 임종의 순간까지 방일하지 않았던 수행자로서의 면모 또한 간과하지 말아야 한다.

다시 원점으로 돌아와 묻게 된다. 붓다의 삶을 어떻게 이해해야 하며 또한 그를 어떠한 인물로 간주해야 할까. 그의 삶은 그 자체로서 무아(無我)의 가르침을 드러낸다고 할 수 있다. 붓다는 엄숙하고 진지한 삶을 일관했지만 스스로를 특정한 모습으로 한정하지 않았다. 이점에서 그의 삶은 마치 그물에 걸리지 않는 바람과 같았다고 할 수 있다. 그의 행적은 '나' 혹은 '나의 것'에 붙잡혀 살아가는 범부들과 대조를 이룬다. 만약에 붓다 스스로 어떠한 위치나 명예에 안주했더라면 그의 이름에는 특정한 신분이나 직위가 따라 붙었을 것이다. 그러나 그렇게 되었다면 세상에서 존귀한 분(世尊), 공양 받을 만한 분(阿羅漢), 그와 같이 오신 분(如來), 신과 인간의 스승(人天師) 등의 호칭이 부자연스럽게 느껴질 것이다.

4
붓다의 출가와 수행

|

붓다의 출가와 수행 여정은 어떠했는가. 유년기의 붓다는 내성적 성격의 소유자로 묘사된다. 그는 비교적 유복한 환경 속에서 살았다. 때로는 감각적 쾌락을 접했지만 오히려 그것이 가져오는 권태로움에 더욱 민감한 반응을 보였던 것으로 전해진다. 아득한 옛적에 출현했던 '위빠시 부처님의 전기'에 따르면 이제껏 출현했던 모든 붓다들은 유복한 환경에 태어나지만 생로병사(生老病死)의 현실을 목격하고서 출가를 결심한다.(DN. Ⅱ. 21-35) 운명적으로 인간 존재가 괴로움에 노출될 수밖에 없다는 사실을 자각하게 되고, 또한 괴로움의 출구를 꿰뚫어 알고자 출가 · 수행의 길을 선택한다.

사실 초기경전을 통해 드러나는 고따마 싯닷타(Gotama-Siddhattha)는 세속적인 성공이나 출세를 갈망하여 물불을 가리지 않는 사람들과는 기질적으로 달랐다. 대다수 보통 사람들이 추구했던 들뜬 희열을 멀리하고 고요한 행복에 천착한 인물이었다. 이러한 인격적 성향은 구도의 과정에서만이 아니라 깨달음 이후의 전법 활동에서도 지속적으로 드러난다. 붓다는 세속을 벗어남으로써 얻어지는 즐거움에 주목했고, 또한 그렇게 해서 도달되는 평안의 경지를 나누고자 하였던 것이다. 바로 이러한 분위기야말로 부정하기 힘든 초기불교의 일반적 색채라고 할 수 있다.

출가 직후 붓다는 유명한 요가(Yoga) 수행자였던 알라라깔라마(Āḷāra-Kālāma)와 웃다까라마뿟따(Uddaka-Rāmaputta)를 찾아간다.(MN. I. 163-167) 그리하여 '아무것도 없는 선정(無所有處定)' 혹은 '지각이 있는 것도 없는 것도 아닌 선정(非想非非想處定)' 등을 배운다. 이들은 고도로 집중된 의식 상태로서 엘리트 명상가들만이 누릴 수 있었던 수준 높은 삼매의 경지였다. 그러나 그는 얼마 안 가 그러한 체험들이 일시적인 것에 불과하다는 사실을 깨닫게 된다. 그리하여 독자적인 수행 방식으로 나가게 된다. 그가 선택한 두 번째 방법은 엄격한 육체적 고행을 통해 마음의 평온을 구하는 것이었다. 이후 그는 육년 동안 극소량의 음식만을 섭취하면서 가혹한 고행을 감행한다. 그 결과 팔다리는 시든 갈대처럼 되었고 배를 만지면 등뼈가 만져질 정도로 여위게 되었다고 한다.

고대 인도에서는 고행을 통해 몸과 마음을 정화하는 수행 전통이 유행하였다. 고행은 오늘날에도 일부 전해지는데, 단식이라든가 삼천 배 혹은 만 배 정진 등이 그것이다. 적당한 고행은 해이해진 마음을 다잡고 새로운 결의를 굳건히 하는 데 유효할 수 있다. 따라서 붓다는 모든 유형의 고행에 대해 전적으로 비난하거나 힐난하지 않았다.(DN. I. 161) 그러나 지나친 고행은 몸과 마음을 상하게 하고 오히려 아만을 높이는 부작용을 초래할 수 있다. 붓다는 스스로 오랜 고행을 감행한 끝에 이러한 문제점을 인식하였고 마침내 고행만으로는 완전한 깨달음을 얻을 수 없다는 결론에 이르게 되었다.

붓다에게 깨달음의 직접적인 계기가 되었던 것은 요가도 아니었고 고행도 아니었다. 그것은 어렸을 적 아버지를 따라 나섰던 농경 축제에서 홀로 나무 밑에 앉아 우연히 경험했던 '첫 번째 선정(初禪)'에 대한 기억이었다.(MN. I. 246) 그는 '첫 번째 선정'의 자연스러운 마음상태에서 감각적 욕망으로부터 벗어난 것에 따르는 기쁨과 즐거움에 주목하게 된다. 그리고 바로 거기에 깨달음의 길이 있을 것이라는 확신을 가지게 된다. 그는 그 확신을 바탕으로 지극히 맑고 청정한 마음지킴(念, sati)의 상태인 '네 번째 선정(第四禪)'에 이르게 되었고, 마침내 거기에서 번뇌를 완전히 제거한 해탈의 경지를 얻게 된다.(MN. I. 247-249)

이상이 가장 널리 인정되는 붓다의 수행 여정에 관한 이야기이다. 붓다는 먼저 전문적인 요가수행을 하였고 이후 고행을 통해 육체적 한계에 도전하는 방법으로 나아갔다. 그는 그러한 절차를 겪고 나서 다시 일상의 마음으로 돌아온 연후에 깨달음의 인연을 만난다. 이후 그는 자신의 수행 여정을 중도(中道, majjhimā paṭipadā)로 부르게 되었고, 또한 쾌락에도 얽매이지 않고 고통에 이끌리지도 않는 가운데 깨달음에 이르는 방법을 가르쳤다.(SN. V. 421) 이러한 중도란 세속적 삶에 대한 반성은 물론 타성적인 수행 전통에 대한 거부까지를 포함한다고 할 수 있다. 중도의 가르침은 어떤 특정한 방법을 무작정 강제할 것이 아니라, 있는 그대로를 인정하고 수용할 때 깨달음의 길이 열린다는 메시지로 이해할 수 있다.

5
붓다의 깨달음

붓다는 과연 무엇을 깨달았을까. 흔히 불교를 깨달음의 종교라고 말한다. 또한 불교는 붓다의 가르침에 따라 깨달음을 실현하고자 하는 사람들에 의해 오늘에까지 전해져 내려왔다. 그렇다면 깨달음이란 도대체 무엇을 가리키는지 궁금하지 않을 수 없다. 도달하고자 하는 목적이 분명할 때 올바른 실천에 전념할 수 있을 것이다. 깨달음이 무엇인지조차 모르는 상태에서 바른 실천에 나서기란 아예 불가능하다.

그런데 일부에서는 깨달음에 대해 지나치게 신중한 태도를 보인다. 심지어 일상의 언어로는 도저히 표현조차 할 수 없는 지고한 무엇으로까지 여긴다. 물론 불교의 궁극 목적에 관한 논의에서 조심스러운 자세는 필요하다. 그러나 그러한 태도가 깨달음에 대한 접근마저 가로막는 요인이 되어서는 곤란하다. 깨달음에 대한 불명료한 사고는 결연한 실천적 의지를 희석시키는 결과를 초래한다. 깨달음은 범접할 수 없는 고립무원의 경지가 아니다. 깨달음에 관한 담론은 자연스럽게 나눌 수 있는 것이어야 한다.

깨달음이란 모르던 사실을 궁리 끝에 알게 되는 것을 말한다. 거기에는 낡은 생각과 태도를 깨뜨리는 과정이 수반된다. 또한 깨달음은 새로운 차원으로의 도약을 부른다. 예컨대 당연한 것으로만 여겨 왔던 그 무엇이 사실은 그렇지 않다는 것을 깨달았다고 치자. 그러한 자각이 없었더라면 타성에 젖어 예전의 방식대로만 생각하고 또한 거기에 맞추어 살아갈 것이다. 그러나 진실을 알게 된 연후라면 새로운 마음가짐으로 새로운 삶을 살아가게 될 것이다.

그렇다면 붓다는 도대체 무엇을 깨달았을까. 경전에서는 중도(中道)를 깨달았다고도 하고, 연기(緣起) 혹은 사성제(四聖諦)를 언급하기도 한다. 그런데 이들은 서로 중복되는 특징을 지닌다. 예컨대 중도란 바른 견해·바른 의향·바른 언어 등으로 구성된 팔정도(八正道)를 가리킨다.(SN. V. 421) 그리고 이 팔정도는 사성제의 마지막 항목인 도성제(道聖諦)의 실제 내용이 된다.(SN. V. 421) 한편 의존적인 발생과 소멸을 밝히는 연기의 교설 또한 괴로움의 발생과 소멸을 드러내는 가르침에 다름이 아니다.(AN. I. 177) 결국 붓다의 깨달음은 고(苦)·집(集)·멸(滅)·도(道)의 사성제로 집약될 수 있다.

『전법륜품(Dhammacakkapavattana-Vaggo)』에서는 사성제에 대해 12차례에 걸쳐 반복적인 깨달음을 심화해 나가는 양상(三轉十二行相)을 묘사한다.(SN. V. 420 이하) 예컨대 모든 존재가 괴로움에 노출되어 있다는 사실을 이해했고(苦聖諦), 그것의 원인인 갈애는 끊었으며(集聖諦), 그렇게 해서 괴로움이 소멸된 경지를 실현했고(滅聖諦), 그것을 완성하는 길을 닦았다(道聖諦)라고 하는 네 과정을 세 차례씩 반복적으로 언급한다. 또한 그러한 과정을 거친 연후에 비로소 '위없는 바른 깨달음(anuttaraṃ sammāsambodhi)'을 선언했다는 내용을 기술한다.

초기불교 경전에서 '위없는 바른 깨달음' 혹은 '아뇩다라삼먁삼보리(阿耨多羅三藐三菩提)'는 주로 사성제와 관련하여 등장한다. 이점은 불교의 궁극 목적이 다름 아닌 사성제에 있다는 것을 의미한다. 또한 경전에서는 사성제를 실현해 나가는 과정을 계단 혹은 누각에 올라가는 것에 비유한다.(SN. V. 452 이하) 그리하여 괴로움의 현실을 밝히는 고성제로부터 시작해서 차례대로 하나씩 깨달아 나갈 것을 강조한다. 따라서 사성제의 깨달음은 점진적으로 분명해지는 특징을 지닌다.

사성제를 내용으로 하는 깨달음의 경지는 결코 현실과 유리된 초월적 상태가 아니다. 이것은 붓다의 가르침과 행적을 통해 확인할 수 있는 사실이다. 붓다가 이룬 사성제의 깨달음이란 일상에서 출발하여 한 걸음 한 걸음 실현하여 완성하는 것이다. 따라서 그것은 결코 단박에 성취하였던 것이 아니며 또한 성취하고 나면 그만인 그러한 경지도 아니다. 그것은 탐욕과 집착이 남아있는 한에서 끊임없이 닦아나가야 할 과제로 제시되는 그러한 경지라고 할 수 있다.

6
붓다 가르침의
특징

|

 붓다는 무엇을 가르쳤을까. 그의 가르침은 어떠한 특징을 지니는가. 붓다는 깨달음을 얻은 후 얼마 지나지 않아 다음의 게송을 읊었다. "왜 내가 가르쳐야 하는가. 탐욕과 분노에 사로잡힌 자들은 이 가르침을 깨닫기 어렵네. 흐름을 거슬러가고 오묘하고 심오하고 미세한 것을 보기 어렵네. 어둠에 싸여 탐욕에 물든 자들은 보지 못하네.(SN. I. 136)" 이것을 읊고 나서 붓다는 전법(傳法)을 하지 않는 쪽으로 마음을 먹었다. 그는 그의 가르침이 다른 사람들에게 쉬이 받아들여지지 않을 것을 우려하였다. 그리고 그것으로 또 다른 괴로움이 야기되는 것을 피하고자 하였다.

 붓다는 그의 가르침을 받아들이는 데 장애가 되는 요인으로 탐욕과 분노를 꼽고 있다. 이점은 그의 깨달음이 단순히 이지적 차원에 머물지 않는다는 사실을 의미한다. 흔히 인간을 이성적 동물이라고 말한다. 그러나 붓다는 진리를 깨치지 못하는 이유를 이성이 아닌 정서에서 찾는다. 즉 탐욕에 눈이 멀고 분노에 귀가 가려 '있는 그대로(如如, yathābhūtaṁ)'의 진리로부터 벗어난다고 보았다. 깨달음을 얻느냐 얻지 못하느냐의 문제는 머리의 좋고 나쁨에 있는 것이 아니라, 마음이 정화되어 있느냐 그러지 못하느냐에 달려 있다는 것이다.

전법을 하지 않는 방향으로 기울던 붓다에게 하늘의 신(天神)이 나타나 간곡히 가르침을 요청한다. "이 세상에는 더러움에 물들지 않은 사람들이 있습니다. 그들에게 가르침을 베풀면 어렵지 않게 이해할 것입니다. 만약 그들이 바른 가르침을 접하지 못한다면 다시 더럽혀지고 말 것입니다.(SN. I. 137)" 붓다는 그 요청을 받아들여 깨달은 이의 눈으로 세상을 비추어 본다. 그리하여 물 밖으로 고개를 내민 연꽃처럼 세상에 오염되지 않고 살아가는 중생들이 있음을 보게 된다. 그리고 그들에 대한 자비의 마음으로 전법에 나서게 된다. "죽지 않음의 문이 열렸도다. 귀를 지닌 자여, 잘못된 믿음을 버려라.(SN. I. 138)"라고 선언하기에 이른다.

붓다는 깨달음을 얻지 못하는 이유가 있는 그대로 보지 못하는 데 있다고 보았다. 다시 말해서 무상한 것에 대해 무상하지 않다고 여기고 괴로운 것에 대해 즐겁다고 착각하는 데 있다고 생각했다. 이러한 붓다의 가르침을 이해하는 것은 결코 어렵지 않다고 할 수 있다. 그러나 현실에 비추어 이처럼 당연한 가르침이 과연 온전히 받아들여지는지 미지수이다. 예컨대 명예라든가 신념 혹은 가치 따위에 집착하는 경우가 그러하다. 대다수 사람들은 이들과 연관된 문제 상황에 직면하게 될 때 '무상의 진리' 혹은 '괴로움의 진리'를 망각하곤 한다.

누구든 살다보면 크거나 작은 구설에 오를 수 있고 또한 자신의 생각을 바꾸어야 하는 처지에 놓일 수 있다. 그러나 대부분의 경우 자신의 옳음과 결백만을 고집하기 일쑤다. 그리하여 유연성을 상실한 채 스스로의 고정된 틀 안에 갇히고 만다. 내려놓아야 할 때 내려놓지 못하고 나아가야 할 때 나아가지 못하는 상황이 발생한다. 바로 거기에는 현실을 직시하지 못하도록 방해하는 탐욕과 분노가 도사리고 있다. 사실 인간관계에서 발생하는 대부분의 갈등과 불화가 이러한 원인들로 인해 부풀려지고 또한 막다른 길을 향해 치닫는다.

붓다는 이러한 사실을 예리하게 간파하였다. 그리하여 처음 수행에 입문한 경우 이지적 능력보다는 정서적·심리적 안정이 더욱 중요하다고 가르쳤다. 내면의 감정과 충동에 휩쓸리지 않는 상태에서만 참된 지혜가 발현될 수 있다고 본 것이다. 따라서 초기불교의 수행 방식은 정서적 안정을 통해 지혜의 개발로 나아가는 일정한 패턴을 지닌다. 마음의 고요를 가져오는 사마타(止, samatha)와 지혜의 개발을 의미하는 위빠사나(觀, vipassanā)는 이러한 과정을 집약한다고 할 수 있다.

7
붓다의
최초 설법

붓다의 최초 설법은 어떠했을까. 항상 모든 사람들을 감복시키는 탁월함을 보였을까. 붓다의 전법은 깨달음을 얻은 이후 입멸(入滅)에 들 때까지 쉼 없이 계속되었다. 그런데 문헌에 따르면 그의 최초 설법은 그리 평탄하지 않았던 듯하다. 그는 그의 가르침을 알아들을 만한 첫 번째 인물들로 한때 자신에게 요가를 가르쳐 주었던 알라라깔라마(Alara-Kalama)와 웃다까라마뿟따(Uddaka-Ramaputta)를 기억해 냈다. 그러나 그들은 연로하여 이미 죽고 없다는 것을 알게 된다. 그러자 그는 한동안 도반으로서 함께 고행을 닦았던 다섯 명의 수행자들을 생각해 낸다. 그리하여 그들에게 가르침을 베풀기 위해 먼 전법 여행에 나선다.(Vin. I. 7)

붓다가 깨달음을 이루었던 곳과 다섯 수행자들이 머물던 지역은 상당히 떨어진 거리였다. 그는 그곳으로 가던 도중 우빠까(Upaka)라는 한 외도 수행자를 만나 가르침을 설했지만 공감을 얻지 못한다. 홀로 수행하여 완전한 깨달음을 얻었다는 붓다의 말에 우빠까는 "그럴 수도 있겠지요.(Vin. I. 8)"라고 말하면서 고개를 흔들며 작별을 고했다고 한다. 심지어는 어렵게 재회한 다섯 수행자들도 처음에는 그의 가르침을 완강히 거부했다고 한다. 한참의 실랑이 끝에 붓다는 "내가 예전에 이렇게까지 하는 것을 본 적이 있는가.(Vin. I. 10)"라는 표현까지 써 가며 그의 가르침에 경청할 것을 요구하였다.

붓다의 최초 설법에서는 치밀하게 구성된 철학적 논변도 불가사의한 초능력도 사용되지 않았다. 그는 다만 쾌락적인 삶도 버리고 고행에 대한 탐닉도 벗어나 중도(中道, majjhimā paṭipadā)의 길을 걸어야 한다고 역설했다. 그러한 중도란 다름 아닌 바른 견해·바른 의향·바른 언어·바른 행위·바른 삶·바른 노력·바른 마음지킴·바른 삼매 등으로 구성된 팔정도이다. 그는 이 중도를 통해 있는 그대로의 진리인 사성제를 깨달아야 한다고 가르쳤다. 얼마간의 시간이 흐른 후 꼰단냐(Koṇḍañña) 존자에게 "모든 일어난 현상은 소멸한다."는 깨우침이 있었고, 순차적으로 다섯 비구 모두가 완전한 깨달음을 얻어 아라한이 되었다.(Vin. I. 11)

첫 번째 설법이 성공한 후 비로소 붓다의 교화활동은 탄력을 얻게 된다. 붓다를 포함한 여섯 명의 아라한들로 구성된 최초의 비구 승단이 형성된 것이다. 아라한 제자들은 붓다와 동일한 인격을 이룬 존재로 인정되었고, 또한 그들의 깨달음을 다른 이들에게 전하는 것이 가능하였다. 『율장』에서는 이 사건을 두고 하늘과 땅이 진동했다고 기술한다.

땅의 신(地神)들과 하늘의 신(天神)들이 등장하여 "세존께서 굴리신 최상의 법의 수레바퀴는 사문·바라문·데바·마라·범천 등 어느 누구에 의해서도 뒤로 물러나지 않게 되었다.(Vin. I. 12)"고 노래하였다.

첫 번째 설법의 성공은 붓다 자신의 깨달음 이상의 의의를 지닌다. 그것으로 붓다의 깨달음이 다른 이들의 깨달음으로까지 확산될 수 있다는 보편성이 입증된 셈이다. 이후 입멸(入滅)에 이를 때까지 그의 제자로서 아라한의 경지에 이른 분은 통상 천이백오십 명으로 거론된다. 세계의 종교사를 통해 이처럼 많은 제자들이 최초로 가르침을 펼친 스승과 동일한 성취를 이룬 사례는 찾기 힘들다. 뿐만 아니라 초기불교 경전에는 나디까(Nādika)라는 촌락에서만 무려 500명 이상의 재가자들이 수다원(sotāpatti)이라는 성인(聖人)의 경지를 이루었다고 전한다.(DN. II. 201)

다섯 비구들에 대한 설법 이후, 붓다는 재가자인 야사와 그의 친구들을 상대로 가르침을 펼친다. 그는 우선 보시에 관한 가르침(施論), 계율에 관한 가르침(戒論), 천상세계에 관한 가르침(生天論)을 들려주었고, 그런 연후 듣는 사람의 마음이 정화되었다고 판단될 때 비로소 사성제의 가르침을 펼쳤다.(Vin. I. 15-16) 마치 깨끗한 천이 물감을 잘 받아들이듯이, 마음을 정화하는 가르침을 먼저 접했던 이들은 사성제의 가르침을 충분히 소화할 수 있었다. 이와 같이 붓다의 전법은 점차적으로 다듬어졌고 또한 점진적으로 깊어지는 특성을 지닌다. 이러한 전법의 양상은 초기불교의 전형적인 특징 가운데 하나라고 할 수 있다.

8
붓다의 마지막 가르침
|

　　붓다의 마지막 가르침은 어떠했을까. 그는 스스로의 임종을 어떻게 받아들였고 또한 어떤 자세로 임하였을까. 붓다의 마지막 모습에서 어떤 교훈을 얻을 수 있으며, 그가 없는 상황에서 어떻게 수행을 해야 할까. 붓다의 최후는 많은 생각거리를 제공한다. 붓다의 죽음은 그가 가르친 무상(無常)의 진리처럼 육신의 덧없음을 여실히 보여주었다. 또한 그것은 참된 가르침은 단절되지 않는다는 사실을 일깨우기도 한다. 우리는 이천오백 년이 흐른 지금까지 그의 가르침에 귀를 기울이고 있다.

　　『대반열반경(Mahāparinibbāna-Suttanta)』은 삼개월에 거친 붓다의 마지막 행적을 소상하게 전한다. 벨루와가마(Beluvagāma)라는 곳에서 위중한 병에 걸린 붓다는 "비구 승가에게 알리지도 않고 반열반에 드는 것은 나에게 어울리지 않다.(DN. II 99)"라고 생각했다고 한다. 그리하여 마음지킴(念)과 알아차림(知)으로 견디어냈다고 한다. 그 무렵부터 그는 아난에게 다음과 같이 말하곤 하였다. "나는 안과 밖이 없이 가르침을 설했다. 여래의 가르침에는 비밀스러운 것이 없다.(DN. Ⅱ 100)" 이와 같이 붓다는 자신의 마지막을 덤덤히 수용하면서 최후의 순간을 준비하였다.

붓다는 자신과 승가의 관계에 대해 다음과 같이 말했다. "나에게는 비구 승가를 거느린다거나 혹은 비구 승가가 나의 지도를 받아야 한다는 생각이 없다.(DN. Ⅱ. 100)" 그리고 다음의 유명한 가르침을 덧붙였다. "자신을 섬으로 삼고, 자신을 귀의처로 삼아 머물고, 남을 귀의처로 삼아 머물지 말라. 법을 섬으로 삼고, 법을 귀의처로 삼아 머물고, 다른 것을 귀의처로 삼아 머물지 말라.(DN. Ⅱ. 100)" 그는 자신을 따르던 비구들이 자율적인 의지와 인격으로 수행해 나가기를 바랐으며 어떠한 권한도 행사하려 하지 않았다.

붓다는 일상의 삶과 관련하여 몸과 마음에 대해 지속적으로 깨어 있을 것을 강조했다. 무익하고 허황된 욕망과 근심 따위에 끌려 다니지 말고 현재의 순간순간을 분명한 알아차림과 마음지킴으로 살아가라고 일렀다. 바로 이것이 '몸·느낌·마음·법의 네 가지에 대한 마음지킴' 즉 사념처(四念處) 명상의 원리가 된다. 이 사념처는 오늘날 위빠사나(vipassanā)로 널리 알려진 남방불교 수행의 원형이 된다. 붓다는 누구든지 이 방법으로 수행해 나간다면 최고의 수행자가 될 수 있을 것이라고 했다.(DN. Ⅱ. 315)

우리는 현재를 살아간다. 그러나 우리의 마음은 과거와 미래를 쉴

새 없이 넘나든다. 그러한 와중에 부지불식간에 과거에 대한 회한과 미래에 대한 중압감에 짓눌리게 된다. 사실 인간이 느끼는 대부분의 괴로움은 현재의 순간을 벗어남으로써 부풀려진 허상에 불과하다. 실제로 직면하면 별 볼일 없는 일들에 지레 겁을 먹고 허둥대는 양상이다. 따라서 명확한 알아차림과 마음지킴으로 현재에 머물 필요가 있다. 늘 깨어있는 마음으로 자기 자신과 사물의 본래 모습에 충실해야 한다. 바로 이것이 붓다의 유훈으로 전해지는 사념처 위빠사나의 실제 내용이다.

이후 붓다는 춘다(Cunda)라는 대장장이에게 마지막 공양을 대접받은 후 살라나무 아래에서 최후를 맞이한다. 그는 임종의 순간에도 모습을 흩뜨리지 않았다. 그리고 "내가 가고난 후에는 내가 그대들에게 가르치고 천명한 법과 율이 그대들의 스승이 될 것이다.(DN. II. 154)"라는 말로써 이후의 공백을 메우고자 하였다. 또한 "내가 가고난 뒤에 후회하지 말고 조금이라도 의문이 있다면 지체 없이 물으라.(DN. II. 155)"라고 주위의 제자들에게 세 차례나 권하였다. 그리하여 주변에 더 이상 의심이 있거나 혼란이 있는 사람이 남아있지 않다는 사실을 확인한 후 완전한 열반에 들어갔다(parinibbuto). 그가 남긴 임종의 게송은 다음과 같다. "비구들이여, 참으로 당부하노라. 지음에 의한 것(行, saṅkhāra)은 소멸하는 법이다. 게으름 없이 뜻하는 것을 이루어라.(DN. II. 156)"

9
초기불교와
그 이후의 불교
|

초기불교의 범위는 어디까지일까. 또한 초기불교와 그 이후 형성된 불교 사이에는 어떠한 차이가 있을까. 붓다에 의해 직접 주도된 불교를 두고 흔히 초기불교라는 명칭을 사용한다. 그러나 일부에서는 근본불교라는 이름을 더 선호한다. 또 다른 일부에서는 원시불교, 소승불교, 상좌불교, 빨리불교 등의 표현을 사용하기도 한다. 이러한 다양한 명칭들은 제각기 나름의 이유와 근거를 지닌다.

근본불교란 모든 불교적 가르침의 출발점이라는 사실을 강조한 표현이다. 이 명칭을 선호하는 사람들은 부파불교, 대승불교 등의 역사적 흐름이 근본불교에 바탕을 둔다는 점에 비중을 둔다. 그들은 근본불교의 시대적 범위를 붓다와 그의 직제자들에 의해 남겨진 불교로 한정한다. 그런데 이와같은 근본불교라는 명칭에는 그 이외의 다른 불교는 근본적이지 않다는 뉘앙스가 포함될 수 있다. 당연히 붓다의 참된 정신을 회복하고자 등장한 대승불교에서는 이러한 명칭을 수용하기 힘들다.

한편 원시불교라는 이름은 그와 반대되는 입장을 반영한다고 할 수 있다. 대승불교에서는 자신들의 불교 해석이야말로 온전하며 붓다의 가르침을 현실에 맞게 드러낸 것이라고 생각한다. 그들은 원시불교라는 명칭을 사용하면서 최초기의 불교는 아직 덜 성숙된 것이라는 생각을 은연중에 갖는다. 이것은 소승불교라는 명칭에서도 마찬가지이다. 특히 소승불교라는 표현은 오로지 대승불교에서만 유통되어 온 것으로, 오랫동안 불필요한 논쟁과 갈등의 빌미를 제공하였다. 원시불교든 소승불교든 후대 대승불교의 입장에서 자신들에게 부합하지 않는 가르침을 폄하하려는 의도를 반영한다고 할 수 있다.

한편 상좌불교와 빨리불교는 스리랑카나 미얀마 등지에서 전해지는 남방권의 불교를 가리킨다. 남방의 상좌불교는 자신들의 정통성을 내세우면서 붓다 입멸 후 100년 무렵에 있던 제2차 결집(結集, saṅgīti)을 언급한다. 제2차 결집에서는 붓다의 교설을 진보적으로 해석해 들어간 세력과 보수적 입장을 고집했던 세력이 만나 각자 자신들의 정당성을 주장했다. 그러나 이것은 서로의 입장 차이만을 확인하는 계기가 되었고 불교의 교단은 대중부(大衆部, Mahāsaṅghika)와 상좌부(上座部, Theravāda)라는 두 개의 파로 갈라지게 된다. 그때의 상좌부가 오늘날 남방 상좌불교의 원류가 된다. 많은 학자들이 이러한 전승에 근거하여 상좌불교의 역사를 2300년 정도로 추산한다.

상좌불교는 빨리어(Pali)로 기술된 경(經)·율(律)·논(論)의 온전한 삼장(三藏) 문헌을 보유한다. 빨리불교라는 명칭은 바로 이들 빨리어 삼장에 근거한다. 상좌불교 혹은 빨리불교가 현존하는 불교 전통들 가운데 가장 오랜 역사를 지닌다는 데에는 큰 이견이 없을 것이다. 그러나 상좌불교 역시 붓다의 원음만을 그대로 전달하는 것이 아니며 독자적인 교리해석을 상당 부분 포함한다. 특히 논장(論藏)의 일부 문헌에는 다른 부파의 입장에서 받아들이기 힘든 상좌부만의 독특한 주장들이 담겨 있다. 그러한 주장들은 붓다가 살아있던 당시에는 부각되지 않았던 것으로, 붓다의 가르침 자체와 상좌부의 교리가 동일하지 않다는 사실을 의미한다.

결국 특정한 입장을 배제한 온당한 표현으로 초기불교라는 명칭이 남는다. 초기불교는 역사적인 실존 인물로서 붓다의 직접적인 영향권 아래에 있었던 불교를 가리킨다. 이러한 초기불교는 그 이후 등장한 다른 불교적 가르침들과 구분되는 독특한 색채를 지닌다. 그것은 교리적 틀에 묶이지 않고 사람들의 됨됨이에 따라 가르침을 펼쳤던 붓다만의 고유한 교화방식에서 비롯된다. 붓다는 오로지 중생들의 괴로움을 해소하는 데 주력하였고, 그러한 이유에서 상대방의 눈높이에 따른 다양한 가르침들을 펼쳤다. 그는 '어떻게' 중생들이 안온해질 수 있을까에 전력을 기울였다.

그러나 붓다의 입멸 후 제자들의 관심사는 두 가지로 갈라지게 된다. 하나는 자신과 중생을 제도하는 일이었고, 다른 하나는 붓다의 가르침을 온전히 후세에까지 전하는 일이었다. 그들은 자신과 타인의 괴로움을 해소하는 일에도 태만할 수 없었지만, 붓다의 가르침을 보존하고 체계화하는 작업도 게을리할 수 없었다. 또한 그들은 자신들의 언행이 붓다의 가르침에 부합하는지의 여부에 대해서도 주의를 기울이지 않을 수 없었다.

세월이 흘러가면서 붓다의 후계자들은 불교의 가르침에서 중요한 내용은 '무엇'이며, 불교와 비불교의 차이는 '무엇'인지의 문제에 천착하게 된다. 그렇게 해서 전개된 불교의 역사적 흐름은 "어떻게 괴로움을 치유할 것인가"에서 "불교 혹은 붓다의 가르침은 무엇인가"라는 방향으로 차츰 선회하게 된다. 사실 남방의 상좌불교를 포함한 부파불교라든가 대승불교의 번쇄한 사변적 논의들은 이러한 과정을 걸치면서 구체화되었다고 할 수 있다. 바로 여기에서 '괴로움의 제거'에 오로지 주력했던 초기불교와 '붓다의 가르침' 혹은 '불교라는 종교'에 더 많은 관심을 두게 된 그 이후의 불교가 지닌 차이가 분명히 드러난다.

10
남방불교와
북방불교

현존하는 불교 전통을 지역별로 나눈다면 어떠한 형태가 될까. 크게 남방불교와 북방불교라는 두 가지로 구분할 수 있다. 남방불교는 스리랑카·미얀마·태국 등에서 전해 내려온 불교이다. 반면에 북방불교는 중국·한국·일본 등을 중심으로 발전해 온 불교를 가리키며, 여기에 티베트와 몽골 등의 불교를 포함시킬 수 있다. 남방불교는 스스로에 대해 상좌불교 혹은 빨리불교라는 명칭을 사용하기도 하며, 북방불교에서는 대승불교라는 이름을 더욱 선호한다. 이처럼 상이한 명칭들은 특정한 지역과 시대 그리고 문화적 배경의 차이를 포함한다.

세계의 종교사에서 불교만큼 고유의 색채를 흩트리지 않으면서 다른 이질적인 문화를 탄력성 있게 수용·발전해 온 종교란 찾기 힘들다. 이것은 붓다 당시부터 상대방의 됨됨이에 따라 거기에 걸맞은 가르침을 펼쳤던 대기설법(對機說法)의 전통에 근거한다. 다양한 지역불교는 붓다의 가르침을 각자 스스로의 처지에 맞추어 계승해 온 결과라고 할 수 있다. 그러나 인도를 벗어난 불교가 붓다의 본래 의도를 저버리고 각기 다른 가르침이 되어버린 것은 아니다. 서로의 명칭이 다른 것은 사실이지만 각각의 지역불교는 스스로에 대해 붓다의 후계자라는 자긍심을 포기하지 않는다.

 남방불교는 빨리어로 쓰인 삼장(三藏) 문헌을 온전히 보유하고 있다. 그들은 빨리어 삼장을 붓다의 원음으로 간주하면서 자신들의 종교적 실천을 위한 지침으로 삼는다. 또한 그들은 율장에 근거한 전통적인 수계 의식을 원형에 가깝게 유지한다. 그들은 승단의 구성원에 대해 예외 없는 엄격한 계율의 준수를 요구해 왔으며, 일정한 지역을 중심으로 현전승가(現前僧伽)를 구성하는 오랜 전통을 고수해 왔다. 그리고 이 현전승가를 율장에 기술된 모든 규정들이 그 효력을 발휘하는 기본 단위로 삼아왔다.

 한편 북방불교는 붓다의 근본정신을 되살리는 데에 스스로의 존립 근거를 두고 발전해 왔다. 따라서 형식적인 계율에 얽매이지 않는 유연한 모습으로 지속적인 쇄신의 길을 걸어왔다. 특히 동북아시아의 대승불교는 유식학·중관학·화엄학·선불교 등의 다양한 새로운 교리적 해석들을 꽃피우며 오늘에 이르고 있다. 그 중에서도 선불교는 자립적인 승단 경영의 원칙을 제정하여 "하루 일하지 않으면 하루 먹지 않는다"라고 할 만큼 수행과 일상을 분리하지 않는 독특한 수행 문화를 정착시켰다.

현존하는 남방불교가 붓다의 원래 가르침에 가까운 전통을 계승하는 것은 사실이다. 그러나 엄밀히 말해서 남방불교의 교리체계는 다른 부파들의 견해와 교리를 비판하는 와중에 구체화되었다. 이것은 남방불교가 초기불교 당시의 가르침만을 고스란히 전승해 온 것이 아니라는 의미이다. 더구나 남방불교에서도 세속적 복락을 얻기 위한 주술의 관행들이 목격된다. 이점을 고려할 때 남방불교의 모든 것을 절대시하는 태도는 문제가 될 수 있다. 남방불교의 이상적 모습만을 강조할 경우 그것과 비교되는 다른 지역의 불교를 부당하게 폄하할 가능성이 있다.

한편 북방불교는 초기불교에서는 찾을 수 없는 여러 이질적인 요소들을 포함한다. 그러나 북방불교는 여러 차례의 훼불과 종교적 핍박을 견뎌내며 오늘에 이르고 있다. 북방불교의 끈질긴 생명력은 다종교·다문화 시대를 살아가는 오늘날 많은 귀감이 될 수 있다. 현대사회에서는 각각의 지역불교를 동시에 접할 수 있으며, 서로에게서 발견되는 장점을 취합할 필요가 있다. 붓다는 현실과 이상의 조화로운 삶을 권장하였으며, 출세간의 이상에 집착하여 주변의 여건을 방기하지 않았다. 다양한 지역불교의 양상들은 각자의 현실 위에 이러한 붓다 가르침을 계승한 결과라고 할 수 있다. 지난 역사를 통해 수많은 나라에서 붓다의 가르침이 바르게 수용되던 시기에는 국가적으로 흥성했던 시간들이 뒤따랐다. 이것은 인도·중국·한국·일본 등 여러 나라에서 공통적으로 목격되는 사실이다. 거기에는 현실과 이상을 아우르는 유연한 태도가 큰 역할을 했다고 할 수 있다.

제2장

불교와
비불교

11
바라문교와 불교
|

불교와 비불교는 어떻게 구분될 수 있을까? 불교는 인도에서 출현했으며 당시 유행하던 여러 종교·사상들과 깊은 관계를 맺고 있다. 그 중 하나가 고대의 바라문교이다. 바라문교는 인류 역사상 가장 오래 전에 형성된 『베다(Veda)』라는 문헌에 근거한 종교이다. 바라문교의 계승자들은 이 문헌을 '신(神)이 직접 전하는 말씀'으로 간주하고서 자신들의 종교적 실천을 위한 준거로 삼았다. 바라문교를 뒤이은 오늘날의 힌두교 또한 『베다』를 가장 권위 있는 성전으로 받들면서 '인간에 의해 전승된 가르침'과는 질적으로 다르다고 생각한다.

『베다』는 자연의 신비로움에 대한 고대인들의 경외감과 찬탄을 주된 내용으로 전한다. 『베다』를 엮은 이들은 우주의 혼돈과 무질서를 넘어 그것의 이면에 존재한다고 여겨지는 본질적인 무엇에 관심을 기울였다. 그리하여 자연현상의 발생과 소멸을 초월적인 정신적 실재와 연계시켜 이해하려는 태도를 갖게 된다. 그들에게 달과 별, 바다와 하늘, 여명과 황혼, 계절의 순환 등은 그 자체로 신비하고 신성한 신으로 여겨졌다. 그들은 자연현상을 신격화하고 거기에 신성(神性)을 부여하여 찬송하고 예배했다.

『베다』 문헌은 다수의 현인(賢人)들에 의해 수천 년의 세월에 걸쳐 형성되었다. 따라서 인간의 종교적 사색이 깊어가는 여정을 잘 드러낸다. 『베다』 초기의 경향은 태양이라든가 구름 따위의 단편적인 신성에 대한 찬탄이 주류를 이루었다. 이후 시간이 흐르면서 그들은 개개의 자연현상이 일정한 흐름과 조화 속에 있다는 사실에 주목하게 된다. 그리하여 리따(Ṛta)라는 우주적 질서 아래 온 세계가 운행된다는 생각을 하게 된다. 그렇게 해서 자연은 조화로운 목적이 살아 숨 쉬는 곳으로 해석되기에 이른다. 그들은 그러한 법칙성을 내면의 도덕적 원리로 적용하려는 시도를 보이기도 한다. 즉 자연의 이치에 비추어 마땅히 추구해야 할 삶의 태도를 얻고자 하였다.

베다적 사유의 가장 발전된 형태는 다수의 신성을 하나의 존재로 모으려 했던 것이다. 그들은 하늘과 허공과 땅의 신들을 한데 묶어 일체신(一切神)의 관념을 구체화하였고, 더 나아가 유일신(唯一神)이라는 창조주의 개념을 탄생시켰다. 그리하여 모든 다양한 신들이 결국에는 하나의 신으로부터 비롯된다는 인도인 특유의 화신(化身) 사상을 확립시키기에 이른다. 이 유일신은 만물의 운행을 관장하는 궁극의 실재이며, 그의 앞에서는 다양한 신들의 구분이 없어진다. 또한 이 유일자는 다른 일체의 존재를 있게 한 장본인으로서, 다른 어떤 것으로도 환원

되거나 대체될 수 없는 절대적인 권능을 지닌다.

일신교적 사고가 정착됨으로 인해 고대의 인도인들은 스스로를 있게 한 창조주를 가슴에 품게 된다. 또한 그의 보호 아래에서 살아가는 자신의 위치를 헤아리면서, 그와의 관계 속에서 삶의 위안과 구원을 열망하게 된다. 이러한 일신교적 사고는 이집트라든가 중동 지방에서 나타났던 유일신교 사상에 비견되곤 한다. 특히 『베다』의 유일신 관념은 다른 종족의 신들을 추방하거나 박해함으로써 구축된 것이 아니라는 점에 독특한 특징이 있다.

불교는 『베다』 문헌이 완성된 지 수백 년의 세월이 흐른 뒤에 등장하였다. 당시 인도사회는 바라문교의 영향력 아래에 있었던 까닭에 불교 또한 『베다』의 가르침에 직·간접적인 영향을 받았다. 『베다』의 리따 개념은 불교의 업(業) 관념으로 구체화되었고, 그것을 도덕적 원리와 결부시키려는 시도 또한 더욱 강화된 양상으로 나타났다. 그러나 불교에서는 유일신교적 사고가 신에 대한 인간의 종속을 강화시켜 스스로를 책임감 없고 무력한 존재로 만들 위험성이 있다고 지적하였다. 또한 초월적 존재의 도움으로 현실의 어려움을 피하려는 미신적 관행에 대해서도 날카롭게 비판하면서 주체적으로 살아갈 것을 역설하였다. 나아가 신의 이름으로 바라문 계급만을 옹호하고 다른 태생의 사람들은 천시했던 계급제도에 대해서는 타협 없는 태도로 맞섰다. 이러한 불교의 개혁적 성향은 당시뿐만이 아니라 현대인의 종교관에 비추어 보더라도 뒤지지 않을 만큼 선도적이라고 할 수 있다.

12
제식주의와 불교

|

　제사란 불교에서 어떤 의미를 지니는가. 불교가 출현할 무렵 고대 바라문교는 인도사회에서 강력한 영향력을 행사하고 있었다. 바라문교의 실천에서 가장 두드러진 것 중의 하나가 바로 제사 의례이다. 제사는 신(神) 혹은 초월적 존재에게 감사의 마음을 올리거나 은총을 구하고자 행해졌다. 당시 사람들은 제사가 자연계의 운행과 질서에 영향을 미친다고 생각했다. 그들은 엄격한 절차의 제사를 인간의 운명이라든가 길흉화복에 연결시켰다. 제사의 실천은 전문적인 지식을 필요로 하였고, 그것을 담당하는 바라문들은 최고 지배계급의 지위를 누렸다.

　제식주의란 제사에 대해 특정한 의미를 부여하면서 형성된 형이상학적 경향을 가리킨다. 바라문들은 일정한 절차에 따라 의례를 행하면서 그것이 반드시 어떠한 결과를 가져온다고 가르쳤다. 제사는 미래의 삶에서 원하는 열매를 싹트게 하는 잠재력을 지닌 것으로 여겨졌다.

심지어 모든 존재는 이전에 실천한 제사의 공덕에 의해 현재의 위치를 얻는 것으로 생각되었다. 이러한 사고는 제사를 통해 우주의 흐름에 개입할 수 있다는 생각을 구체화하게 된다. 또한 이것은 신조차도 제사의 영향을 받지 않을 수 없다는 관념으로까지 나아가게 된다.

　이러한 제식주의는 차츰 인격신(人格神)에 대한 냉담한 태도로 발전하게 된다. 원래 제사란 신에 대한 귀의의 표시였다. 그러나 제사만 잘 지내면 신의 의지와 상관없이 원하는 결과를 얻을 수 있다는 생각들이 점점 우세해지게 된다. 그리하여 초월적인 권능으로 인간들에게 복과 은혜를 베풀던 신은 차츰 잊혀지고, 제사에 의해 수동적으로 움직이는 신 관념이 고착화된다. 인간 위에 군림하던 신이 제사를 집행하는 인간의 아래에 놓이게 되는 현상이 발생하게 된 것이다. 이렇듯 제식주의에서는 제사 자체야말로 우주의 질서를 유지하는 최고의 힘을 지닌 것으로 생각되었다.

　붓다는 이와 같은 제식주의가 한창 유행하던 무렵에 등장했다. 인도철학의 여정에서 제식주의적 사고가 반드시 부정적인 역할을 했던 것만은 아니다. 제식주의의 발달과 더불어 인간은 신들의 영역에 가담하여 우주의 운행에 주체적으로 참여하는 존재로 부각되기에 이른다. 신의 지배 아래에 종속되어 있던 존재에서 신을 부릴 수 있는 존재로 그 위치가 격상된다. 더불어 제사의 실천이 반드시 어떤 결과를 가져온다는 관념은 인과율에 대한 믿음을 확고히 정착시켰다. 이것은 "스스로 짓고 스스로 받는다"는 업 개념의 탄생에 큰 역할을 하게 된다.

그러나 제식주의의 제사는 오로지 세속적인 욕구를 성취하려는 목적에서 수행되었다. 그리하여 인간 자신을 내면의 탐욕이라는 새로운 굴레에 가두는 결과를 초래한다. 바라문교의 제식주의는 신의 지배로부터 벗어나게 하는 데에는 긍정적인 역할을 했지만 내면에 대한 성찰을 간과했다는 점에서 치명적인 한계를 지닌다. 그리하여 신성해야 할 종교적 의식마저 세속적인 이익 추구의 수단으로 전락시키는 결과를 초래한다. 결국 제식주의는 난해한 절차들로 위장된 교활한 바라문 사제들의 생활 수단으로 전락하기에 이른다.

붓다는 『꾸따단따경(Kūṭadanta-Sutta)』에서 참된 제사에 관해 언급한다.(DN. I. 127-149) 그에 따르면 바른 제사란 바른 마음가짐이 전제되어야 한다. 각자 자신의 직무를 성실히 수행하고, 몸과 마음을 잘 다스려 품행이 바르며, 베푸는 마음 등을 갖추게 될 때 비로소 올바른 제사가 가능하다고 이른다. 또한 붓다는 덜 번거로우면서도 더 많은 과보와 이익을 주는 새로운 제사법을 소개한다. 승가를 위한 거처를 보시하고, 삼보에 귀의하며, 계(戒)·정(定)·혜(慧)를 닦아 일체의 번뇌를 소멸하고 깨달음을 실현하는 바로 그것이다. 붓다는 이러한 제사보다 더 높고 수승한 다른 제사는 존재하지 않는다고 분명히 밝혔다. 이와 같이 붓다는 제사의 의미와 방법에 대한 혁신적인 해석을 통해 올바른 종교 생활의 방향을 제시하였다.

오늘날 한국불교에서 제사는 간과할 수 없는 중요한 의례의 하나로 자리 잡은 듯하다. 이러한 현실이 제식주의로의 회귀가 아닌지 반성해 볼 필요가 있다. 한편 문화적 여건상 제사 자체를 부정할 수 없는 현실이라면, 붓다의 가르침처럼 그것의 참된 의미를 되살리려는 노력이 더욱 강조되어야 할 것이다.

13
금욕주의와 불교

|

금욕주의란 무엇인가? 세속적인 명예라든가 이익을 추구하는 따위의 욕심을 경계하고, 그것으로부터 벗어난 상태에 이르려는 종교적·철학적 경향을 일컫는 말이다. 초기불교 또한 이러한 부류에 속한다고 할 수 있다. 초기불교의 전반적인 색채가 출세간의 금욕적 삶을 지향했다는 사실은 부정할 수 없다. 중생들의 삶이 탐욕과 갈애로 인해 갖가지 괴로움에 빠지게 된다고 가르쳤으며, 출가자와 재가자 모두에게 그것으로부터 벗어날 것을 강조하곤 하였다.

불교가 출현할 당시 바라문교나 자이나교에서도 금욕주의를 가르쳤다. 바라문교의 금욕주의는 제식주의와 밀접한 관련을 지닌다. 그들은 제사의례와 관련하여 몸과 마음을 정화하는 수단으로 고행(苦行)을 하였다. 혹독한 더위나 추위에 몸을 노출시킨다거나, 음식의 섭취를 끊는다거나, 특정한 자세로 움직이지 않는 따위의 육체적 괴로움을 일으키는 행위가 그것이다. 그들은 고행을 통해 초월적 능력이 함양되며 또한 그것으로 육체적·정신적 장애를 극복할 수 있다고 믿었다.

한편 자이나교에서는 모든 존재가 본래부터 청정하고 순수한 영혼을 지닌다고 보았다. 그런데 현실을 살아가는 중생들은 이전부터 알게 모르게 지어 온 죄업에 의해 그 영혼이 더렵혀져 있다고 생각했다. 따라서 본래의 깨끗함을 회복하기 위해 일체의 욕구를 억제하고 육체적인 고행을 해야 한다고 가르쳤다. 그들에 따르면 고행은 영혼에 달라붙은 업의 찌꺼기를 태워 없앨 수 있는 수단이 된다. 또한 업은 물리적 법칙과 같이 실재하는 까닭에 고행을 통하지 않고서 그 영향으로부터 벗어날 방법은 없다고 여겨졌다. 이러한 생각과 더불어 자이나교에서는 나체 수행이라든가 단식을 통해 죽음에 이르는 따위의 극단적인 금욕주의로 나아갔다.

바라문교나 자이나교의 금욕주의는 대체로 외적인 형식을 중요시했다. 특히 제식주의의 고행은 내면의 동기와는 상관없이 특정한 행위의 절차만을 염두에 두었다. 그들은 어떠한 의도에서든 일정한 형식에 따라 고행을 실천하면 원하는 결과가 뒤따른다고 보았다. 한편 자이나교는 욕망 자체에 대한 반성적 태도를 분명히 하고서 오로지 영혼의 순수성을 회복하기 위해 고행을 선택했다는 점에서 한층 고양된 면모를 보인다. 그러나 그들 역시 형식적인 고행에 경도되어 일상적인 생활마저 곤란할 지경에 이른다. 자이나교의 신봉자들은 숨 쉴 때 벌레를 마셔서 죽게 하는 일이 없도록 마스크를 착용하였고, 걸을 때는 발밑의 개미나 벌레들이 다치지 않도록 빗자루로 쓸면서 다녔다.

정신적인 안정과 평안을 위해 얼마간의 금욕은 필요하다. 절제 없는 삶은 나태와 불건전으로 이어지기 십상이다. 과거를 반성하고 새로운 각오를 다잡기 위해서는 3000배 정진과 같이 일시적인 고행을 감행하는 방법도 고려할 필요가 있다. 고행은 탐욕과 갈애를 제거하기 위한 효과적인 방법이 될 수 있다. 그러한 이유에서 초기불교에서는 금욕적인 태도로써 스스로를 다스려 나갈 것을 권장하였다. 탐냄과 성냄 따위의 노예로 살지 말고 그들의 실체를 깨달아 의연하게 살아가는 방법을 가르쳤다.

그러나 초기불교의 금욕적 가르침은 외적인 형식보다 내면의 의도를 중요시했고, 또한 언제나 그것을 깨달음의 문제와 연계시켜 설명하곤 하였다. 이와 관련하여 『숫따니빠따』에서는 다음과 같이 전한다. "생선 혹은 고기를 먹지 않는 것이나, 단식하는 것이나, 벌거벗거나, 삭발하거나, 상투를 틀거나, 먼지를 뒤집어쓰거나, 거친 가죽을 걸치는 것도, 불의 신을 섬기는 것도, 또한 불사(不死)를 얻기 위해 행하는 많은 종류의 고행, 진언을 외우거나, 희생제를 지내거나, 제사를 올리거나, 계절에 따라 행하는 수련 따위의 모든 것도 의혹(疑惑)을 뛰어넘지 못한 사람을 청정하게 할 수 없다.(Stn. 249게송)"

14
범아일여와 불교

|

 범아일여(梵我一如)란 무엇인가. 우주적 자아인 브라흐만(梵, Brahman)과 개체적 자아인 아뜨만(我, Ātman)이 동일(一如)하다는 가르침을 말한다. 불교가 출현할 무렵 일부 바라문교의 현인(賢人)들은 변화하는 경험세계 너머에 과연 무엇이 존재하는가의 문제에 천착해 들어갔다. 경험세계의 번잡스러움과 덧없음에 만족할 수 없었던 그들은 그것을 앎으로써 다른 모든 것들을 알게 되는 단 하나의 근원적인 실재를 추구하였다. 그 결과 경험세계의 다양한 사물을 포함하여 모든 신들의 의지처가 되는 근원인 브라흐만 개념을 고안해 내기에 이른다.

 브라흐만은 모든 존재의 배후에 혹은 그들 안에 내재해 있다고 믿어졌다. 세계는 브라흐만이 변화하여 이루어진 결과로 설명되곤 하였다. 혹은 경험세계의 차별적인 모습은 환영(幻, māya)에 불과하고 참된 존재는 브라흐만뿐이라고 생각되기도 하였다. 브라흐만은 세계의 발생과 운행 그리고 조화와 목적을 설명해 줄 수 있는 유일무이한 궁극의 실재였다. 일체 사물의 차별적인 모습은 브라흐만으로부터 유래하며 또한 브라흐만이라는 하나의 원리로 통일되었다. 그러한 브라흐만을 부정하는 것은 자신의 근원을 부인하는 어리석음으로 간주되었다.

범아일여의 신봉자들은 브라흐만을 내적 주체인 아뜨만과 다르지 않다고 생각하였다. 아뜨만이란 개인의 영혼과 같은 것으로 겉으로 드러난 모습과 구분되는 본질적인 무엇으로 믿어졌다. 모든 인간은 고귀한 존재이며 저마다 영원불변하는 실체인 아뜨만을 지닌다. 아뜨만은 인식의 주체인 동시에 윤리적 주체로서 비록 육신이 죽는다고 하더라도 결코 없어지지 않는다. 이러한 아뜨만에 대해 『바가바드기따』에서는 다음과 같이 말한다. "사람이 낡은 옷을 벗고 다른 새로운 옷을 입는 것처럼, 이것은 낡은 육신의 몸을 벗고 다른 새로운 몸으로 들어간다. 칼로도 그를 자를 수 없고 불로도 그를 태울 수 없다.(Bhg. II장 22-23게송)"

범아일여의 신봉자들은 내면적 자기 탐색의 극한점에 이르러 이러한 아뜨만의 존재를 확신하였고, 바로 이것이 유일무이한 우주적 실재인 브라흐만과 동일하다고 보았다. 그들은 아뜨만을 지닌 인간들에 대해 지고의 존재라는 자부심을 가져야 한다고 가르쳤다. 또한 브라흐만은 모든 존재의 본질을 이루는 까닭에 내면 깊숙이 자리한 아뜨만을 인식하면 바로 거기에서 브라흐만과 만날 수 있다고 역설했다. "브라흐만은 우주의 아뜨만이요, 아뜨만은 인간 안에 존재하는 브라흐만이다."

범아일여 사상의 정착은 외향적 사변으로부터 내향적인 자기성찰로의 전환을 의미한다. 이것은 매우 유의미한 철학사적 진전이라고 할 수 있다. 이러한 생각과 더불어 고대 인도인들은 더 이상 외부적 현상에 연연하지 않게 되었다. 그들은 자신이 곧 세상의 주인이라는 의식을 가지고 일체의 현상을 통합적인 안목에서 바라보았다. 개인 존재는 대우주의 반영인 까닭에 우주의 신비를 알 수 있는 실마리는 곧 자신 안에서 찾을 수 있다는 확신을 갖게 되었다. 이러한 일원론적(一元論的) 사고의 확립은 내면의 전환을 통해 일체의 괴로움으로부터 해탈하는 방법을 가르친 불교의 출현에 훌륭한 사상적 밑거름이 되었다고 할 수 있다.

붓다는 범아일여 사상에 얼마간 영향을 받았을 것으로 여겨진다. 특히 후대의 대승불교에서는 일체의 중생이 불성(佛性) 혹은 여래장(如來藏)을 지닌다고 말한다. 그리하여 모든 중생들이 궁극적 존재로서의 의의를 지닌다고 가르친다. 일부 학자들은 바로 이것이 범아일여 사상과 내용적으로 유사하다고 지적한다. 그러나 초기불교 경전에서 범아일여를 직접적으로 지지하는 경우는 발견되지 않는다. 붓다는 인간 존재의 무한한 가능성과 존엄성에 대해서는 기꺼이 동의했다. 그렇지만 그러한 생각이 교만과 아집 그리고 관념적 독단을 초래할 수 있다는 위험성 또한 간과하지 않았다. 그는 다만 경험적 사실에 기초하여 일체의 구속으로부터 자유로워지는 방법에 주력하였다.

15
쾌락주의와 불교

쾌락주의란 무엇인가. 쾌락을 인간 행위의 궁극 목적이자 도덕의 기준으로 삼는 사상적 경향을 가리킨다. 불교가 출현할 당시 일부 사상가들은 잘 먹고 잘 노는 것만이 인생의 유일한 목적이라고 주장했다. 짜르와까(Carvaka) 혹은 로까야따(Lokayata) 등으로 일컬어지는 그들은 경험세계 너머 혹은 죽음 이후의 세계를 부정하였다. 그리고 감각적 경험만을 앎의 유일한 원천으로 인정하였다. 그들에 따르면 죽고 난 이후 다른 더 좋은 세상에 태어날 목적으로 현재의 쾌락을 포기하는 것은 지극히 어리석은 짓이다. 신이라든가 영혼 혹은 천국과 지옥 따위는 바라문교의 사제들이 대중을 현혹하기 위해 고안해 낸 거짓에 불과하다.

쾌락주의에서는 경험에 근거하지 않은 일체의 지식은 허구로 본다. 세상을 구성하는 유일한 실재는 물질이며, 물질이 모이고 흩어지는 과정에서 인간의 의식이 발생한다. 발효된 누룩으로부터 술의 취기가 나오는 것과 같이, 의식 또한 육체의 조화에 의해 발생한 일시적 현상에 불과하다. 영혼이라고 부르는 것 또한 의식 현상에 지나지 않는다. 많은 사람들이 신을 우주의 창조자 혹은 유지자로 간주하지만 신은 지각되거나 경험될 수 있는 존재가 아니다. 따라서 신은 알 수도 경험할 수도 없거니와 설령 존재한다고 하더라도 경험세계에 아무런 영향을 미칠 수 없다.

쾌락주의자들은 죽음을 절대적 소멸로 보았으며, 그렇기 때문에 죽기 이전에 최대한 즐거움을 누려야 한다고 생각했다. 그들은 고행을 하거나 금욕을 하는 것은 불필요한 자기 학대이자 망상의 소치라고 가르쳤다. 또한 재물을 모으는 행위 역시 재물 자체를 위해서가 아니라 오로지 쾌락을 누리기 위한 수단으로 보아야 한다고 생각했다. 그들은 고통보다 더 많은 즐거움을 가져오는 행위는 선이고, 즐거움보다 더 많은 고통을 초래하는 행위에 대해서는 악으로 규정하였다. 현명한 사람이라면 가급적 모든 고통을 피하거나 혹은 최소한으로 줄이면서 최대한의 쾌락을 확보할 수 있어야 한다고 여겼다.

쾌락주의는 당시 인도사회를 지배했던 바라문교에 대한 저항의 분위기에서 구체화되었다. 그들은 경험세계를 초월한 무언가를 가르치는 교리들에 대해 맞섰다. 예컨대 브라흐만과 아뜨만이 동일하다는 범아일여(梵我一如)의 교리는 현실의 불공평과 차별상을 은폐하기 위해 바라문 사제들이 꾸며낸 이야기에 불과하다. 이와 같은 쾌락주의의 시각은 당시 사회적 약자였던 비바라문 계급에게 자신을 둘러싼 세계의 실상을 공정히 바라볼 수 있도록 해주었다는 점에서 긍정적인 평가가 가능하다. 더욱이 일부 세련된 쾌락주의자들은 쾌락의 질적 차이를 인정했을 뿐만 아니라 자신의 쾌락을 이웃과 나눌 필요성도 인정했다.

따라서 쾌락주의에 대해 무작정 비판적인 태도를 취하는 것은 온당하지 않다. 교양 있는 쾌락주의의 신봉자들은 자제력과 분별력을 갖추고 있었으며, 세련된 취미와 순수한 우정 따위에 대해서도 많은 관심을 기울였다. 그들은 철학적 사고의 진전과 더불어 출현한 자유분방한 진보적 지식인들이었다고 할 수 있다. 이러한 쾌락주의는 불교의 출현에도 좋은 밑거름이 되었다고 할 수 있다. 특히 바라문교의 계급제도에 맞서 모든 인간의 평등함을 일깨운 붓다의 행적은 일정 부분 쾌락주의와 입장을 공유한다. 또한 경험세계를 넘어선 궁극적 실재에 대한 부정 역시 무아설(無我說)에 대해 선구적인 역할을 했다고 할 수 있다.

그러나 쾌락주의는 감각적 경험만을 지나치게 강조한 결과 자체적인 교리적 모순에 봉착하고 만다. 예컨대 "경험 가능한 지식만이 타당하다"는 스스로의 주장 자체가 경험적으로 검증될 수 없다는 난점이 지적된다. 경험 가능한 모든 지식을 현실 삶에서 스스로 경험해보는 자체가 불가능하기 때문이다. 또한 쾌락에 대한 과도한 의존은 권태와 허무의 감정만을 낳을 뿐이고, 더욱 강력한 새로운 쾌락을 부추기는 결과를 초래하기 쉽다. 따라서 붓다는 쾌락에 몰두하는 짓을 천하고 범속하고 거룩하지 못한 것으로 규정하였다. 그는 쾌락의 추구가 완전한 깨달음과 열반으로 나아가는 데 보탬이 되지 않는다는 사실을 분명히 하였다. 그리하여 쾌락주의도 버리고 고행주의도 떠난 중도(中道)로써 실천해 나갈 것을 권장하였다.

16
숙명론과 불교

|

불교는 숙명론인가. 불교에 대한 초보적인 오해 중의 하나가 숙명론이 아닐까 싶다. "뿌린 대로 거둔다," "전생의 업보다," "팔자는 못 속인다"는 따위의 속담이 이러한 오해를 부추긴다. 그러나 불교는 숙명론과 근본적으로 다르며, 오히려 숙명의 굴레를 벗어나는 데에 주력한다. 불교의 궁극 목적인 해탈과 열반은 바로 그것을 벗어날 때 얻어지는 절대적 자유이다. 따라서 숙명론은 초기불교 이래로 극복의 대상이 되어 왔다는 점에 유념할 필요가 있다. 다만 앞서의 속담들은 주변의 환경이라든가 태생에 따른 성향 등을 무시할 수 없다는 정도로 이해하는 것이 마땅하다.

인도철학의 무대에서 숙명론을 표방했던 대표적인 학파로 아지비까(ajīvika) 혹은 사명외도(邪命外道)의 무리가 있었다. 그들은 인간의 삶이 필연적인 법칙에 의해 결정된다고 보았다. 선한 행위든 악한 행위든 어떤 행위를 하더라도 그러한 행위 자체가 결정된 법칙에 의한 것일 뿐이라고 주장했다. 만약 누군가가 착한 행위를 했다면 그것은 착한 행위를 하도록 정해진 운명에 따른 것일 뿐이다. 따라서 착한 행위에 대해 특별히 칭찬하거나 기뻐할 필요가 없다. 이것은 나쁜 행위에 대해서도 마찬가지이다. 그러한 이유에서 아지비까는 모든 행위에 대해 좋다거나 나쁘다는 가치판단을 내릴 수 없다고 주장한다.

아지비까에 의하면 운명(niyati)이라든가 천성(bhava)은 현재의 자신이 있게 된 이유이다. 인간으로 태어난 것도 운명이고 자기만의 방식으로 살아갈 수밖에 없는 것도 운명이다. 따라서 주어진 운명에 순응하며 살아가는 것만이 최선이다. 이러한 방식으로 아지비까는 인간의 노력이나 의지를 전면적으로 부정하였다. 이와 같은 숙명론적 사고는 예나 지금이나 매우 친숙한 것이라고 할 수 있다. 예컨대 미래에 대해 불안감을 느끼는 사람들 중에는 아직도 사주나 관상 따위에 의존하는 경우가 있다. 거기에서 숙명론적 사고의 잔재를 보게 된다.

그런데 아지비까는 자유의지를 부정했지만 자유의 가능성 자체는 부인하지 않았다. 그들은 끝없이 이어지는 탄생과 죽음이라는 자연적인 과정을 겪다 보면 언젠가는 자유롭고 청정한 상태에 도달한다고 믿었다. 그들은 이것을 산꼭대기에서 던져진 실타래에 비유한다. 정상에서부터 풀리기 시작한 실타래는 차츰 작아지면서 그 크기만큼 아래쪽으로 죽 늘어진다. 그러다가 완전히 풀린 상태가 되면 멈춰 선다. 이렇듯이 모든 사물은 정해진 역할대로 움직이다가 적당한 때가 되면 멈춘다. 바로 이것이 아지비까가 생각했던 부자유한 삶으로부터의 벗어남

즉 해탈이었다.

아지비까의 숙명론은 인간의 삶에서 불가항력적으로 받아들일 수밖에 없는 요인들에 대한 경각심을 분명히 했다는 점에서 약간의 의의가 인정된다. 대부분의 인간은 타고난 천성으로부터 자유롭지 못하며 주변의 환경으로부터도 역시 그러하다. 그러나 아지비까는 인간이 이러한 요인들에 대해 전적으로 무기력하지 않다는 사실을 간과하고 있다. 주어진 실타래의 크기는 한정되어 있을 수 있지만, 그것을 어떻게 사용하느냐에 따라 전혀 다른 가치의 실타래가 될 수 있다는 것을 놓치고 있다. 노력 여하에 따라 삶의 질이 얼마든지 달라질 수 있다는 사실을 망각한 것이다. 이점에서 아지비까의 숙명론은 한계를 노출한다.

붓다는 아지비까에 대해 다음과 같이 비판한다. "그대들이여, 만일 그렇다면 생명을 죽이더라도 이전에 정해진 원인에 의해서일 것이고, 도둑질을 하더라도 이전에 정해진 원인에 의해서일 것이고, 삿된 음행을 하더라도 이전에 정해진 원인에 의해서일 것이다.… 비구들이여, [모든 것이] 이전에 정해진다고 완고하게 고집하는 자에게는 도무지 의욕이나 열의가 있을 수 없고, '이것은 해야 하고 이것은 하지 말아야 한다'는 것도 있을 수 없다. [그들은] 이와 같이 해야 할 것과 하지 말아야 할 것에 대해 진실하고 확고하게 알지 못한다.(AN. I. 174)"

17
단멸론과 불교

|

단멸론(斷滅論, ucchedavada)이란 무엇인가. 인간을 포함한 모든 존재는 반드시 소멸하여 없어진다는 주장을 가리킨다. 특히 초기불교에서 문제시하는 단멸론은 죽음 이후의 삶을 부정하고서 업(業)에 의한 지음과 받음을 인정하지 않는 경우를 지칭한다. 단멸론은 무아(無我)의 가르침과 혼동을 일으켜 불교적 가르침으로 오인되는 경우도 있다. 그러나 붓다는 죽고 난 이후의 삶 혹은 내세를 부정하지 않았다. 그는 착한 행위를 하면 천상에 태어나게 되고 악한 행위를 하면 지옥에 태어날 수 있다고 가르쳤다. 어떠한 경우라도 죽고 나면 그대로 소멸하여 없어지고 만다는 방식의 가르침을 펼치지는 않았다.

일부 학자들은 초기불교가 무아를 가르쳤다는 사실을 강조하면서 단멸론과 흡사한 방식으로 설명한다. 그들에 따르면 무아란 말 그대로 자아가 존재하지 않는다는 것이며 개인 존재의 연속성에 대한 부정을 의미한다. 이러한 무아 해석은 고착화된 자아(attan) 관념을 극복하는 데 얼마간의 도움이 될 수도 있다. 그러나 행위의 책임 소재를 불분명하게 만들고 미래를 위한 노력을 상쇄시키는 부작용을 초래할 수 있다. 이 순간의 '나'가 정말로 이 순간에 그친다면 과연 누가 내일의 '나'를 위해 고민하겠는가. 죽고 나면 그것으로 모든 것이 끝장인데, 도대체 무엇을 위해 현실의 어려움을 감내하겠는가.

붓다는 경험세계를 넘어서 존재한다고 여겨지는 불변적 실체로서의 자아라든가 영혼에 대해서는 부정했다. 그러나 오온(五蘊)으로 이루어진 경험적 자아 혹은 영혼은 부정하지 않았다. 그는 인격의 주체로서의 자아에 대해서는 기꺼이 인정하였고, 사후의 세계에도 그것은 계속된다고 가르쳤다. 『자나와사바경(Janavasabha-Suttanta)』에 나타나듯이 붓다는 수많은 사람들의 전생(轉生)에 관한 이야기를 매우 상세하게 들려준다.(DN. II. 201 이하) 초기불교 경전에 근거하는 한 붓다는 내세와 윤회를 인정하였다. 윤회를 멈춘 사후의 아라한에 대해서도 생각과 논의의 범위를 벗어났다고 말했을 뿐, 존재하지 않는다는 따위의 단정적인 어투를 사용하지는 않았다.

"모든 것이 단절되어 소멸한다"는 주장은 일종의 형이상학(形而上學)에 해당한다. 이와 같은 형이상학적 주장에 대해 붓다는 냉소적인 태도를 취했으며 또한 거룩한 침묵(無記, avyākata)으로 대처했다. 우리는 경험 영역을 살아가는 까닭에 경험을 벗어난 문제에 대해 함부로 이야기하지 말아야 한다. 경험적으로 입증되지 않는 생각들은 불필요한 논쟁의 빌미만을 제공하기 때문이다. 그럼에도 단멸론자는 절대적인 소멸을 주장한다. 그러나 붓다에 따르면 이러한 주장은 "모든 것이 영원하다"는 정반대의 논리와 마찬가지로 아무런 타당성도 지닐 수 없다. 경험을 벗어난 관념의 산물이기 때문이다. 초기불교에서는 영원하다는 주장과 마찬가지로 단멸한다는 주장에 대해서도 삿된 견해(邪見)로 간주한다.

단멸론에서는 육신의 죽음을 완전한 소멸로 본다. 이러한 사고는 전통적인 서구적 영혼 관념에 거부감을 느끼는 현대인에게 상당한 호소력을 발휘하는 듯하다. 그러나 이러한 사고는 허무주의 혹은 염세주의를 조장한다는 데에 문제가 있다. 또한 도덕의 부정과 쾌락주의를 부추길 수도 있다. 사실 현대의 물질문명에는 이와 같은 쾌락주의와 허무주의의 요소가 얼마간 포함되어 있다고 할 수 있다. 거기에는 죽음 이후의 세계를 애써 부정하려는 단멸론적 사고가 일정 부분 영향을 미치고 있다.

모든 존재는 영원하지도 않지만 그렇다고 완전히 사라져 없어지는 것도 아니다. 따라서 바른 지혜를 갖춘 사람은 사물의 계속됨을 보면서 없어진다고 말하지 않는다. 또한 사물의 사라짐을 보면서 영원하다고도 말하지 않는다. 붓다는 이러한 입장에 서서 있음과 없음의 논리에 현혹되지 말라고 이른다. "모든 것이 존재한다는 주장도 하나의 극단이요, 모든 것이 존재하지 않는다는 주장도 또 하나의 극단이다. 여래는 이러한 두 가지 극단에 다가가지 않고 그 가운데에서 가르침을 드러낸다.(SN. II. 17 등)" 붓다는 영원하지도 않고 없어지지도 않는 아이러니한 존재의 실상을 있는 그대로 수용할 것을 요구한다.

18
힌두교와 불교

|

힌두교란 어떤 종교인가. 흔히 인도(India, Hindu)에 뿌리를 둔 다양한 형태의 신앙적 복합체로 설명한다. 불교 또한 인도에서 출현하였다. 따라서 넓은 의미로 불교를 힌두교에 포함시키는 경우가 있다. 실제로 일부 힌두교 추종자들은 붓다를 힌두교의 최고신인 비슈누(Viṣṇu)의 화신(化身)으로 믿는다. 그러나 엄밀히 말하자면 힌두교는 고대 바라문교의 경전인 『베다』의 권위를 인정하고 그 가르침을 따르는 종교적 신념들에 한정된다. 따라서 불교라든가 자이나교와 같이 『베다』와 다른 독자적인 실천의 길을 모색해 온 종교들은 인도에서 발생했지만 힌두교에 포함시키지 않는다.

힌두교는 고대의 바라문교와 구분되는 몇 가지 특징을 지닌다. 힌두교가 바라문교에서 유래했고 또한 『베다』를 최고의 가르침으로 받드는 것은 사실이다. 그러나 바라문교는 아리안(Aryans)이라는 특정한 종족이 다른 종족들의 종교와 문화를 정복하는 과정에서 발생시킨 신앙

체계이다. 반면에 힌두교는 바라문교에 바탕을 두지만 다른 여러 종족의 토착 신앙을 수용하면서 형성된 종교이다. 일반적으로 힌두교는 굽타(Gupta) 왕조의 성립(A.D. 320년)을 기점으로 한다. 그 시기의 인도는 불교가 크게 발흥해 있었으며, 그로 인해 바라문교 내부에서는 스스로에 대한 변화의 필요성을 절감하고 있었다.

바라문교를 모태로 하는 힌두교는 기본적으로 다신교(多神敎)이다. 힌두교의 신봉자들은 보통 그가 태어난 가계에서 대대로 믿어온 가정의 신이나 혹은 스스로 선택한 신을 믿는다. 이러한 힌두교의 신앙적 특징은 다양한 구원의 길을 인정한다는 데서 찾을 수 있다. 힌두교에서는 어느 하나의 교리적 원칙만을 고집하여 다른 사상을 이단으로 몰지 않는다. 또한 힌두교는 다신교적 색채가 강하지만 그 내부에는 일신교(一神敎)적 성향이 잠재해 있다. 힌두교에는 다양한 신들의 배후에 최고의 신 혹은 하나의 단일한 신이 존재한다는 믿음이 강하게 깔려 있다.

이것은 브라흐만(Brahman), 비슈누(Viṣṇu), 쉬바(Śiva)라는 삼신(三神) 일체설에서 잘 나타난다. 브라흐만은 창조자로, 비슈누는 유지자로, 그리고 쉬바는 파괴의 신으로 신봉된다. 이들은 단일한 최고신의 세 측면으로 해석되어 왔다. 이러한 관념은 하나의 신이 다양한 신격이나 인물·동물 등으로 나타난다는 인도인 고유의 화신사상(化身思想)과 결부되어 있다. 이와 같이 하나의 신이 다양한 모습으로 그 자신을 드러낸다는 화신사상은 여러 부족 혹은 다른 계급의 신들이 서로 융합할 수 있는 이론적 근거가 되었다.

후대의 대승불교에 등장한 화신불(化身佛) 관념이라든가, 천 개의 손과 천 개의 눈을 지닌 관세음보살 등은 이러한 화신사상의 불교적 수용 결과이다. 화신사상은 현대에 이르러서도 여러 종교들이 서로 화합할 수 있다는 이론적 근거를 제공하기도 한다. 예컨대 라다끄리쉬난(Radhakrishnan)과 같은 사상가는 힌두교의 포용적 가르침에 기초하여 세계의 모든 종교를 하나로 통섭하는 보편종교(Universal Religion)를 언급하기도 한다. 그에 따르면 다양한 양상으로 드러난 모든 종교의 가르침은 결국 하나로 회통될 수 있다. 걷고 있는 길은 다르지만 궁극의 목적은 같다는 것이다.

붓다 당시 힌두교는 아직 출현하지 않았다. 따라서 초기불교와 힌두교의 직접적인 비교는 곤란하다. 특히 힌두교의 화신사상은 대승불교의 가르침에 편입되어 우리나라에 그다지 낯설지도 않다. 그러나 통합적 시각만을 강조하는 힌두교의 가르침은 개개의 사물이 지닌 독자성과 차별성을 간과한다는 취약점이 지적되곤 한다. 나아가 다신교, 일신교, 제식주의, 금욕주의 등이 혼재한 신앙형태는 미신적인 관습들을 원칙 없이 수용하게 만드는 결과를 초래하였다. 더욱이 바라문이라는 성직자 계급을 정점으로 하는 전래의 계급제도를 용인하고서, 오래도록 피지배 계급에 대한 차별에 앞장서 왔다는 사실은 힌두교가 안고 있는 치명적인 약점이다. 이것을 고려할 때 초기불교와 힌두교 사이의 간극은 크다고 할 수 있다.

19
불교에서의 신(神)

불교는 무신론(無神論)인가. 흔히 불교를 일컬어 무신론적 색채가 강하다고 말한다. 그렇다면 붓다는 신에 대해 어떻게 말했는가. 과연 그는 신을 완전히 부정했는가. 그런데 초기불교 경전에는 무시할 수 없는 빈도로 신들에 관한 이야기가 자주 등장한다. 깨달음 직후 붓다에게 설법을 간청했던 존재도, 초전법륜을 찬탄하면서 진리의 등불이 영원히 꺼지지 않을 것이라고 노래했던 이들도 모두 신이다. 초기불교 경전에서 신에 대한 묘사는 결코 적지 않은 비중으로 나타난다.

초기불교의 전반적인 색채는 경험세계에 초점을 모은다. 따라서 현실과 초현실을 넘나드는 신들의 이야기는 붓다의 가르침에서 주된 지위를 차지한다고 볼 수 없다. 일부의 학자들은 그러한 신적 존재를 내면의 심리현상에 대한 은유로 해석한다. 마음속의 바람이나 희망 따위를 신이라는 상징적 존재를 통해 구체화하는 방식을 취했다는 것이다.

그러한 입장에 따르면 객관적 실재로서의 신은 부정된다. 굳이 신을 개입시키지 않더라도 붓다의 가르침에 충분히 접근할 수 있고, 오히려 그렇게 할 때 더욱 온전한 이해가 가능하다.

그런데 초기불교에서는 우리 자신의 마음과 연결시켜 세계(loka)를 설명하곤 한다. 붓다는 마음과 무관하게 존재하는 객관적 실재로서의 세계를 인정하지 않았다. 그는 우리의 인식이 우리가 살아가는 세계의 일부를 구성한다고 가르쳤다. 따라서 세계란 이해된 방식으로서의 세계를 의미하며, 또한 경험과 더불어 발생하고 소멸하는 것이 된다. 이 점을 고려하면 굳이 신을 배제하고서 세계를 규명하려는 시도는 공허한 것이 될 수 있다. 우리가 그렇게 생각하는 한에서 신은 우리에게 영향을 미칠 수 있다.

인도철학에서 신에 대한 해석은 일반적으로 세 가지로 나뉜다. 자연주의적 다신교(多神敎), 단일신교(單一神敎), 유일신교(唯一神敎)가 그것이다. 자연주의적 다신교란 태양이라든가 달 혹은 하늘과 바다와 같은 자연현상을 신격화하여 숭배하는 것을 말한다. 다신교적 관념은 가장 시원적인 신앙에 속하며, 아직까지 존속해 있는 무속신앙이라든가 정령신앙 따위를 여기에 포함시킬 수 있다. 한편 단일신교는 다양한 여러 종류의 신들이 결국은 하나라는 믿음을 내용으로 한다. 이러한 단일신교적 사고는 전통적인 동양적 신 관념을 대변한다고 할 수 있다. 예컨대 힌두교에서 신봉되는 수많은 신들은 하나의 단일한 신이 다양한 모습으로 그 자신을 드러낸 것이다.

마지막의 유일신교는 기독교라든가 이슬람교에서 나타나는 신 관념과 유사하다. 여기에서는 모든 피조물과 구분되는 유일무이한 존재로서의 인격신(人格神)에 대한 믿음이 강조된다. 유일신은 만유를 창조해 낸 창조주이며 또한 그들 모두의 운행을 직접 주관한다. 유일신은 다른 어떤 존재로도 환원되거나 대체될 수 없는 절대적인 권위를 지닌다. 이러한 유일신 관념은 대승불교의 아미타불(Amitabha-Buddha) 사상에서도 일부 나타난다. 예컨대 아미타불을 신봉하는 정토교에서는 현실의 모든 고통마저 중생들을 극락으로 이끌기 위한 아미타불의 은혜로운 방편으로 간주한다.

신에 대한 믿음이 수많은 사람들에게 정서적 안정감을 주어 왔다는 사실은 부정할 수 없다. 그러나 그러한 믿음이 지나치면 스스로의 삶에 대한 책임의식이 결여되는 문제가 발생할 수 있다. 이와 관련하여 붓다는 다음과 같이 비판한다. "만일 그렇다면, 생명을 죽이더라도 신의 창조에 의해서일 것이고, 도둑질을 하더라도 신의 창조에 의해서일 것이고, 삿된 음행을 하더라도 신의 창조에 의해서일 것이다.… 비구들이여, [모든 것이] 신의 창조에 의한다고 완고하게 고집하는 자에게는 도무지 의욕이나 열의가 있을 수 없고, 또한 '이것은 해야 하고 이것은 하지 말아야 한다' 라는 것이 있을 수 없다. 이와 같이 그들은 해야 할 것과 하지 말아야 할 것에 대해 진실하고 확고하게 알지 못한다.(AN. I. 174)"

20
인도철학의 업(業)

업(業, karma)이란 무엇인가. 문자 그대로 옮기면 행위(action)·일(work) 등이 된다. 인도철학 일반에서 업이란 "특정한 행위 혹은 결심으로 인해 발생하는 응보적 힘"으로 정의된다. 예컨대 과거의 행위라든가 결심 따위가 현재 혹은 미래의 삶에 어떠한 영향을 미치는 경우를 일컬어 업 혹은 업보(業報)라고 한다. 이러한 업 개념은 우리에게 이미 친숙하다. "콩 심은 데 콩 나고 팥 심은 데 팥 난다"라는 말이 거기에 해당한다. 업 개념은 비단 불교에서만이 아니라 인도에서 출현한 거의 모든 종교적·철학적 가르침에서 중심적인 지위를 차지한다.

업은 살아가면서 경험하는 여러 현상에 대해 원인과 결과를 생각하게 해준다. 어떠한 일이 발생하는 데에는 반드시 원인이 있기 마련이며, 또한 현재 진행되는 일 역시 거기에 부합하는 결과를 낳는다. 그지없는 모든 일들이 다 그 원인에 그 결과라는 사고가 바로 업 관념에서부터 도출된다. 올바른 행위는 그것에 상응하는 좋은 과보를 가져오고, 그렇지 못한 잘못된 행위는 괴롭고 비참한 과보를 가져온다. 따라서 업 개념은 윤리적 삶의 당위성을 제공하는 역할을 한다.

업 관념은 윤회(輪廻) 사상과도 긴밀한 관련성이 있다. 업의 논리를 현재의 삶 너머로까지 확대하면 그것이 곧 윤회이다. 예컨대 현재의 삶만으로 설명할 수 없는 신분상의 차별, 민족적·계급적 위치, 천부적 재능 따위가 그것이다. 우리는 그러한 사례를 접하면서 업과 윤회를 생각하게 된다. 누구누구는 전생에 좋은 업을 많이 쌓아서 그렇다거나, 지어 놓은 공덕이 모자라 그렇다는 따위의 말들을 하곤 한다. 나아가 업과 윤회의 관념은 종교적 이상과 관련해서도 중요한 역할을 한다. 인도에서 출현한 모든 종교의 궁극 목적으로 제시되는 해탈(解脫) 혹은 열반(涅槃)이란 다름 아닌 업과 윤회의 속박으로부터 벗어난 경지이다.

이렇듯 업은 인도철학의 중심부를 관통하는 핵심적 술어이다. 많은 종교가 혹은 철학자들이 출현하여 각기 자신의 입장에서 업 개념을 해석하곤 하였다. 예컨대 바라문교를 중심으로 한 보수 세력들은 과거에 벌어진 일들의 결과를 중심으로 업 개념을 설명한다. 그들은 현재의 삶은 과거에 지은 업의 과보인 까닭에 설령 현실이 불공평하게 느껴지더라도 그것을 달게 받으라고 가르친다. 노예로 태어난 까닭은 그렇게 태어날 수밖에 없는 전생의 업 때문이다. 따라서 노예로서의 삶을 받아들이고 묵묵히 살아가는 것만이 과거에서 지은 업보를 청산할 수 있는 길이라고 주장한다.

　이와 같은 보수적인 업 해석은 사회적 강자들의 편에서 약자들에 대한 지배를 정당화시켜주는 억압의 이데올로기로 악용된다. 카스트(caste)의 계급제도가 그것이다. 카스트 제도에 따르면 태생에 의한 신분상의 차별은 과거생의 업의 결과인 까닭에 그대로 감수해야 한다. 놀랍게도 이러한 계급제도의 폐습은 아직까지 인도사회에 부정적인 그림자를 짙게 남기고 있다. 따라서 암베드카르(Ambedkar)와 같은 현대 인도사상가는 업 관념을 재생이나 윤회와 연결시켜 해석하는 것에 대해 '사기'라고까지 혹평한다.

　그러나 업과 윤회를 가르치면서도 그것을 지배이데올로기로 악용하지 않았던 사례는 엄연히 존재한다. 업의 속박으로부터 벗어나는 방법에 주력했던 초기불교와 자이나교가 대표적인 사례이다. 이들 종교에서는 업 관념이 숙명론으로 흐르는 것을 반대하면서, 더 좋은 많은 업을 쌓으면 현재의 삶에서 과거의 죄업을 청산할 수 있다고 가르친다. 이와 관련하여 붓다는 다음과 같이 말한다. "사람은 자신이 지은 업을 그대로 받는다. 비구들이여, 그러므로 청정한 행위를 하지 않으면 바르게 고통을 종식시킬 기회를 얻지 못한다.… 또한 사람은 자신이 받아야 할 업을 짓고서 그것을 그대로 받는다. 비구들이여, 그러므로 청정한 행위를 닦으면 바르게 고통을 종식시킬 기회를 얻는다.(AN. I. 249)"

21
제식주의의
업(業)
|

　제식주의에서는 업을 어떻게 보는가. 초기불교가 출현하기 이전 고대 인도사회를 지배했던 바라문교에서는 제사의 실천을 매우 중요시하였다. 바라문교에서는 격식에 따라 잘 치른 제사는 반드시 거기에 상응하는 합당한 결과를 가져온다고 가르쳤다. 제사는 인간의 소망을 이루어주는 효력을 지닌 것으로 믿어졌다. 세습적 제관이었던 바라문교의 사제들은 엄격한 절차의 제사의례를 주관하였다. 그들은 제사의 집행을 통해 인간의 길흉화복을 조절할 수 있는 존재로 여겨졌다.

　제사는 원래 신에 대한 공경과 숭배에서 기원하였다. 신의 은총을 통해 소원을 성취하려는 의도가 제사라는 형식으로 구체화된 것이다. 이러한 제사 관념이 정교해지기 이전에 신봉되었던 신들은 제사의 형식에 묶인 존재가 결코 아니었다. 신은 스스로의 의지로 인간에게 자비와 은총을 베풀 수 있었다. 따라서 설령 훌륭한 제사를 지낸다고 하더라도 제사 자체가 반드시 좋은 결과를 보장하는 것은 아니었다. 신은 언제나 제사 너머에 머무는 초월적 존재였다. 신은 인간 위에 군림하였고, 인간으로서는 그의 능력을 헤아릴 수조차 없는 불가사의한 존재였다.

그러나 제사 의례가 전문화되는 과정을 거치면서 이러한 신 관념에 변화가 발생한다. 정교한 절차에 따라 바르게 치러진 제사는 신의 의지와 상관없이 그 결과를 가져올 수 있다는 생각이 우세해진다. 이러한 방식으로 수백 년의 시간이 흘러가면서 신은 제사에 종속되고 만다. 그렇게 해서 신이라는 존재는 제사의 효력을 보존하였다가 미래의 어느 때에 그 결과를 전달해주는 비인격적·중성적 원리로 해석되기에 이른다. 세계의 운행에는 초월적인 인격신이 개입될 여지가 없게 되었으며, 제사라는 행위에 의한 결과만이 법칙적으로 뒤따를 뿐이었다. 바로 이것이 제식주의에서 바라본 업의 관념이다.

이러한 제식주의의 업 관념은 초기불교가 출현하기 직전에 등장했던 『우빠니샤드』 문헌에 의해 한층 업그레이드된 형태로 다듬어진다. 당시의 진보적 지식인들은 제사뿐만이 아니라 인간의 모든 육체적·정신적 행위가 우주의 운행에 관여된다고 보았다. 우주적 자아인 브라흐만과 개체적 자아인 아뜨만이 동일하다는 범아일여(梵我一如)의 교설이 그 근거가 되었다. 범아일여의 논리에 따르면 개인의 행위는 우주의 질서와 조화를 반영하며 또한 그것과 긴밀히 연결되어 있다. 따라서 굳이 제사를 통하지 않더라도 인간의 행위는 자연의 운행을 반영하는 동시에 그것에 영향을 미칠 수 있다.

『우빠니샤드』의 가르침은 제사만이 아니라 일상의 모든 행위가 미래의 삶을 규정한다는 방향으로 나아갔다. 예컨대 "이 세상에서 좋은 행위를 행한 자들은 바라문이나 끄샤뜨리야나 바이샤의 모태와 같은 좋은 모태에 들어갈 것이다. 그러나 이 세상에서 나쁜 행위를 행한 자들은 개나 돼지 찬달라의 모태와 같은 나쁜 모태에 들어갈 것이다.(ChU. V장 10편 7게송)"라는 가르침이 그것이다. 이러한 방식으로 과거의 행위는 미래의 태생과 가문을 결정한다고 믿어졌다. 이와 같이 『우빠니샤드』에 이르러 업 관념은 더욱 분명해졌고, 또한 윤회사상과 결부되어 더욱 정교한 형태로 다듬어졌다.

그러나 이러한 업 관념들은 행위의 형식적 측면에 치우치는 약점을 보인다. 형식주의적 업 해석에 따르면 과거에 지은 업은 현재의 의지와 무관하게 인간의 삶 전체를 규정한다. 이것은 제사를 통한 것이든 제사라는 형식을 벗어난 일상의 행위이든 마찬가지이다. 따라서 현재의 삶에서 할 수 있는 유일한 방안은 과거에 지은 업의 결과를 수용하는 것뿐이다. 이점은 고대 바라문교와 그 전통을 계승하는 힌두교가 카스트(Caste) 제도에 의한 신분의 차별을 용인한다는 사실과 무관하지 않다. 이러한 형식주의적 업 관념에 대해 붓다는 다음과 같이 말한다. "나는 의도(思, cetanā)를 업이라고 말하나니, 의도하고 난 연후에 신체와 언어와 마음에 의한 업을 짓는다.(AN. Ⅲ. 415)" 붓다는 내면의 의도를 일깨움으로써 과거의 업으로부터 벗어나 주체적으로 살아갈 수 있다는 가능성을 분명히 하였다.

22
자이나교의 업(業)

자이나교(Jainism)에서는 업을 어떻게 보는가. 자이나교는 초기불교와 비슷한 시기에 등장했던 개혁적 종교이다. 초기불교와 유사한 가르침을 펼쳤으며, 오늘날에 이르기까지 인도에서 그 명맥을 유지하고 있다. 자이나교는 초기불교와 함께 바라문교의 권위주의에 맞섰던 것으로도 유명하다. 자이나교는 업을 미세한 물질입자의 일종으로 이해했다. 인간이 행한 모든 행위는 미세한 물질입자의 형태로 남아 미래의 삶에 영향을 미친다고 생각했다. 그들은 금욕과 고행을 통해 업의 속박으로부터 벗어날 수 있다고 가르쳤다.

자이나교에서는 모든 존재가 순수·청정한 영혼(jīva)을 지닌다고 보았다. 그들에 따르면 영혼이란 전지(全知)하며 과거·현재·미래에 대해 막힘없는 앎을 지닌다. 영혼은 스스로 지닌 완전한 능력으로 감관이라든가 추리 따위에 의존하지 않고서도 사물의 참된 모습을 꿰뚫어 알 수 있다. 자이나교에서는 이러한 영혼 본래 상태를 회복하는 데에 수행의 목적을 두었고, 바로 그것을 위해 엄격한 고행의 실천을 권장하였다. 업이란 영혼의 전지한 능력을 가리는 불순물과 같으며, 고행이란 영혼에 달라붙은 업의 불순물을 닦아내기 위한 수단으로 인식되었다.

자이나교에 따르면 업을 구성하는 물질입자는 신체(身, kāya)와 언어(口, vacī)와 마음기능(意, mano)에 의한 행위를 통해 생성된다. 그들은 바로 이것이 영혼과 뒤엉킴으로써 '업에 의한 육신(業身)'을 형성시킨다고 보았다. 그 결과 순수·청정한 영혼이 고통스러운 경험세계에 묶이게 되며 윤회의 속박 아래에 놓이게 된다고 생각했다. 이러한 자이나교의 업 해석에서 주목할 만한 사항은 인간 존재가 업의 속박에 무력하지 않다는 사실을 강조했다는 점이다. 그들은 엄격한 금욕적 삶을 통해 새로운 업의 축적을 막을 수도 있고, 또한 강력한 고행을 통해 그것을 소진시켜 해탈의 상태에 이를 수도 있다고 보았다.

자이나교에서는 업을 물질입자로 이해했다. 따라서 그것의 유입을 막거나 소진시키기 위한 방법은 물리적인 구체성을 지녀야 한다고 보았다. 또한 기존에 지은 업에 대해서는 그것을 소진시킬 만큼의 육체적인 고행을 반드시 닦아야 한다고 가르쳤다. 그렇게 해야만 완전한 해탈의 경지에 도달할 수 있다고 생각했다. 경험세계의 속박과 고통은 누적된 업의 총량에 비례하며, 실천·수행에서의 진전 역시 그것에 의해 정확히 판가름된다고 보았던 것이다. 이러한 방식으로 자이나교는 업에 의한 지음과 받음이 실제로 존재한다는 관념을 각인시켰다.

자이나교에서의 업은 불변적 법칙으로서의 의미를 지닌다. 어쩌면 자이나교의 끈질긴 생명력은 이러한 고지식한 업 해석과 함께, 그것에 의한 속박을 극복하기 위한 철저한 수행의 힘 덕분이었는지도 모른다. 그러나 자이나교의 업 해석은 간과할 수 없는 취약점을 안고 있다. 업에 대한 지나친 실체화는 내면적인 의도의 중요성을 간과하게 하였고, 행위의 형식성만을 따지게 만드는 문제점을 노출하였다. 바로 이것은 그들이 저항했던 바라문교의 형식주의적 업 해석과 유사한 측면을 지닌다. 그 결과 자이나교는 업의 속박으로부터 벗어날 수 있는 존재를 전문적인 출가 고행자들에게 국한시키게 되었다.

이와 관련하여 붓다는 다음과 같이 말한다. "누군가 말하기를 '사람이 어떤 업을 지었건 그것을 그대로 경험하게 된다' 고 한다면 청정한 삶도 가능하지 않고, 바르게 괴로움을 종식할 기회도 얻지 못할 것이다.… 여기 어떤 사람이 몸을 닦고 계를 닦고 마음을 닦고 지혜를 닦아 모자람 없이 위대하게 한량없이 머문다고 치자. 비구들이여, 그러한 사람에게는 현세에서 겪게 될 이미 지은 작은 악업은 남지만 〔내세에 경험하게 될 악업의 결과는〕 조금도 남지 않을 것이다. 어찌 많겠는가? 〔이것은 마치 한 덩이의 소금이 갠지스의 온 강물을 짜게 만들지 못하는 것과 같다〕.(AN. I. 249-250)"

붓다는 과거의 사소한 업에 연연하기보다 그것을 능가하는 더 많은 훌륭한 업을 짓게 하는 데 더욱 관심을 기울였다. 그는 이와 같은 혁신적 업 해석을 통해 소수의 고행자나 바라문 사제들에게 국한되었던 업으로부터의 해탈 가능성을 모든 이들에게 열어 주고자 하였다. 계급이나 신분 혹은 주변의 환경에 구애됨이 없이 현재의 삶에서 궁극의 이상을 실현할 수 있다는 보편적 구제의 가능성을 분명히 하였다.

23
초기불교의 업(業)

초기불교에서는 업을 어떻게 보았는가. 인도철학사에 등장했던 다른 종교적 가르침들과 마찬가지로 초기불교 또한 업과 윤회를 인정했다. 사실 업과 윤회는 붓다의 가르침에서 중심적인 위치를 차지한다고 할 수 있다. 업이란 신체〔身〕와 언어〔口〕와 마음기능〔意〕으로 짓는 행위를 일컫는다. 이것의 영향은 결코 사라지지 않고 남아 미래의 삶을 좌우한다. 이와 관련하여 붓다는 다음과 같이 말한다. "모든 중생은 업을 지니며, 업의 상속자이며, 업을 모태로 태어나며, 업에 묶여 있다.(MN. Ⅲ. 203)" 이렇듯 업은 인간의 정체성을 구성하는 주요 요인이 된다.

초기불교에서 업과 윤회는 괴로움의 현실을 대변하는 두 용어이다. 한편 해탈과 열반이란 업과 윤회를 벗어난 경지에 다름이 아니다. 초기불교의 가르침은 업과 윤회에 속박된 세계로부터 벗어나 해탈·열반의 경지에 들어가는 데 목적을 둔다. 초기불교는 이러한 입장을 바탕으로 숙명론과 대조를 이루는 업의 가르침을 구체화한다. 붓다는 과거에 지은 업은 인정하되 그것을 극복의 대상으로 삼으라고 가르친다. 업의 과보를 부인할 수 없는 윤회의 세계를 살아가고 있지만 그것을 넘어선 해탈·열반의 경지에 도달해야 한다고 이른다. 바로 이것이 초기불교의 특징적인 업 해석이다.

『분별대업경(Mahākammavibhaṅga-Sutta)』은 초기불교의 업 이해에 결정적인 단서가 될 만한 내용을 전한다. 거기에서 붓다는 과거에 지은 업에 의해 좋거나 나쁜 세상에 '이미 태어났다(upapanna)'고 주장할 수는 있지만, 현재나 미래에 어떻게 '태어난다(uppajāti)'라고 단정할 수는 없다고 말한다. (MN. Ⅲ. 212) 이것은 특정한 결과를 이미 낳은 업만을 확정된 사실로 인정할 뿐 미래나 현재의 삶까지 그것에 의해 결정된 것은 아니라는 의미이다. 이미 엎질러진 물에 대해서는 어쩔 수 없는 사실로 인정해야 하지만 조금이라도 개선의 여지가 있는 사안에 대해서는 포기하지 말라는 것이다.

이 가르침에 따르면 설령 잘못된 행위를 했더라도 스스로를 방기해서는 결코 안 된다. 보다 나은 삶을 위해 분연히 일어서야 하며, 그렇게 할 때 아직 결정되지 않은 현재와 미래의 삶을 변화시킬 수 있다. 과거의 업은 하나의 조건으로 이해할 필요가 있으며 미래를 위한 발판으로 삼아야 한다. 우리는 스스로의 역량과 분수를 잘 파악해야 한다. 그것은 곧 업의 결과인 까닭이다. 그러나 이것이 현실에 안주하라거나 혹은 미래에 대한 꿈을 접으라는 뜻은 아니다. 스스로를 잘 이해하고 주변의 여건을 감안하여 적극적으로 살아나가라는 의미이다.

한편 붓다의 업 해석은 내면의 의도를 중요시했다는 점에서 독특하다. 예컨대 불건전한 의도를 가졌다면 아직 실행에 옮기지 않았더라도 그 자체로서 업이 발생한다고 가르쳤다. 이점은 구체적인 행위가 있어야만 업의 과보가 뒤따른다고 보았던 바라문교라든가 자이나교의 형식주의적 업 해석과 다르다. 심지어 붓다는 내면의 의도(思, cetanā) 자체를 업으로 규정하기도 하였다.(AN. Ⅲ. 415) 즉 의도를 지님으로써 신체와 언어와 마음에 의한 업이 발생한다고 가르쳤다. 이렇게 해서 업 관념은 외부적 행위만이 아닌 내면의 심리까지를 포함하는 내용적 전환을 이루게 된다.

내면의 의도를 중요시한 붓다의 업 해석은 『베다』의 제식주의라든가 자이나교의 형식주의적 업 해석과 더욱 분명한 차별성을 지닌다. 이러한 가르침은 밖으로 드러난 모습에 연연하지 말고 자신의 양심에 따라 의연하게 살아가라는 용기를 준다. 양심의 속삭임은 외부적인 허례허식과 내부적인 욕구로부터 자유로운 이상적 삶을 모색하게 한다. 의도로서의 업은 마음가짐의 중요성을 분명히 해주는 동시에 마음을 닦아야 할 필요성을 일깨운다. 또한 이것은 어떠한 여건에도 굴하지 말고 적극적인 삶의 태도를 가져야 한다는 희망의 메시지로 이해할 수 있다.

24
요가와 불교

|

요가(yoga)란 무엇인가. 고대 인도로부터 전해져 내려오는 수행 전통을 가리키는 말이다. 불교 또한 넓게 보아 요가적 흐름의 한 갈래로 귀속시킬 수 있다. 흔히 대승불교의 유식학파(唯識學派)를 일컬어 유가행파(瑜伽行派, yogacara)라고도 부른다. 이것을 그대로 번역하면 '요가의 실천'이 된다. 이러한 용례는 요가라는 명칭이 종교라든가 학파의 구분을 넘어 일반적으로 통용되었음을 의미한다. 몸과 마음을 잘 다스려 이상적인 삶을 살고자 하는 모든 실천적 모색을 요가의 범위 안에 포함시킬 수 있다.

요가는 5000년 전부터 행해져 왔던 듯하다. 예컨대 그 무렵의 인더스 문명 유물 가운데에 요가 포즈를 취한 신상(神像)이 발견되었다. 이것은 그때부터 요가가 행해졌음을 시사한다. 한편 요가라는 말의 최초 용례는 기원전 5~6세기 무렵의 『우빠니샤드(Upaniṣad)』 문헌에 나타난다. "참나(自我)를 마차의 주인으로 알고 육체를 마차로 알라. 지성

(知性)을 마부로 알고 마음기능(意)을 고삐로 알라. (다섯의) 감각기관을 말로 알고, 그것의 대상을 말이 달리는 길로 알라.… 감각기관이 마음과 함께 쉬고 지성도 작용을 하지 않을 때, 이것을 최고의 경지라고 한다. 이렇게 감관을 확고하게 억제하는 것을 요가라고 한다.(KṭU. I장. 3편 3게송부터 III장. 1편 11게송에서 발췌)"

요가란 감관·마음·지성 등을 억제하여 동요 없는 상태에 이르는 것을 가리킨다. 이렇듯 외부적 여건에 동요하지 않도록 내면의 심리와 정서를 억제하고 다스리는 것이 요가의 원래 의미이다. 초기불교 또한 이러한 요가의 가르침에 적지 않는 영향을 받았다. 출가 후 붓다는 당시 유명했던 수행자들을 찾아가 그들의 가르침을 경청했다. 요가의 스승들은 괴로움이 발생하는 이유를 인간의 내면에서 찾았다. 또한 그것을 해소하는 방법 역시 스스로를 어떻게 다스리느냐에 있다고 가르쳤다.

당시 붓다가 배웠던 요가의 방법들은 부정적인 사고와 정서를 가라앉히는 데에 주력하였다. 예컨대 요가에서는 정서적 동요를 가라앉히는 방법의 하나로서 마시는 숨은 짧게 하고 내쉬는 숨은 길게 하는 호흡법을 가르친다. 혹은 특정한 대상을 지속적으로 떠올려 거기에 몰입하는 방법을 제시한다. 그러한 기법들은 생리적·정서적 변화를 일으켜 내면적인 평온감을 가져올 수 있다. 실제로 붓다는 그러한 기법들을 짧은 시간 동안에 체득하였고, 또한 그것을 전수해 준 스승들로부터도 인정을 받았던 것으로 전해진다. 후대의 불교에서는 이와 같은 요가적 명상을 사마타(止, samatha)로 분류한다.

사람을 일컬어 이성적인 동물이라고 하지만, 실제로는 감정적·정서적 요인들에 더 많이 좌우되곤 한다. 특히 탐욕이나 분노 따위에 휩쓸리게 되면 주변의 충고를 거부하고서 비합리적으로 처신하기 일쑤다. 사마타는 그러한 흥분된 마음을 가라앉히는 데 일시적인 처방이 될 수 있다. 그러나 붓다는 그렇게 해서 얻어진 고요함이 언제까지라도 계속되지 않는다는 사실을 간파하였다. 한때 평온해진 마음이라고 할지라도 얼마든지 달라질 수 있다는 것을 알아차렸다. 따라서 붓다는 위빠사나(觀, vipassanā)로 일컬어지는 새로운 명상 방법을 고안하기에 이른다.

위빠사나란 주관적인 바람이나 의지를 배제하고서 있는 그대로를 주시하여 통찰한다는 의미이다. 위빠사나의 실천은 탐욕과 불만 따위가 발생하고 소멸하는 전체적인 메커니즘을 이해하도록 해준다. 그리하여 탐욕도 분노도 불필요하다는 것을 체득하게 하고, 종국에는 있는 그대로의 진리를 수용할 수 있도록 한다. 사성제(四聖諦) 등의 가르침은 그러한 과정을 통해 얻게 되는 교리적 내용에 해당한다. 이러한 방식으로 위빠사나는 사마타를 통해 얻어진 내면의 평안을 확고하게 해줄 수 있다. 이와 같은 붓다의 방법은 큰 반향을 불러일으켰고 다른 종파의 명상에도 큰 영향을 미치게 된다. 이렇듯 초기불교의 가르침은 요가라는 토양 위에서 발생했지만 그것을 뛰어넘는 독특한 측면을 지닌다. 실재(reality)에 대한 통찰만이 내면을 다스리는 영속적인 처방이 될 수 있다는 인식을 요가계 전반에 확산시켰다.

25
철학과 불교

|

불교는 철학(哲學)인가. 많은 연구자들이 불교에 대해 철학적으로 접근하는 경향이 있다. 물론 불교가 철학의 일종으로 해석될 여지는 많다. 붓다는 어느 종교가보다 철학적으로 뛰어난 면모를 보였고, 당시 유행했던 사상적 경향을 두루 섭렵하였다. 또한 그의 가르침은 합리적 사고의 토대 위에서 제시되었고, 경험세계에 대한 분석과 해명에 초점을 모으고 있다. 그러나 붓다의 가르침은 철학적 측면에 한정되기 힘들다. 그는 사변적인 견해의 추구가 바른 깨달음을 얻는 데에 오히려 방해가 될 수 있다고도 가르쳤다.

주지하듯이 철학이란 그리스어 필로소피아(philosophia)에서 유래한다. 이 말은 사랑(philo)과 지혜(sophia)의 합성어로서, 온전히 번역하자면 '지혜에 대한 사랑'이 된다. 철학이란 단순한 지식이나 정보의 축적이 아니며, 그것을 바탕으로 이루어지는 역동적·창조적 사유를 가리킨다. 철학이라는 번역어는 바로 이것을 옮기는 과정에서 고안된 것으로, 풀이하자면 '배움에 밝다' 혹은 '배움을 밝히다'의 의미가 된다. 즉 철학이라는 번역어에도 단순한 배움 혹은 지식만이 아닌 역동적이고 창조적인 사유 과정이 포함된다.

철학이라는 용어가 불교적 가르침의 한 단면을 가리키는 것은 사실이다. 붓다는 당시의 사상가들에 대한 첨예한 비판의식 속에서 자신의 입장을 구체화하였다. 붓다의 뒤를 이은 제자들 또한 각자 자신의 입장에 근거하여 붓다의 가르침에 대한 역동적이고 체계적인 해석을 시도하였다. 부파불교·중관불교·유식불교 등의 새로운 흐름이 그렇게 해서 형성되었다. 그러나 이와 같은 학문적 흐름들은 불교의 궁극 목적을 완전히 충족시키지 못한다는 사실에 유념할 필요가 있다. 이들 각각의 불교는 결코 그 자체가 목적이 아니었으며 깨달음이라는 이상을 실현하기 위한 방편에 불과했다고 보는 것이 타당하다.

고대 인도에서는 철학이라는 낱말에 해당하는 것으로 싯단따(siddhānta)라는 용어를 사용하였다. 이 말은 성취(siddha)와 궁극(anta)의 합성어로서 온전히 번역하자면 '궁극의 성취'가 된다. 인도인들은 궁극의 이상을 실현하기 위한 방법으로서 전통적인 배움 혹은 학문적 가르침에 접근하였고 또한 다양한 연구 성과를 일구어 냈다. 그러나 그들에게서 개념과 사변에 입각한 지혜는 어디까지나 궁극의 이상을 실현하기 위한 수단으로서의 의미만을 지녔다. 그들은 지혜의 추구에 매몰되지 않았으며, 궁극적 이상을 성취하기 위해서라면 그것마저 넘어서는 데 주저하지 않았다.

싯단따라는 표현은 불교라는 종교를 수식하는 용어로 잘 어울린다고 할 수 있다. 붓다와 그의 제자들이 가졌던 주된 관심은 언제나 인간의 실존에 있었다. 그들은 항상 실제의 삶과 연관하여 현실을 통찰하였고, 머리만이 아닌 가슴과 더불어 진리에 접근해 나가는 길을 걸었다. 이점에서 불교의 학문 전통은 지혜 일변도의 발달 여정을 밟아 온 서양에서의 철학과 다른 특징을 지닌다. 간혹 서구 전통에 속한 철학자들 중에는 사고와 행동이 일치되지 않았던 인물들이 존재한다. 그러나 초기불교 이래로 불교의 학문 전통은 중생구제라는 일관된 방향성 아래 교리와 실천이라는 두 측면을 놓친 적이 없다.

또한 붓다는 믿음(信, saddhā)이라는 항목을 간과할 수 없는 실천적 요소로 언급한다. 불교라는 종교는 붓다의 깨달음에 대한 믿음을 바탕으로 한다. 믿음은 의심에 찌든 마음을 정화하여 불신과 불안의 늪으로부터 벗어나게 한다. 믿음이 수반되지 않은 지혜는 교만과 방탕으로 이어지기 십상이다. 믿음이 뒷받침되지 않은 지혜는 오히려 자신과 타인을 해치는 극약이 될 수도 있다. 따라서 초기경전에는 "목숨을 다하여 귀의합니다(pāṇupetaṃ saraṇaṃ gataṃ)"라는 믿음의 맹세가 도처에 등장한다. 바로 여기에서 철학과 구분될 수밖에 없는 종교로서의 불교와 다시 한 번 마주하게 된다.

제3장

초기불교의
기본 가르침

26
무상(無常)

무상(無常, anicca)이란 무엇을 의미하는가. "항상하지 않다"는 의미로, 모든 것이 변화의 여정에 놓여 있다는 사실을 나타낸다. 우리는 나날이 변해가며 또한 새롭게 태어나고 죽어간다. 어제의 나와 오늘의 나는 다르다. 현재의 내가 10년 후 혹은 100년 후까지 지속되지는 않는다. 불교에서는 바로 이 변화한다는 사실만큼은 불변의 진리로 여긴다. 따라서 후대의 불교에서는 이것에 대해 진리의 인장 즉 법인(法印)이라는 표현을 사용한다. 무상의 진리는 삼법인(三法印)의 가르침 가운데 첫번째에 해당한다.

무상의 진리는 결코 난해한 것이 아니다. 변화한다는 것 자체를 이해하지 못할 사람은 없을 것이다. 그러나 우리는 그것을 받아들이지 못하는 경우가 있다. 예컨대 소중히 여기는 재산이나 명예 혹은 가치 따위에 병적으로 집착하는 경우가 그러하다. 그리하여 그러한 요인들에 약간이라도 변화가 발생하면 안절부절 동요하는 모습을 보인다. 다른 사람들의 일에 대해서는 의연하게 대처하다가도 막상 자신의 문제에 대해서는 평정심을 잃기 마련이다.

붓다 당시 쭐라빤타까(Cūḷapanthaka)라는 머리 나쁜 수행자가 있었다고 한다.(Thag. 59. 557-566게송) 그의 기억력은 단 한 구절의 경전도 외울 수 없을 정도로 좋지 않았다고 한다. 그에게는 먼저 출가하여 아라한과(阿羅漢果)를 얻은 형님이 계셨다고 전해진다. 그런데 형조차 그의 어리석음에 실망하여 환속을 종용했다고 한다. 절에서 쫓겨나 울고 있는 그를 발견한 붓다는 우선 얼굴에 묻은 먼지를 닦으라고 일렀다. 그런 다음 '먼지 닦음(rajoharaṇaṃ)'이라는 말을 계속해서 되뇌도록 하였다. 그러자 쭐라빤타까는 먼지가 닦이어 없어지듯이 마음의 번뇌와 어리석음도 사라질 수 있다는 사실을 자각하게 된다.

이러한 체험을 통해 쭐라빤타까는 무상의 도리를 깨우치게 되고 마침내 아라한의 경지에 이른다. 이 이야기는 궁극의 깨달음이 머리의 좋고 나쁨에 상관없다는 사실을 보여준다. 붓다는 깨달음을 성취하는 데 있어서 이지적인 능력보다 심리적인 안정을 더욱 중요시하였다. 즉 어떠한 가르침을 잘 이해할 수 있는 사고력보다는 그것에 접근해 나가는 심리적 태도와 마음가짐의 문제를 더욱 중요하게 여겼다. 따라서 붓다의 가르침은 머리가 아닌 가슴으로 접근할 필요가 있다. 그것이야말로 현실의 삶에서 그의 가르침을 실현하는 지름길이 될 수 있다.

우리는 갖가지 문제들에 노출되어 괴로움을 겪곤 한다. 그러나 탐욕 따위에 눈이 멀어 현실을 직시하지 못한 채 문제를 더욱 어렵게 만드는 경우가 많다. 당장 사라져 갈 분노에 사로잡혀 누군가를 비난하거나 상처 입히는 사례가 그러하다. 그러한 격정의 와중에는 있는 그대로의 사실마저 중요하지 않게 여겨진다. 오로지 분노하고 있는 상황 자체와 하나가 될 뿐이다. 그렇게 해서 탐욕과 분노의 충실한 노예가 되기에 이른다. 스스로의 생각과 감정에 사로잡히면 그것이 달라질 수 있다는 자명한 사실마저 수용하기 힘들다.

 무상의 가르침은 외부의 객관적 실재에 대한 언급이라기보다는 자기 자신에 대한 반성의 뜻이 강하다. '나'의 실존을 구성하고 있는 갖가지 느낌과 생각과 충동과 이미지들에 대해 돌이켜 보라는 의미이다. 이것을 통해 붓다는 스스로의 정서와 생각에 휘둘리지 않는 방법을 제시한다. 여기에 익숙해지면 문제의 상황에서 보다 올바른 해결책을 구할 수 있게 된다. 무상의 진리는 '나' 스스로의 생각과 태도에 자리하는 변화의 가능성에 초점을 모은다. 이것은 나로부터 시작하는 변혁의 메시지로 그 성격을 규정할 수 있다.

27
괴로움〔苦〕

괴로움(苦, dukkha)이란 무엇인가. '나' 자신을 구성하는 다섯 가지 경험적 요인들 즉 오온(五蘊, khandha)이 괴롭다는 것이다. 흔히 물질현상〔色〕·느낌〔受〕·지각〔想〕·지음〔行〕·의식〔識〕 따위의 다섯은 자기 자신으로 여겨지곤 한다. 이들은 나의 몸, 나의 느낌, 나의 이미지, 나의 충동, 나의 인식이라는 방식으로 자기 정체성의 근간을 이룬다. 그러나 이들 다섯 가지는 스스로 원해서 생겨난 것이 아니며 또한 자기 맘대로 사라지게 하거나 없어지게 할 수도 없다. 인간이라는 존재는 스스로를 구성하는 이들 경험적 요인에 대해 지극히 무력하기만 하다.

인간은 스스로 선택해서 태어난 것이 아니며 원해서 병에 들거나 죽는 것도 아니다. 또한 좋아하는 느낌에 대해서는 항상 있어 주기를 갈망하고 싫어하는 느낌은 당장이라도 없어져 주길 바란다. 그런데 그게 마음대로 되는가. 좋든 싫든 갖가지 느낌과 충동에 불가항력적으로 노출된 채 살아갈 수밖에 없다. 그리고 그러한 가운데 집착과 저항의 굴레에 빠져들곤 한다. 집착 혹은 저항이 강할수록 그것의 상실이나 지속에서 오는 내면의 격정과 괴로움은 커져만 간다.

초기불교에서 말하는 물질현상·느낌·지각 따위는 지금 이 순간 '나'의 실존을 구성하는 내용들이다. 붓다는 바로 이러한 현상들에 집착하여 얽매이는 것을 괴로움으로 규정한 것이다. 따라서 괴로움이란 '너'라든가 '그' 혹은 '우리'가 아닌 '나' 자신에게 적용되는 언명이다. 괴로움이라는 가르침은 바로 '나' 자신에 대해 돌이켜보라는 메시지이다. 괴로움을 겪는 당사자는 다른 누구도 아닌 '나' 자신이며 괴로움의 원인 또한 다름 아닌 '나' 자신이다.

많은 사람들이 자신에 대해서는 둔감한 채 타인에 대해 슬퍼하거나 괴로워하는 경향이 있다. 물론 타인에 대한 배려의 마음을 나쁜 것으로 볼 수는 없다. 그러나 타인에 대한 생각에 앞서 더욱 중요한 것은 '나' 자신이다. 자신만의 느낌과 사고에 사로잡힌 채 품게 되는 배려의 마음은 오히려 해로운 독약이 될 수도 있다. 따라서 '나' 자신이 겪고 있는 내면의 장애와 괴로움이 무엇인지를 더욱 시급하게 직시할 필요가 있다. 괴로움의 치유는 우선 스스로의 괴로움을 인정하고 수용하는 데서 시작될 수밖에 없다. 이것이 전제될 때라야 비로소 타인의 괴로움까지를 감싸 안을 수 있는 이타적 삶이 가능해질 것이다.

괴로움이라는 주제와 관련하여 짚고 넘어가야 할 또 하나의 내용이 있다. 그것은 불교에 대한 학문적 연구가 본격화되면서 생겨난 오해로서, 붓다의 가르침을 염세주의(厭世主義)로 잘못 이해하는 경우이다. 사실 불교에서는 인간의 현실 전체를 괴로움으로 파악한다. 또한 붓다는 바로 이것을 직시하라고 이른다. 이러한 가르침은 삶의 부정적인 측면만을 강조하는 것으로 여겨질 수 있다. 언뜻 생각하면 세상에는 재미있고 즐거운 일들이 부지기수이며 그러한 즐거움만을 추구하기에도 바쁘다. 따라서 존재 자체를 괴로움으로 규정하는 붓다의 가르침은 염세적 색채를 지닌 것으로 오인될 수 있다.

붓다의 가르침이 괴로움을 드러내는 데서 그쳤다면 염세주의라는 평가는 타당할 것이다. 그러나 괴로움에 대한 강조는 그것을 극복하기 위한 과정으로서의 의미를 지닌다. 붓다는 괴로움을 드러내는 데 매몰되지 않았으며, 반대로 괴로움을 넘어선 행복의 경지를 알리는 데 주력하였다. 괴로움이 사라진 상태에 해당하는 해탈(解脫) 혹은 열반(涅槃)이 그것이다. 붓다에 따르면 모든 괴로움에는 반드시 이유가 있으며 바로 그것을 직시하는 것으로부터 해소의 과정은 시작될 수 있다. 해탈 혹은 열반의 경지는 그렇게 해서 도달되는 궁극적인 행복의 경지이다. '괴로움을 벗어나 즐거움을 얻는 것(離苦得樂)'은 시대를 관통하는 불교의 목적이라고 할 수 있다. 이것이 포함되는 한 붓다의 가르침을 염세주의로 보는 것은 타당하지 않다.

28
무아(無我)

무아(無我, anatta)란 무엇인가. '나'의 현실을 구성하는 물질현상[色]·느낌[受]·지각[想]·지음[行]·의식[識]의 다섯 가지 경험적 요인들 즉 오온(五蘊)이 '나의 것'이 아니라는 의미이다. 또한 이들과 관련하여 형이상학적 주체로 내세울 만한 '나' 혹은 '나의 자아'도 있지 않다는 의미이다. "일체의 물질현상, 그것은 '나의 것'이 아니고(netaṃ mama), [그것을 소유하는 존재로서의] '나'는 있지 않으며(neso' hamasmi), [또한] '나의 자아'도 있는 것이 아니다(na me so attā). [느낌·지각·지음·의식 따위도 마찬가지이다].(SN. Ⅲ. 68)"

그러나 대부분의 사람들은 이러한 다섯 가지 경험적 요인을 자신의 소유로 간주한다. 혹은 자신과 동일시하거나 자아를 내세우는 근거로 오용한다. 예컨대 좋은 느낌[受]이 발생했을 때 좋은 느낌과 하나가 되어 그러한 상태를 누리는 영속적인 자아를 꿈꾼다. 혹은 불쾌한 느낌이 발생했을 때 그것을 배척하는 가운데 거기에서 벗어난 이상적인 자아에 매달린다. 이러한 방식으로 갖가지 이미지(想)와 충동(行)과 의식(識) 따위에 집착하거나 저항하는 가운데 '나' 혹은 '자아'를 만들어간다. 이와 같이 집착과 저항에 뒤엉킨 채 드러나는 다섯 가지 경험적 요인들에 대해서는 오취온(五取蘊, pañca-upādānakkhandha)이라는 별도의 명칭을 사용하기도 한다.

그러나 오취온으로 구성된 자아란 허구에 불과하다. 그러한 의미에서 무아(anatta)이다. 사실 범부들이 꿈꾸는 자아란 그때그때 상황에 따라 달라지기 마련이다. 이것은 다음과 같이 묘사된다. "거친 자아(oḷāriko atta)를 얻을 때에는 마음으로 이루어진 자아(mayamano atta)의 얻음을 생각하지 못하며, 물질현상을 벗어난 자아(arūpo atta)의 얻음이라는 생각도 하지 못한다. 그때에는 오직 [그러한] 거친 자아를 얻었다는 생각[에 만족할] 뿐이다. 마음으로 이루어진 자아를 얻을 때에도… 물질현상을 벗어난 자아를 얻을 때에도 [마찬가지 방식이다.]… 이와 같은 [자아의 얻음이란] 세상의 명칭, 세상의 언어, 세상의 인습적 표현, 세상의 가설에 불과하다.(DN. I. 201-202)"

물론 자아로 경험되곤 하는 그때그때의 육체적 현상이나 정신적 느낌 혹은 거칠거나 미세한 각종의 경험은 소중히 다루어야 한다. 그래야만 성공적인 삶을 살아나갈 수 있을 것이다. 그러나 이들은 결코 영원한 '나' 혹은 '자아'가 될 수 없다는 사실에 유념해야 한다. 경전에 묘사되듯이 "나에게 이러한 느낌은 있어라. 저러한 느낌은 있지 말라.(SN. III. 67)"라고 명령할 수 없다. 이들은 '나'의 현실을 이루는 요인임에 분명하지만 '나'의 마음대로 생겨나거나 사라지지 않는다. 이것에 비추어 오온이란 '나의 것'이 아니며 또한 '나의 자아'도 아니라는 사실을 수긍해야만 한다. 이들에 대해서는 삶을 마감하는 마지막 순간까지 조심스럽게 다루어 나가야 할 뿐이다.

대부분의 사람들은 자신이 연루된 특수한 상황이나 사태에 대해 초연한 마음을 갖지 못한다. 주관적인 바람이나 의지 따위를 개입시키기 때문이다. 어떻게 해서든 스스로에게 유리한 쪽으로만 판단하거나 해석하려는 경향을 버리지 못한다. 이러한 방식으로 '나' 혹은 '자아'의 관념은 일상 깊숙이 알게 모르게 침투해 있다. 그러나 현실의 여건이 자신의 생각이나 바람대로 따라와 주는 것은 결코 아니다. 대부분의 경우 잘못 기대한 정도만큼의 혹독한 대가가 기다리기 십상이다. 따라서 주관적인 관점을 배제한 상태에서 문제의 상황을 바라볼 필요가 있다. 더 이상 '나'의 입장이나 관점을 개입시키지 말고 있는 그대로 직시해야 한다.

이와 관련하여 어느 심리분석가는 "통찰이란 '생각하는 사람'의 존재가 더 이상 필요하지 않게 되었을 때 가장 잘 떠오른다."라고 언급했다. 특정한 선입견에 사로잡히지 않은 상태가 될 때 비로소 바르게 바라볼 수 있다는 이야기이다. 이러한 언급은 무아의 교리를 현실의 삶에 잘 적용해 낸 사례로 간주할 수 있다. 우리는 좋아하거나 싫어하는 내면적 감정이나 선입견 따위를 내려놓고서 열린 마음으로 살아갈 필요가 있다. 오온이라는 족쇄로부터 벗어나 있는 그대로의 자신과 세계를 마주해야 한다. 이때 고정된 존재로서의 '나' 혹은 '자아'란 존재하지 않는다는 무아의 가르침은 유용한 지침이 될 수 있다.

무아의 교설은 현실적인 삶의 맥락에서 이해되어야 한다. 이것을 놓치면 무아는 형이상학적 원리로 탈바꿈하고 만다. 그리하여 일상의 자아마저 부정하고 모든 것을 무화(無化)시키는 사변적 논리로 전락하게 된다. 그러한 무아 해석은 단멸론(斷滅論)과 다르지 않으며, "죽고 나면 모든 것이 소멸한다"라는 방식으로 허무주의를 조장한다. 그러나 그것은 초기경전 도처에서 발견되는 붓다의 가르침과 행적에 반한다. 예컨대 붓다는 수많은 사람들의 전생(轉生)에 관한 이야기를 매우 상세하게 들려준다.(DN. II. 200~219) 이러한 사례에 비추어 볼 때 붓다는 단멸론자가 아니었다. 붓다가 가르친 무아는 '나의 없음'이라는 형이상학적 입장을 내세우기 위한 것이 아니었다.

무아란 다만 오온이 '내'가 아님을 밝히는 교설이다. 이것의 취지는 '나의 것', '나', '나의 자아'에 대한 집착을 내려놓도록 하는 데 있다. 오온이라는 족쇄에 붙잡혀 있는 한 갈등과 번민의 굴레를 벗어나기란 쉽지 않다. 그럼에도 이러한 사실을 깨닫지 못하는 범부들은 오온이 만들어내는 갖가지 불안과 공포, 욕망과 집착을 스스로와 일치시키며 살아간다. 붓다는 이와 같은 불건전한 상황이 지속되는 것을 막기 위해 오온 하나하나에 대해 과연 '나의 것'인지 혹은 '나의 자아'를 개입시킬 수 있는 것인지 확인해 보도록 하였다. 더불어 오온 이외에 '나'를 내세울 만한 또 다른 무엇이 존재하는지에 대해서도 돌이켜

보도록 하였다. 그는 오온을 근거로 품게 되는 '나'라는 생각이 허구에 불과하며 본래적이지도 않다는 자각을 일깨우고자 하였던 것이다.

29
견해의 위험성

견해(見, diṭṭhi)는 어떻게 발생하는가. 이것은 왜 필요하며 또한 이것에 수반되는 위험성은 없는가. 인간은 동물들과 달리 견해를 지닌다. 험난한 인생의 여정에서 견해를 바로 세우는 일은 매우 중요하다. 바른 견해는 나아가야 할 목적지를 분명히 해준다. 만약 옳고 그름에 대한 분명한 견해가 없다면 동물적 본능만으로 살아가게 될 것이다. 따라서 바른 견해의 중요성은 아무리 강조해도 지나침이 없다. 인간이 인간다울 수 있는 이유는 스스로를 다잡는 올바른 견해에 있을 것이다.

그러나 견해의 위험성 또한 간과할 수 없다. 인간은 본능이 요구하는 이상의 행위들에 전념하며 살아간다. 단순히 먹고 사는 데 그치는 것이 아니라 신념과 가치를 위해 자신의 모든 것을 바치기도 한다. 그런데 그와 같은 고매한 모습들이 상충하는 견해와 부딪히게 되면 의외의 문제들이 발생하곤 한다. 대부분의 사람들은 자신과 견해를 달리하는 이들에 대해 불편해 한다. 심지어 더 이상 견해의 일치를 얻어내기 어렵다고 여겨질 경우 제거해야 할 대상으로 여기는 경우마저 발생한다. 엄청난 규모로 자행되곤 하였던 종교전쟁이라든가 이념적 충돌 따위가 그렇게 해서 야기되곤 하였다. 견해의 차이에서 오는 불화와 갈등은 멀쩡한 세상을 지옥으로 만든다.

그렇다면 견해를 지녀야 할 것인가 버려야 할 것인가. 이러한 상황에 대해 붓다는 첨예한 문제의식을 가지고 있었다. 팔정도(八正道)로 집약되는 실천적 가르침에서 바른 견해(sammādiṭṭhi)는 첫 출발점으로서의 의의를 지닌다. 붓다는 바른 견해와 더불어 일체의 그릇된 사고와 행동으로부터 벗어나게 된다고 가르친다. 그러나 그는 견해 자체가 지니는 난점에 대해서도 예리하게 비판한다. 대부분의 경우 인간이 지니는 견해는 믿음(saddhā)이나 기호(ruci) 혹은 전승(anussava) 따위로부터 자유롭지 않다.(DN. Ⅱ. 170-171) 그렇게 해서 형성된 갖가지 견해들은 자신과 타인을 구속하거나 억압하는 도구가 되기 일쑤다.

인류 역사상 등장했던 수많은 사상가 혹은 종교가들은 한결같이 스스로에 대해 진실만을 따른다고 강변했다. 또한 그러한 신념 위에서 자신들의 입장과 부딪히는 견해들에 대해 공박을 펼쳤다. 그러나 붓다는 내면의 정화가 전제되지 않는 한 그와 같은 행위는 오히려 오만과 독선을 조장할 수 있다고 보았다. 광대무변한 경험세계를 자신만의 좁은 소견으로 한정짓는 어리석음에 빠질 수 있다고 보았다. 이점에서 붓다는 인류 역사상 가장 독특하고 분명한 태도로 인간의 견해와 인식이 지닌 한계를 지적했다고 할 수 있다.

붓다는 주변의 사상가들과 달리 인간의 심리 혹은 마음을 분석함으로써 다양한 견해들이 발생하는 이유를 해명하고자 하였다. 또한 그것을 통해 갖가지 독단적 사고와 견해의 족쇄로부터 벗어나는 방법을 모색하였다. 붓다는 별도의 형이상학적 체계를 내세우는 작업을 단념하였다. 사변적 견해를 묻는 질문들에 대해 의도적으로 침묵하였던 무기(無記, avyākata)의 가르침이 그것이다.(MN. I. 426~432) 대신에 그는 인간의 실존이 어떠한 방식을 통해 괴로움의 나락에 빠져드는지를 밝히는 데 초점을 모았다. 그리하여 대부분의 형이상학적 견해들은 감각적 접촉의 결과에 지나지 않으며, 갈애와 집착 따위의 정서적 요인들에 지배된다는 사실을 간파하였다.(DN. I. 44~46)

붓다에게서 바른 견해란 보이지 않는 세계에 대한 형이상학적 논변이 아니다. 그것은 오로지 괴로움을 극복하기 위한 실천적 지침으로서의 의미만을 지닌다. 이러한 맥락에서 붓다는 내면의 번뇌를 가라앉힌 연후라야 '있는 그대로'의 실재를 파악할 수 있다고 보았다. 또한 견해의 속박으로부터 벗어날 때 비로소 자신과 타인을 진정한 행복으로 이끌 수 있다고 가르쳤다. 바로 이것이 붓다가 의도했던 바른 견해이다. 또한 이와 관련하여 그는 다음과 같이 말한다. "일체의 망상적 견해들에 대해 환대하지도 않고 집착하지도 않으면 결국 탐냄·의혹·자만·무명 등의 잠재적 성향이 사라지고, 싸움·분쟁·언쟁 등의 사악하고 불건전한 법들도 남김없이 사라진다.(MN. I. 109)"

30
마음과 세계
|

　　　　　　　마음(心, citta)은 무엇이고 세계(世間, loka)란 무엇인가. 또한 이들의 관계는 어떠한가. 일반적으로 마음이란 대상(所緣, ārammaṇa)에 반응하여 일으키는 내면의 인식과 정서를 가리킨다. 그리고 세계란 살아가는 환경 혹은 주변의 현상을 망라하여 일컫는 말이다. 서구적 사고에 친숙한 현대인은 이들을 이분법적으로 나누어 생각하는 경향이 있다. 그리하여 마음과 세계가 별개로 존재한다고 믿는다. 외부의 물리적 세계는 마음과 무관하게 실재하며, 바로 그것에 반응하여 내면의 마음이 발생한다는 것이 상식화된 사고이다.

　그런데 초기불교에서는 이러한 사고에 대해 의문을 제기한다. 과연 경험되는 세계는 '있는 그대로'의 실재를 의미하는가. 마음과 세계의 본질은 무엇이며, 이들을 따로 구분해서 보는 것은 타당한가. 이러한 문제의식 아래 붓다는 동일한 현상에 대해 다양한 견해와 주장들이 발생한다는 사실을 보게 된다. 그리하여 각자의 입장과 태도에 따라 외부의 사물이 각기 다르게 이해된다는 결론에 이른다. 예컨대 어른들에게는 선망의 대상인 황금이 어린 아이에게는 단순히 노랗고 단단한 물체에 지나지 않는다.

붓다에 따르면 경험 영역에 드러나는 모든 사물은 스스로의 인식 과정을 거친 연후의 것이다. 따라서 외부에 실재한다고 여겨지는 세계란 실상 내부적으로 인식되고 해석된 결과로서의 세계에 지나지 않다. 이렇듯 외부적 현상으로서의 세계와 내부적 흐름으로서의 마음은 뒤섞여 있으며 서로의 경계는 명확하지 않다. 따라서 붓다는 세계의 발생과 소멸을 우리 자신과 연계시켜 말한다. "나는 지각을 지니고 마음기능을 지닌 여섯 자 길이의 이 육신 안에 세계〔의 끝이 있다고〕 말한다. 〔또한 나는 이 육신 안에〕 세계의 발생과 세계의 소멸과 세계의 소멸에 이르는 길이 있다〔고 말한다.〕(SN. I. 62)"

초기불교에서 말하는 세계란 우리 자신과 무관하게 존재하는 외부의 객관적 대상이 아니다. 또한 이것은 경험세계 너머의 초월적 실재와 연관된 형이상학적 탐구의 대상도 아니다. 이것은 우리의 경험을 가능케 하는 지각(想, sañña)과 마음기능(意, manas)이 작동하는 한에서 발생하고 소멸하는 현상에 다름이 아니다. 따라서 세계란 우리 자신의 태도와 정신적 역량에 따라 각기 다른 차원으로 전개될 수 있다. 또한 이와 관련하여 붓다는 다음과 같이 말한다. "마음(心, citta) 세계를 인도하고 마음에 의해 〔세계는〕 이끌려 다닌다. 마음이라는 하나의 법(dhamma)이 참으로 모든 것을 지배한다.(SN. I. 39)"

그러나 세계는 단순히 비실재적이거나 환상이 아니다. 우리는 이것을 멋대로 변형시키거나 달라지게 할 수 없다. 예컨대 세계를 이루는 물질현상에 대해 "이것은 계속해서 있어라." 혹은 "저것은 사라져라."라고 말할 수 없다. 세계는 우리 자신과 별개로 존재하는 것이 아니지만 그렇다고 아예 하나라고 말할 수도 없다. 이들은 서로 의존해 있으며 삶이 유지되는 한 함께 가꾸고 다스려 나가야 할 대상이 된다.

마음과 세계에 대한 분명한 이해는 자기 자신이 세계의 발생과 소멸에 관여되어 있다는 사실을 알게 한다. 실제로 초기불교에 따르면 수행(yoga)은 새로운 차원의 세계를 경험할 수 있는 방법이 된다. 예컨대 욕망에 지배되는 세계(欲界), 순수한 물질현상의 세계(色界), 물질현상을 벗어난 세계(無色界) 따위의 삼계(三界)는 죽고 난 이후 다시 태어나는 세계일 뿐만 아니라, 현재의 삶에서 경험할 수 있는 전혀 다른 차원의 세계이기도 하다. 또한 우리는 삼계의 굴레를 완전히 벗어난 해탈·열반의 경지에 머물 수도 있다. 이러한 사실을 일깨우는 붓다의 가르침은 새로운 차원의 세계를 열어가는 주인공으로 살라는 메시지로 이해할 수 있다.

31
세계의 구성
|

세계(世界, loka)는 어떻게 구성되는가. 세간(世間)으로도 번역되는 이것은 우리 자신의 마음을 반영하여 여러 차원으로 나뉘어 설명된다. 우리가 마주하는 세계란 우리에게 해석된 결과로서의 세계라고 할 수 있다. 따라서 세계란 우리 자신의 정신적인 역량과 밀접한 상관관계에 놓이게 된다. 그렇다고 세계란 단순히 환상이나 허구가 아니다. 우리는 스스로의 의지와 무관하게 이 세계에 태어나 살아가고 있다. 인간은 오랜 세월에 걸쳐 세계에 대한 이해와 견해를 성숙시켜 왔으며 또한 그 속에서 각자의 삶을 유지하고 있다.

초기불교의 세계관은 고대 인도의 그것을 계승한다. 전통적인 분류에 따르면 세계는 욕망에 지배되는 세계(欲界), 순수한 물질현상의 세계(色界), 물질현상을 벗어난 세계(無色界) 등으로 구성된다. 욕망에 지배되는 세계 중에서도 지옥계·아귀계·축생계 따위는 괴로움으로 점철된 세계이다. 한편 인간계·천상계 등은 즐거움과 괴로움이 뒤섞인 세계로 간주된다. 우리는 이와 같이 세 가지 차원에 속한 여러 부류의 세계에 머문다. 이들 각각의 세계는 초기경전 곳곳에 산발적으로 묘사되며, 후대에 이르러 삼계(三界)와 육도(六道, 六趣)라는 형식으로 정형화된다.

　삼계와 육도의 세계는 얼핏 비합리적이고 신화적인 것으로 생각될 수 있다. 그러나 초기불교의 세계관은 인간의 심리상태를 투사한 것이라는 점에서 매우 독특하다. 따라서 이 가르침은 자신의 내면을 돌이켜 보도록 유도하는 교훈적 성격이 강하다. 우리는 순간순간 탐냄과 성냄과 어리석음이라는 굴레에 묶이곤 한다. 그러한 부정적 정서와 사고의 심층부에는 '나'라는 관념이 굳건히 자리한다. '나'를 내세우고 '나 아닌 것'을 배척하는 가운데 우리는 탐냄과 성냄 따위에 빠져든다. 바로 이것이 삼계와 육도가 전개되는 원리이다.

　탐냄과 성냄에 휘둘릴수록 우리의 삶은 더욱 메말라가고 비참해진다. 바로 그 극한에 지옥계가 자리한다. 지옥계가 만들어지는 조건은 잔인함과 살생이다. 여기에 속한 이들은 분노와 공포에 지배되어 모진 괴로움에 시달린다. 축생계는 어리석음과 식욕 따위를 생성의 조건으로 한다. 여기에 속한 이들은 본능적 욕구에 압도되어 감각적 쾌락만을 추구한다. 아귀계에 속한 이들은 끝없는 공허감에 사로잡혀 현실에 만족하지 못한다. 이 세계는 집착과 인색을 조건으로 한다. 수라계에 속한 이들은 자신에게 거슬리는 일체의 장애물을 파괴하려는 공격적 본성에 지배된다. 이 세계는 성냄을 조건으로 이루어진다.

한편 인간계에서는 타인과의 갈등이 부각되며 자신으로부터 도피하려는 성향이 문제시된다. 이 세계를 살아가기 위해서는 살생이라든가 도둑질 따위를 하지 않는 계율에 대한 인식이 요구된다. 천상계에 속한 이들은 감각적·심미적 쾌락에 경도되어 오랜 시간 즐거움만을 탐닉한다. 천상계에 태어나기 위해서는 윤리적 덕목의 준수와 함께 믿음과 보시의 실천이 필요하다. 특히 천상계 중에서도 욕망의 굴레를 벗어난 이들이 머무는 몇몇 세계는 명상의 숙련 정도에 따라 현재의 삶에서도 체험이 가능하다. 순수한 물질현상의 세계(色界)와 물질현상을 벗어난 세계(無色界)에 속한 천신(天神)들의 세계가 그것이다.

삼계와 육도는 누군가가 그렇게 태어나도록 조정하는 것이 아니라 스스로의 마음상태에 따라 자명한 이치로서 드러나는 세계이다. 초기불교에서 이 가르침이 지향했던 원래의 의도는 스스로를 잘 다스려 갖가지 존재의 속박에 매이지 말자는 것이었다. 그리하여 현재의 삶에서 온갖 번뇌로부터 완전히 자유롭게 되자는 데 있었다. 이와 관련하여 아난다(Ānanda) 존자는 다음과 같이 말한다. "존자여, 보고 있으면서 곧 번뇌가 다한다면 이것이 봄의 [세계에서] 최고의 [세계이고], 듣고 있으면서 곧 번뇌가 다한다면 이것이 들음의 [세계에서] 최고의 [세계이며], 즐거움을 누리면서 곧 번뇌가 다한다면 이것이 즐거움의 [세계에서] 최고의 [세계입니다].(AN. Ⅲ. 202)"

32
출세간

출세간(出世間, lokuttara)이란 무엇인가. 세간적인 (lokiya) 양태를 벗어난 경지를 가리킨다. 범부 중생은 탐냄과 성냄과 어리석음에 갇혀 자신들만의 특정한 존재 방식을 벗어나지 못한다. 지옥계·아귀계·축생계·인간계·천상계 등이 그것이다. 지옥계에 속한 이들은 분노와 공포에 붙잡힌 상태를 스스로의 존재 기반으로 하며, 천상계에 속한 이들은 도끼자루 썩는 줄 모르는 심미적 쾌락에 심취하여 살아간다. 출세간이란 그러한 일체의 상태로부터 벗어난 열반 (nibbāna)의 경지를 의미한다.

붓다에 따르면 세계의 발생과 유지에는 '나'라는 관념이 전제된다. 물질현상[色]·느낌[受]·지각[想]·지음[行]·의식[識] 따위의 경험적 요인(五蘊)에 대해 '나'라는 생각을 일으키고, 그렇게 이루어진 '나'를 통해 주변의 일체에 대한 관념을 형성시켜 이루어 낸 것이 곧 세계이다. 따라서 우리는 스스로 만들어 놓은 세계를 살아간다고 할 수 있다.

이와 관련하여 다음의 경문이 있다. "세계는 여섯(의 감각장소)에서 생겨나며 여섯(의 감각장소)에서 알려진다. 실로 세계는 여섯(의 감각장소)에서 발생하여 여섯(의 감각장소)에서 사라진다.(Stn. 169게송)"

대부분의 종교에서는 죽고 난 이후 새롭게 태어날 세계에 대해 가르친다. 신(神)을 믿는 종교에서는 신의 은총으로 죽고 난 이후의 세계가 결정된다고 주장한다. 반면에 신적 존재를 상정하지 않는 무신론적 종교에서는 스스로 지은 행위에 의해 내세가 선택된다고 본다. 각각의 가르침들은 신의 존재 여부를 둘러싼 교리적 차이에도 불구하고 보다 행복하고 즐거운 내세를 희망한다는 점에서 공통적이다. 더불어 그러한 희망 속에서 스스로를 잘 다스려 바람직한 삶을 살아가도록 한다는 점에서 유사한 면모를 보인다.

초기불교에서도 천상계라는 행복한 세상에 대해 가르친다. 도덕적·정신적 가치를 신뢰하라고 이르며 살생하고 훔치는 등의 해로운 생활을 멀리하라고 가르친다. 또한 재화에 대한 애착과 망상에서 벗어나 관용과 보시를 실천할 것을 권한다. 물론 이러한 행위들이 지금 당장 어떤 특정한 결과를 가져온다고 보장할 수는 없다. 그러나 이것을 통해 정신적인 가치와 내면의 풍요로움에 눈을 뜨게 될 수 있다. 설령 내세까지 가지 않더라도 이러한 마음가짐으로 일관할 수 있다면 이미 그것 자체로 행복이 아니겠는가. 경전에서는 바로 이것이야말로 현재의 삶을 통해 눈앞에서 얻을 수 있는 행복과 위안이라고 가르친다.(AN. I. 192)

그런데 초기불교의 가르침이 여기에서 그친다면 다른 수많은 종교적 실천과 특별한 차이가 없을 것이다. 붓다는 천상계에 관한 가르침을 자아의 장벽을 넘어서기 위한 방편으로 제시하였다. 도덕적·정신적 가치에 대한 믿음과 신뢰는 우리의 시야를 유한한 경험세계 너머로까지 확장시켜 준다. 붓다는 이것을 통해 궁극의 진리를 받아들일 수 있는 내면적인 여건을 조성하게 하였다. 그리하여 때가 무르익었다고 판단될 때 비로소 출세간의 참된 자유를 제시하였다. 보시의 가르침(施論), 계율의 가르침(戒論), 천상에 대한 가르침(生天論), 사성제의 가르침(四聖諦說)이라는 설법의 순서가 그것이다.(DN. I. 110) 붓다는 이러한 순서에 입각하여 가르침을 펼쳤던 것이다.

출세간이란 초기불교가 지향하는 최종 목적에 해당한다. 이것을 편안하고 즐거운 세상으로 알려진 천상계와 동일시하는 것은 곤란하다. 결국 천상계 또한 감각적·심미적 경험의 차원을 벗어나지 못한 세계이기 때문이다. 출세간에 대한 묘사는 경험세계의 근거가 되는 탐냄과 성냄과 어리석음이 사라진 경지로 나타난다. 바로 이 경지야말로 초기불교에서 지향했던 궁극의 이상향이다. 출세간은 일체의 부정적 정서와 사고로부터 자유로운 경지이며, 탐냄이나 성냄속에 살아가는 존재들로서는 어떠한 상상이나 추측으로도 미칠 수 없는 세계이다. 이와 관련하여 다음의 경구가 있다. "〔번뇌를〕 소멸한 자에 대해서는 〔존재한다거나 혹은 그렇지 않다고〕 헤아릴 만한 기준이 없다. 말할 만한 그것이 그에게는 존재하지 않는다. 모든 현상(法, dhamma)이 끊어지고 언어의 길 또한 완전히 끊어져버리기 때문이다.(Stn. 1076게송)"

33
탐냄

탐냄(貪, rāga)이란 무엇인가. 무언가를 가지거나 차지하려는 마음을 말한다. 이것은 즐겁거나 매혹적인 대상과의 접촉에서 발생한다. 우리는 마음에 끌리는 현상을 마주하면 자신도 모르게 거기에 물든다. 탐냄의 원어는 빨리어(Pali)로 라가(rāga)인데 이것은 '물들다' 라는 뜻으로부터 유래하였다. 한편 라가와 동의어인 로바(lobha)는 그렇게 해서 '엉겨붙은 상태'를 가리킨다. 탐냄이란 마치 끈끈이처럼 좋아하는 현상에 물들고 달라붙어 떨어지지 않으려는 심리이다.

탐냄은 성냄(嗔, dosa) 및 어리석음(癡, moha)과 더불어 깨달음의 장애를 이루는 근본 번뇌가 된다. 이들은 내면에서 자라나 자신을 옭아매는 족쇄가 된다. 그리하여 본능에 압도된 동물적 삶으로 내몰기도 하고, 분노와 공포의 도가니에 빠뜨리기도 하며, 도끼자루 썩는 줄 모르는 쾌락에 취하도록 만들기도 한다. 바로 이것이 반복되는 상황을 윤회(輪廻, saṁsāra)라고 한다. 탐냄과 성냄과 어리석음은 윤회의 추동력으로서 괴로움의 근원이 된다. 따라서 '세 가지 독(三毒)'으로 함께 일컬어지기도 한다.

탐냄의 해악을 비유적으로 묘사하는 좋은 예화가 있다. 남방에서는 원숭이를 잡을 때 나무통 안에 끈끈한 송진을 담아 둔다고 한다. 그러면 호기심 많은 원숭이가 거기에 한쪽 손을 넣었다가 달라붙어 빼내지 못하게 된다고 한다. 아무리 애써도 그 손이 빠지지 않으니까 다른 한 손을 또 넣게 된다. 그래도 안 나오면 발까지 넣는다. 마지막으로는 주둥이까지 넣어 옴짝달싹 못하게 되고 만다. 이 이야기는 탐냄이라는 것이 어떠한 방식으로 우리 자신을 옭죄게 되는가를 잘 묘사한다. 탐냄이란 처음에는 작게 시작되지만 점점 커져 온 존재를 삼키고 만다.

탐냄은 마음에 드는 대상과의 접촉으로부터 발생한다. 따라서 탐냄을 제거하기 위해서라면 외부 대상과의 접촉을 피해야 한다고 생각할 수도 있다. 예컨대 "문고리를 걸어두고 아예 문밖을 나서지 않는다면 모든 유혹을 미리 차단할 수 있을 텐데."라는 생각을 품을 수 있다. 그러나 삶이 유지되는 한 외부 대상과의 접촉을 피할 수 없다. 그러한 회피는 바람직스럽지도 않고 가능하지도 않다. 우리는 외부적으로 접하거나 내부적으로 느끼는 현상들의 발생과 소멸에 대해 무력하기만 하다. 어느 누구도 스스로 원해서 태어난 것이 아니며 또한 늙거나 병에 드는 것도 아니기 때문이다. 요컨대 생(生)·노(老)·병(病)·사(死)를 임의로 조작하거나 피해 나갈 수 없다.

탐냄의 원인이 되는 안팎의 현상들은 억지로 제거할 수 없다. 그렇다면 답은 분명해진다. 그러한 현상들에 대해서는 접촉을 하되 물들지 않도록 노력하는 것 이외에 별다른 방법이 없다. 붙잡을 수도 없고 붙잡아서도 안 되는 것이라면 그냥 흘러가도록 내버려 두고서 상대해야 한다. 따라서 붓다는 외부 대상이 아닌 스스로의 마음가짐에 주목하라고 이른다. 있는 그대로의 현실을 가감 없이 인정하되 거기에 매몰되지 않고 살아가는 방법을 가르친다. 자연적인 현상은 부정할 수 없지만 그것으로부터 생겨나는 탐냄 따위의 부정적 정서는 다스릴 수 있다는 것이다.

탐냄을 버리라는 가르침은 모든 욕구를 완전히 포기하라는 의미가 아니다. 현실을 살아가기 위해 적당한 수준의 욕구(chanda)는 필요하다. 건전한 욕구는 풍요로운 삶으로 이끌어 주고 또한 바람직한 방향으로 나아가게 하는 동력이 될 수 있다. 따라서 초기불교에서는 탐냄과 욕구를 엄격히 구분한다. 바른 욕구는 바른 실천으로 유도할 뿐만 아니라 지혜와 해탈에 이르는 추진력이 되기도 한다. 유혹적인 외부 대상과의 접촉이 잦을수록 바르게 살아가려는 욕구를 더욱 강하게 품어야 할 것이다. "피할 수 없으면 즐겨라"라는 말이 있다. 즐기되 물들지 않을 수 있다면 틀린 말은 아닐 것이다.

한편 탐냄의 가르침과 관련하여 붓다 당시의 일부 바라문들은 '탐냄을 버리려는 욕구' 자체가 탐냄일 수 있다는 기묘한 반론을 펼쳤다. 실제로 그러한 논리에 동조하는 일부 현대 학자들은 초기불교에 대해 자기 모순적이라고까지 언급한 적이 있다. 그러나 이러한 반론은 다음의 경문을 통해 적절히 대처될 수 있다. "아난다 존자여, 욕구를 욕구로써 제거한다는 것은 가능하지 않습니다. 만일 그러하다면 그것은 무한소급으로 끝이 없게 됩니다.… 바라문이여, 이를 어떻게 생각합니까? 전에 그대에게 '숲으로 가리라'는 욕구가 있었던 적이 있습니까? 그리고 그대가 숲으로 갔을 때 그 열의가 가라앉은 적이 있습니까? 그러합니다. 바라문이여,… 그와 같이 아라한과를 얻기 전에는 아라한과를 얻기 위한 욕구가 있지만 아라한과를 얻은 뒤에는 그 욕구가 가라앉습니다.… (SN. V. 272-273)"

34
성냄

성냄(嗔, dosa)이란 무엇인가. 노여워하는 것을 말한다. 이것은 마음에 들지 않은 대상과의 접촉에서 발생한다. 안팎의 거슬리는 현상들에 노출되는 가운데 미움과 노여움이 싹튼다. 싫어하는 현상에 대해 사라져 주었으면 하는 바람이 강할수록 마음의 동요는 더욱 커져 간다. 그리하여 더 이상 참기 힘든 상황에 이르러 폭발적으로 표출되는 감정이 곧 성냄이다. "저리 가! 지긋지긋해! 더 이상 견딜 수 없단 말이야!" 이러한 방식으로 성냄은 내면의 평온을 무너뜨리고 주변의 사람들에게 상처를 남긴다.

성냄은 빨리어(Pāli)로 도사(dosa)라고 하며 '미워하다' 라는 뜻으로부터 유래하였다. 한편 이것과 동의어로 빠띠가(paṭigha)라는 단어도 사용되는데, 이것은 '대립해 있는 상태' 를 나타낸다. 도사라는 용어는 두들겨 맞은 독사에 비유되곤 한다. 바짝 약이 올라 꼿꼿이 고개를 쳐들고서 노려보는 독사와 같은 마음이 곧 도사이다. 한편 빠띠가는 그러한 절체절명의 대면 상태를 묘사하는 것이라고 할 수 있다. 성냄이란 고개를 쳐든 독사가 기민하게 먹잇감을 덮치는 것에 비유할 수 있다. 이것의 독은 상처를 타고 빠르게 퍼져 나간다. 이로 인해 몸서리치는 원한과 증오의 괴로움을 겪게 된다.

성냄은 탐냄(rāga) 및 어리석음(moha)과 더불어 깨달음의 장애를 이루는 근본 번뇌로 일컬어진다. "이 중생들이 죽어버리기를! 파멸되기를! 파괴되기를! 멸망해 버리기를! 없어져버리기를!(AN. V. 284)" 경전에서는 이와 같이 타락한 마음을 지니면 마치 누가 데려다 놓은 것처럼 지옥에 떨어진다고 가르친다. 그러한 고약한 심보를 지닌 채 살아간다면 굳이 다음 세상을 기약할 필요도 없을 것이다. 이미 그 자체로서 지독한 불행이 아니겠는가. 우선 자신을 행복하게 만들기 위해서라도 성냄이라는 장애를 극복해야만 한다.

성냄의 이면에는 자신만이 옳고 타인은 그릇되었다는 견해가 도사린다. "그대는 그릇된 길을 가는 자이고 나는 바른 길을 가는 자이다. 나의 주장은 옳고 그대의 주장은 그릇되었다.(DN. I. 66)" 이러한 견해의 문제가 개입되면서 성냄은 파괴력을 더해 간다. 자신만이 옳다는 생각이 강해질수록 우리의 행동은 더욱 과감해지고 또한 거칠어진다. 바로 그러한 상태를 상징적으로 표현하는 세계가 아수라계(阿修羅界)이다. 이 세계를 살아가는 아수라의 무리들은 스스로에 대해 항상 옳다고 확신한다. 그러한 신념은 그들에게 거슬리는 일체의 대상을 향해 스스럼없는 파괴적 공격성을 조장한다.

자신만이 옳다는 생각은 끝없는 불안과 긴장을 조장하며 아만과 독선의 수렁에 빠뜨린다. 따라서 이것의 희생자는 누구보다도 먼저 자기 자신이다. 이러한 상태를 방지하고 다스리기 위해서는 너그러운 마음을 키워야 한다. 살다보면 누구든 실수를 범할 수 있다. 심지어는 자신의 생각이나 믿음에도 허점이 있을 수 있다. 이러한 사실을 직시하고 인정한다면 성냄의 칼날은 무뎌질 수 있다. 또한 성냄이 일어나는 순간에 대한 명확한 알아차림은 분출되는 감정의 회오리를 누그러뜨리는 데 도움이 될 수 있다.

경전에서는 성냄의 양상을 다양하게 설명하며 무작정 금해야 한다고 강요하지는 않는다. 바위에 새기는 것과 같은 화(kodha), 땅에 새기는 것과 같은 화, 물에 새기는 것과 같은 화에 대한 언급이 그것이다 (AN. I. 283-284). 바위에 새긴 것과 같은 화는 오래간다. 그것은 마치 바위에 새긴 각문이 세월의 흐름에도 쉽게 지워지지 않는 것과 같다. 땅에 새긴 것과 같은 화는 땅의 자취가 바람이나 물에 지워지는 것처럼 오래가지 않는다. 한편 물에 새기는 것과 같은 화는 아무런 흔적도 남기지 않고 즉시 그 자취가 사라진다. 굳이 시시비비를 가려야 하는 상황이라면 혹은 선의의 화냄이 방편적으로 요구되는 상황이라면 염두에 둘 필요가 있는 가르침일 듯하다.

35
어리석음

어리석음(癡, moha)이란 무엇인가. 슬기롭지 못한 마음을 가리킨다. 아둔한 상태에 빠져 사실을 사실대로 알아차리지 못하는 경우를 일컫는다. 어리석음은 집착하지 말아야 할 것에 대해 집착하게 만들고 부정해서는 안 되는 일들에 대해 부정하도록 만든다. 그렇게 해서 꿀 속에 빠져드는 파리처럼 혹은 불 속에 뛰어드는 부나비처럼 탐냄과 성냄의 덫에 걸리고 만다. 탐냄과 성냄이 발생하는 경우 거기에는 반드시 어리석음이 도사리고 있다. 따라서 어리석음은 '세 가지 독(三毒)' 가운데에서도 가장 근원적인 것으로 간주되곤 한다.

『이띠붓따까』에서는 어리석음에 대해 다음과 같이 묘사한다. "어리석음은 불행을 만든다. 어리석음은 마음을 교란시킨다. 사람들은 이것이 안으로부터 발생하는 두려움이라는 것을 이해하지 못한다. 어리석음에 빠진 이는 이로움을 알지 못한다. 어리석음에 빠진 이는 법을 보지 못한다. 어리석음에 지배된 사람에게는 어두움과 암흑만이 있게 된다. 어리석음을 제거한 사람은 어리석음에 빠지게 하는 것들로부터 벗어난다. 그러한 사람은 떠오르는 태양이 암흑을 제거하듯이 모든 어리석음을 제거한다.(Iti. 84-85)"

어리석음이란 빨리어로 모하(moha)라고 한다. 이것은 원래 '멍한 상태'를 나타내며, 기민하지 못한 정서적·감정적 상황을 묘사한다고 할 수 있다. 그러한 상태에서는 주변의 현상에 대해 무감각하기 십상이다. 심지어는 스스로의 행동이나 처신에 대해서도 명확하게 알아차리지 못한다. 자신이 무엇을 원하는지 혹은 무엇을 하고 있는지도 분명히 의식하지 못한 채 그저 본능에 따라 움직이게 된다. 어리석음은 정서적 차원에서부터 유래하여 인지적 측면까지를 포함하는 방식으로 확대된다. 그리하여 무지(無知, aññāṇa)와 동일시되거나 잘못된 견해(邪見, micchādiṭṭhi) 혹은 무명(無明, avijjā)과 혼용되기에 이른다.

경전에서는 잘못된 견해로서의 어리석음에 대해 다음과 같이 기술한다. "비구들이여, 여기 어떤 사람은 '보시의 [공덕도] 없고, 제사의 [공덕도] 없고, 의례의 [공덕도] 없다. 옳거나 그릇된 행위의 결과나 과보도 없다. 이 세상도 없고 저 세상도 없다. 어머니도 없고 아버지도 없다. 화생하는 중생들도 없고, 이 세상과 저 세상을 스스로 최상의 지혜로 깨닫고 실현하여 드러내는 바른 도를 갖춘 사문·바라문들도 없다.'[라고 생각한다.](AN. I. 268-269)" 이러한 부류의 잘못된 견해는 단순히 무감각한 상태에서 그치는 것이 아니며 바른 가치와 신념을 저버리게 한다.

한편 무명과 동일시되는 어리석음은 사성제(四聖諦)에 무지한 경우를 말한다. "비구들이여, 무명이란 무엇인가? 비구들이여, 괴로움에 대한 무지, 괴로움의 원인에 대한 무지, 괴로움의 소멸에 대한 무지, 괴로움의 소멸에 이르는 길에 대한 무지이다. 비구들이여, 이것을 무명이라고 한다.(SN. II. 4)" 괴로움을 벗어나기 위해서는 괴로움의 현실을 인지해야만 한다. 그렇지 못한 이들에게 괴로움의 제거를 위한 처방은 무용지물이다. 이러한 까닭에 사성제에 대한 어리석음이야말로 가장 중요한 해결 과제가 된다.

괴로움을 인식하는 사람은 언젠가는 그것의 소멸을 위해 나서게 된다. 이러한 벗어남의 여정은 자기 자신의 어리석음을 돌이켜 반성하는 것에서부터 출발한다. 이것을 통해 우리는 탐냄과 성냄과 어리석음의 사슬로부터 빠져 나가는 단초를 마련하게 된다. 초기불교의 궁극 목적으로 거론되는 열반(nibbāna)이란 바로 이것의 연장선에서 이해될 수 있다. 이와 관련하여 사리불(Sāriputta) 존자는 다음과 같이 말한다. "벗이여, 탐냄의 소멸, 성냄의 소멸, 어리석음의 소멸, 바로 그것을 열반이라고 합니다.(SN. IV. 251)"

36
해탈

해탈(解脫)이란 무엇인가. 구속된 상태로부터 풀려난다는 뜻이다. 혹은 부정적인 정서와 사고로부터 벗어나는 것을 말한다. 탐냄·성냄·어리석음으로부터 벗어나고 그들이 엮어내는 윤회의 속박으로부터 풀려나는 것을 가리킨다. 따라서 해탈이란 궁극의 목표인 열반(nibbāna)과 동일한 의미를 지닌다. 감각적 욕망이 빚어내는 번뇌를 가라앉히고 또한 무지로 인해 발생한 일체의 번뇌들로부터 벗어난 경지가 곧 해탈이다.

해탈에 해당하는 빨리어 용어로서 위목카(vimokkha)와 위무띠(vimutti)가 있다. 위목카는 세속을 초월한 경지만을 가리키는 것이 아니다. 이것은 수행이 진척되는 과정에 초점을 맞춘다. 예컨대 최종적인 깨달음을 얻지는 못했지만 명상에 몰입하여 그때그때 마음의 평안을 누리는 경우가 있다. 혹은 여전히 번뇌가 남아 있지만 수행이 깊어감에 따라 이전에 느끼지 못했던 자유로움을 경험하는 경우가 있다. 이러한 상황에서 폭

넓게 사용될 수 있는 표현이 위목카이다. 이것의 용례로는 일시적 해탈(時解脫, samaya-vimokkha)이라든가 세간적인 해탈(世間解脫, lokiya-vimokkha) 따위가 있다.(Psm. Ⅱ. 35) 혹은 명상의 깊이에 따른 여덟 단계의 해탈(八解脫, aṭṭha-vimokkha)도 여기에 포함된다.(DN. Ⅲ. 261-262)

위목카는 해탈이라는 것이 고원한 경지에 한정되지 않는다는 것을 나타낸다. 우리는 시시각각으로 새로워질 필요가 있다. 낡은 사고와 관념으로부터 벗어나 새로운 시각으로 자신과 주변을 바라볼 필요가 있다. 혹은 좋아하거나 싫어하는 이미지들로부터, 혹은 내면에 간직해 둔 바람이나 욕구들로부터, 혹은 자기 자신으로부터, 혹은 밖으로부터, 혹은 안팎 모두로부터 자유로워질 필요가 있다. 위목카라는 표현은 이러한 모든 경우에 적절히 사용될 수 있다. 위목카는 현실적인 삶의 지평에서 점진적으로 실현해 나가는 그러한 해탈이라고 할 수 있다.

한편 위무띠는 이상의 과정을 통해 얻는 결과로서의 해탈이다. 일반적으로 위무띠는 마음의 해탈(心解脫, cetovimutti), 지혜의 해탈(慧解脫, paññāvimutti), 양자를 구비한 해탈(兩分解脫, ubhatobhāgavimutti) 등으로 나뉜다. 마음의 해탈이란 내면을 고요히 하는 것을 통해 탐냄 따위의 부정적 정서로부터 벗어난 상태를 가리킨다. 지혜의 해탈이란 지혜를 통해 온갖 잘못된 견해와 무지로부터 벗어난 상태를 말한다. 양자를 구비한 해탈이란 부정적 정서로부터 벗어난 동시에 지혜를 갖춘 경우를 말한다.

세 가지 위무띠 가운데 지혜의 해탈과 양자를 구비한 해탈은 곧 아라한의 경지를 의미한다. 예컨대 아라한이라는 성위(聖位)에 도달한 이가 있다면 이들 두 가지 가운데 어느 하나의 해탈을 성취한 이로 볼 수 있다. 그러나 마음의 해탈은 위목카의 사례에서 언급했듯이 일시적으로 얻어진 평온의 상태만을 가리키는 경우가 대부분이다. 따라서 마음의 해탈만으로는 궁극의 자유에 도달하지 못한다는 것을 알 수 있다. 이것은 진리를 꿰뚫는 지혜가 있어야만 최종적인 성취가 가능하다는 것을 의미한다. 이러한 사실을 통해 수행이란 결국 지혜를 통해 완성에 이른다는 것을 생각해 볼 수 있다.

궁극의 해탈이 이루어지는 다섯 장소(五解脫處, pañcimāni-vimuttāyatanāni)에 관한 언급이 있다.(AN. Ⅲ. 21-24) 첫째 자신을 위해 다른 사람으로부터 가르침을 듣는 것, 둘째 다른 사람을 위해 스스로 배운 내용을 가르치는 것, 셋째 배우거나 들은 법을 그대로 익히는 것, 넷째 배우거나 들은 법을 깊이 사유하는 것, 다섯째 적절한 명상의 방법에 따라 마음을 닦는 것 등이다. 이 언급대로라면 해탈이 이루어지는 여건은 단순하면서도 명료하다. 해탈의 여정은 바로 이 순간부터 시작되는 점진적 실천으로 이루어진다.

37
깨달음

깨달음(覺, bodhi)이란 무엇인가. 모르던 사실을 궁리 끝에 알게 되는 것이다. 이것은 비단 수행의 영역에만 국한되지 않으며 일상에서도 자주 경험하는 것이다. 예컨대 우리는 당연한 사실에 대해서도 모르고 살아가는 경우가 있다. 누가 가르쳐 주어도 피상적으로만 와 닿을 뿐이고 고민을 거듭해 보지만 도대체 무슨 영문인지 알 수 없다. 그러다가 때가 무르익었을 때 비로소 무릎을 치면서 '아! 그렇구나'라고 깨닫게 된다. 깨달음과 더불어 우리는 기존의 낡은 생각들로부터 벗어나게 된다.

깨달음의 내용이 어떻든 깨닫고 난 연후에는 인식과 실천에 변화가 따라온다. 예컨대 불필요한 오해와 편견으로 누군가를 미워할 수 있다. 그러다가 한참이 지난 후에야 비로소 오해하고 있었다는 사실을 깨닫는 경우가 있다. 미워하던 그 사람이 오히려 은혜로운 사람이라는 것을 알게 된 순간 기존의 편견과 거부감은 눈 녹듯이 사라진다. 그리하여 자신이 저질렀던 그간의 무례에 고개를 숙이며 그 사람의 모든 것을 전혀 다른 눈길로 대하게 된다. 이것은 인간관계에만 국한되는 일이 아니다. 특히 삶의 근원적 문제에 관한 깨달음은 우리의 인생을 새로운 지평으로 이끌 수 있다.

깨달음의 빨리어 원어는 보디(bodhi)이다. '깨달은 분'이라는 의미의 붓다(buddha)라는 이름이 바로 여기에서 유래하였으며, 불교(buddhism)라는 종교의 명칭 또한 여기에 근거를 둔다. "붓다라는 이름은 어머니가 지어준 것이 아니고 아버지가 지어준 것도 아니다. 형제가 지어준 것도 아니고 자매가 지어준 것도 아니다. 친구가 지어준 것도 아니고 친척이 지어준 것도 아니다. 사문이나 바라문이 지어준 것도 아니고 하늘의 신이 지어준 것도 아니다. 이것은 보리수나무 아래에서 해탈을 이루어 일체를 아는 지혜와 함께 얻은 진실한 명칭이다.(Psm. I. 174)"

그렇다면 붓다는 과연 무엇을 깨달았을까. 도대체 무엇을 깨달았기에 붓다가 될 수 있었을까. 초기불교 경전에는 깨달음에 대해 각기 다르게 생각해 볼 수 있는 내용들이 전해진다. 그러나 『상적유경(Mahāhatthipadopama-Sutta)』에 제시되듯이 붓다의 깨달음은 사성제(四聖諦)로 집약할 수 있다. 즉 모든 인간이 괴로움에 노출되어 있다는 것(苦聖諦), 그것의 원인은 내면의 탐욕과 집착이라는 것(集聖諦), 그러한 괴로움을 극복한 경지가 있다는 것(滅聖諦), 그것을 이루는 길이 존재한다는 것(道聖諦)을 깨달았던 것이다. 붓다는 바로 이것을 깨달아 실현하고서 주변에 알리는 것으로 평생을 일관하였다.

　사성제를 내용으로 하는 깨달음의 발현 양상은 어떠한가. 다음의 경구는 이 문제에 관한 초기불교의 입장을 극명하게 드러낸다. "비구들이여, 나는 완전한 지혜(aññā)의 성취가 단번에 이루어진다고 말하지 않는다. 비구들이여, 그와 반대로 점차적으로 배우고 점차적으로 실천하고 점차적으로 발전하여 완전한 지혜의 성취가 있게 된다.(MN. I. 479-480)" 이렇듯 붓다는 점차적인 닦음에 의해 점진적으로 무르익는 깨달음을 가르쳤다. 초기불교에서 가르치는 깨달음이란 높은 전망대에 올라가는 것에 비유할 수 있다. 발을 내딛는 위치가 높아지면 그만큼 보이는 범위가 더 넓어지는 것과 같다.

　『삿짜상윳따(Saccasaṃyutta)』에는 "사성제에 대한 지혜와 견해가 청정해진 연후에야 비로소 신과 인간들에 대해 위없는 바른 깨달음(anuttaraṃ sammāsambodhi)을 얻었다고 선언하였다.(SN. V. 422-423)"는 내용이 기술된다. 나아가 과거세·미래세·현세를 막론하고 어떠한 사문이나 바라문이든지 깨달은 내용을 있는 그대로 말한다면 곧 사성제이니 바로 이것을 힘써 닦으라는 가르침이 반복된다.(SN. V. 416-417) 사성제는 괴로움의 현실을 인식시키고 그것으로부터 벗어나는 점진적인 자각의 여정을 밝힌다. 이것은 '괴로움을 극복하고 즐거움을 얻는 과정(離苦得樂)'으로 바꾸어 말할 수 있다. 바로 이것을 깨달아 실현하는 것이야말로 불교의 존재 이유일 것이다.

38
보시에 대한 가르침(施論)

보시(布施, dāna)란 무엇인가. 베푸는 것을 말한다. 자신이 가진 것을 이웃과 함께 나누거나 승가에 바치는 행위를 가리킨다. 보시는 남을 행복하게 할 뿐만 아니라 스스로를 기쁘게 한다. 베풀 때 느끼는 즐거움은 그 자체로서 보시의 큰 공덕이 된다. 나눌 줄 아는 사람은 어려운 상황에서도 여유를 잃지 않는다. 굶주림과 가난의 공포에 압도당하지 않으며 항상 주변과 더불어 살아가는 지혜를 발휘한다. 이것은 보시로써 스스로를 길들인 사람에게만 주어지는 선물이다. 또한 보시에는 좋은 결과가 뒤따른다. 이것은 현세에서 풍족한 삶으로 이끌어주고 내세의 행복을 보장한다.(AN. Ⅲ. 354)

붓다는 일정한 순서에 따라 가르침을 펼쳤다. 보시에 관한 가르침(施論), 계율에 관한 가르침(戒論), 천상세계에 관한 가르침(生天論), 사성제에 관한 가르침(四聖諦)이 그것이다.(Vin. Ⅰ. 15-16) 붓다는 처음 만난 사람들을 지도할 때 대체로 이러한 순서를 지켰다. 우리는 보시를 통해 인색과 탐욕에서 벗어나게 된다. 보다 넓은 눈으로 자신과 주변을 바라볼 수 있게 된다. 붓다는 이러한 내면의 조건을 갖추어졌을 때 비로소 더 나은 수승한 가르침으로 나아갔다. 따라서 보시는 붓다의 가르침을 실현하기 위해 닦아야 할 첫 번째 덕목이 된다. 깨달음의 여정은 보시의 실천으로부터 시작된다고 할 수 있다.

고대 인도의 『우빠니샤드』 경전에서는 욕심에 사로잡힌 사람은 죽음의 신(死神)으로부터 벗어나지 못한다고 전한다. "재물에 눈이 어두운 미혹한 이에게는 다른 세계로 나아가는 통로가 드러나지 않는다. 이 세상이 있을 뿐 다른 세상은 없다고 말하는 사람은 계속해서 나의 지배 아래에 떨어질 것이다.(Kṭh-U. I. 2. 6)" 욕심에 빠진 사람은 욕심 너머에 자리하는 평안의 경지를 알지 못한다. 어디를 가든 재물의 노예가 되어 주변을 의심하고 경계하면서 불안에 빠진다. 인색한 사람에게는 가는 곳마다 굶주림과 목마름과 죽음의 공포가 기다릴 뿐이다.(SN. I. 18)

그러나 보시로 얻어진 넉넉한 마음은 다른 사람의 이익과 기쁨에 대해서도 즐거움을 느끼도록 해준다. "보시는 전쟁(에서의 승리와) 같다고 일컬어진다. 조금 있어도 베풀면 많은 것을 정복한다. 또한 조금 있어도 믿음으로 보시하면 타인의 이익(利他)으로 인한 즐거움까지 있게 된다.(SN. I. 20)" 나아가 보시는 죽음의 장벽마저 넘어서게 만드는 실제적인 공덕을 지닌다. "험한 길을 같이 떠난 친구들이 하는 것처럼 조금 있어도 나눌 줄 아는 사람들은 죽는 자들 가운데서도 죽지 않나니 이것은 영원한 법(dhamma)이다.(SN. I. 18)"

보시에는 여러 종류가 있다. "음식을 베푸는 사람은 힘을 주는 사람이고, 의복을 베푸는 사람은 아름다움을 주는 사람이고, 탈 것을 베푸는 사람은 편안함을 주는 사람이고, 등불을 베푸는 사람은 밝은 눈을 주는 사람이고, 살 집을 베푸는 사람은 모든 것을 주는 사람이다. 그리고 가르침을 베푸는 사람은 죽지 않음(不死)을 주는 사람이다.(SN. I. 32)" 보시란 단순히 재물을 나누어주는 행위에 국한되지 않는다. 우리는 각자 처한 여건에 따라 다양한 방식으로 베풀 수 있다. 있으면 있는 대로 없으면 없는 대로 다른 사람을 위해 봉사하는 것이 곧 보시이다. 그 중에서도 최고의 보시는 가르침을 베푸는 것이다.

경전에서는 베푸는 자와 받는 자가 갖추어야 할 세 가지 덕목에 대해 언급한다.(AN. III. 336-337) 베푸는 자는 보시하기 전에 마음이 즐겁고, 보시할 때 마음이 깨끗하고, 보시한 뒤에도 마음이 흐뭇해야 한다. 한편 받는 자는 탐냄을 여의었거나 탐냄을 다스리는 실천을 하며, 성냄을 여의었거나 성냄을 다스리는 실천을 하며, 어리석음을 여의었거나 어리석음을 다스리는 실천을 해야 한다. 이러한 덕목이 갖추어졌을 때 비로소 보시는 자신과 남 모두를 진정으로 행복하게 할 수 있다. 이와 같은 보시는 주는 자와 받는 자 모두의 마음을 정화하여 깨달음의 세계에 이르도록 해준다.

39
계율에 대한 가르침(戒論)

계율(戒律)이란 무엇인가. 붓다의 제자로서 지켜야 할 생활규범을 가리킨다. 계율이란 계(戒, sīla)와 율(律, vinaya)을 함께 일컫는 복합어이다. 이들은 원래 별개의 쓰임을 지닌다. 일반적으로 계란 스스로 맹세하여 지키는 규칙을 의미하며, 율이란 승단의 질서를 유지하기 위해 제정된 규약이다. 따라서 계는 자율적인 반면에 율은 타율적인 성격을 지닌다고 할 수 있다. 그러나 이들은 결코 별개가 아니다. 계와 율 모두는 각자의 여건에 따라 자발적으로 준수해야 할 실천적 지침이다.

붓다는 일정한 순서에 따라 가르침을 펼쳤다. 그는 처음 만난 사람들을 지도할 때 먼저 보시에 관한 가르침(施論)을 펼쳤다. 그리하여 그 사람의 마음이 인색함으로부터 벗어났다고 판단될 때 비로소 계율에 관한 가르침(戒論)으로 넘어갔다. 이때의 계율이란 일상을 살아가면서 지킬 수 있는 최소한의 항목들로 구성되며, 각자 스스로 맹세하여 따르겠다는 결의로 이루어진다. 이러한 결의는 보이지 않는 힘이 되어 그 사람의 인격을 다듬고 고양시키는 역할을 한다. 따라서 계율은 자기 자신을 다스리기 위한 방책이라고 할 수 있다.

재가자가 지녀야 할 계율은 다음과 같다. "첫째, 생명을 빼앗는 행위로부터 물러나는 배움의 항목을 준수하겠습니다. 둘째, 주지 않은 것을 취하는 행위로부터 물러나는 배움의 항목을 준수하겠습니다. 셋째, 청정하지 못한 성적 행위로부터 물러나는 배움의 항목을 준수하겠습니다. 넷째, 거짓된 말로부터 물러나는 배움의 항목을 준수하겠습니다. 다섯째, 곡주나 과일주 등에 취한 방일한 생활로부터 물러나는 배움의 항목을 준수하겠습니다.(Khud. 1-2)" 경전에서는 이러한 계행(戒行)을 제대로 지키지 않으면 바른 삼매를 이룰 수 없고, 또한 바른 삼매를 이루지 못하면 있는 그대로 꿰뚫어 알 수 없다고 말한다.(AN. Ⅲ. 200)

계율을 지키는 사람은 다른 사람을 위협하거나 어려움에 빠뜨릴 수 없다. 따라서 붓다는 계율의 준수야말로 일체의 두려움과 증오를 가라앉히는 방법이 된다고 말한다.(SN. Ⅲ. 68-69) 그리고 무엇보다도 계율은 스스로를 지속적으로 발전시키는 방법이 된다. 계행에는 다음의 다섯 가지 이익이 뒤따르는 것으로 언급된다.(AN. Ⅲ. 253) 첫째, 방일하지 않는 까닭에 큰 재물을 얻는다. 둘째, 훌륭한 명성을 얻는다. 셋째, 누구와 만나더라도 두려움 없이 당당한 모습을 유지한다. 넷째, 말년에 이르러서는 노망하지 않고 임종을 맞이한다. 다섯째, 몸이 무너져 죽은 뒤에는 천상에 태어난다.

그런데 형식적인 계율의 준수보다 더 중요한 것이 있다. 그것은 올바르게 살아가려는 태도이다. 경전에서는 다음과 같이 말한다. "'이것을 해서는 안 된다'고 금하지는 않았지만 이것을 해서는 안 된다는 생각이 들 때, 그리고 이것을 허락해서는 안 된다는 생각이 들 때, 그것을 범해서는 안 된다. 또한 '이것을 해서는 안 된다'고 금하지는 않았지만 이것을 하는 것이 좋다는 생각이 들 때, 그리고 이것을 하는 것을 금해서는 안 된다는 생각이 들 때, 그것을 행하는 것이 좋다.(Vin. I. 250-251)" 따라서 계율 이전에 바르게 살아가려는 태도와 노력이 더욱 중요하다는 것을 알 수 있다.

계율을 서약하는 데는 일정한 형식이 요구된다. 이것은 불(佛)·법(法)·승(僧)의 삼보에 대한 귀의로부터 시작된다. "부처님을 귀의처로 삼겠습니다. 가르침을 귀의처로 삼겠습니다. 승가를 귀의처로 삼겠습니다.(Khud. 1)" 이것을 세 번 암송하는 절차를 통해 자기 자신이 붓다의 제자임을 확인하게 된다. 이러한 삼귀의는 붓다의 제자로서 지켜야 할 나머지 모든 계율의 토대가 된다. 이후 계율 항목들은 제자들의 숫자가 더욱 많아지고 승단 조직이 체계화됨에 따라 더욱 세분화되기에 이른다. 매달 14일, 15일, 반달의 제8일에 재가자들이 지켜야 할 여덟 가지 계율(八齋戒), 어린 사미승이 지켜야 할 열 가지 계율(沙彌十戒), 비구와 비구니 승단을 위해 제정된 구족계(具足戒) 등이 그것이다.

40
천상세계에 관한 가르침(生天論)
|

　　　　　천상세계에 관한 가르침(生天論)이란 무엇인가. 보시와 계율의 실천을 많이 행하면 죽고 난 후 즐거운 천상세계에 태어난다는 가르침을 말한다. 초기불교에 따르면 깨달음을 성취한 아라한을 제외한 나머지 모든 존재는 사후에 다시 태어난다. 어떤 이들은 널리 보시를 베풀고 스스로 지계를 갖춘다. 그러한 사람들은 마치 누군가가 데려다 놓은 것처럼 천상세계에 태어난다. 반면에 어떤 이들은 인색한 마음으로 베풀 줄도 모르고 방탕한 생활만을 일삼는다. 그러한 사람들은 마치 누군가가 일부러 데려다 놓은 것처럼 괴로움이 가득한 지옥에 태어난다.

　『자나와사바경(Janavasabha-Suttanta)』에서 붓다는 나디까(Nādika)라는 마을에 살았던 수많은 사람들의 전생(轉生)에 관해 상세한 이야기를 들려준다.(DN. II. 200-219) 예컨대 50명이 넘는 나디까 사람들이 천상에 태어나 그곳에서 완전한 열반에 들었고, 90명 이상의 사람들이 한

번 더 이 세상에 태어나 일체의 괴로움을 종식하게 될 것이며, 500명 이상의 사람들이 최소한 지옥에는 떨어지지 않는 법을 갖추어 완전한 깨달음으로 나갈 것이라고 말한다. 이러한 언급은 까시(kasi), 왓지(Vajji), 쩨띠와방사(Cetivaṃsa), 꾸루(Kuru) 등지에 살았던 사람들에게도 유사한 방식으로 되풀이된다.

초기불교 경전에 따르면 내세(來世)는 실재한다. 내세에 관한 붓다의 가르침은 일단 분량 면에서 매우 방대하며 또한 사실적이고도 생생한 방식으로 기술된다. 이것은 결코 거짓으로 만들어진 이야기로 볼 수 없으며, 깨달은 이의 통찰로써 드러나는 현실의 세계로 보아야 한다. 삼계(三界)의 속박을 완전히 벗어난 존재가 아닌 한, 아라한이라는 깨달음의 경지를 확신하지 못하는 한, 죽음 이후에 대해 일말의 의심과 두려움이 남아 있는 한, 그러한 사람들에게 내세는 엄연한 사실로서 존재한다고 보아야 한다.

사실 내세는 죽고 난 이후의 세계이다. 따라서 이것의 존재 여부를 현재의 삶에서 증명해 보일 수 없다. 내세란 전적으로 믿음의 영역에 속한 세계라고 할 수 있다. 그만큼 현세와 내세 사이에는 넘어설 수 없는 벽이 존재한다. 그러나 내세에 대한 올바른 사고는 현재의 삶에 지대한 영향을 미칠 수 있다. 죽고 난 이후를 대비하는 사람은 현재를 함부로 살지 않는다. 자기 혼자만의 행복을 위해 안달하지 않으며 보다 넓은 눈으로 자신과 주변을 헤아린다. 그러한 사람에게 내세는 결코 가설적인 차원의 이야기가 아니며 현실의 삶 자체가 된다.

붓다는 현세와 내세를 잘 살기 위한 가르침을 따로 전한다.(AN. IV. 281-285) 우선 현세를 행복하게 잘 살려면 다음의 넷을 갖추라고 이른다. 첫째, 직업을 가지고서 근면하게 일한다. 둘째, 땀 흘려 벌어들인 소득을 정당하게 관리하고 보존한다. 셋째, 바른 길로 인도해 줄 좋은 친구를 사귄다. 넷째, 소득에 맞게 합리적으로 소비한다. 한편 내세의 안락과 행복을 위해서는 다음의 넷을 갖추라고 권한다. 첫째, 도덕적·정신적 가치를 믿고 신뢰한다. 둘째, 살생하고 훔치고 거짓말하는 등의 파괴적이고 해로운 생활을 멀리한다. 셋째, 재화에 대한 애착과 망상을 내지 말고 관용으로 베푼다. 넷째, 번뇌를 없애고 열반으로 이끌어주는 지혜를 닦는다.

현세를 위한 처음의 넷은 그야말로 현세의 행복을 위해 당연히 요구되는 덕목들이다. 반면에 내세를 위한 넷은 그 결과가 당장 눈앞에는 드러나지 않는다. 그러나 이들의 실천을 통해 내면을 맑히고 풍요롭게 가꾸어 나갈 수 있다는 사실은 어렵지 않게 동의할 수 있다. 우리는 이러한 조건들을 갖춤으로써 천상세계에 태어나는 것을 기대해 볼 수 있다. 바로 이것은 붓다의 통찰로써 보장된 내용이다. 붓다는 이와 같은 가르침을 잘 이해하고 실천하여 정화된 마음을 갖춘 사람들에 한해 사성제(四聖諦)라는 거룩한 진리를 펼쳤다.

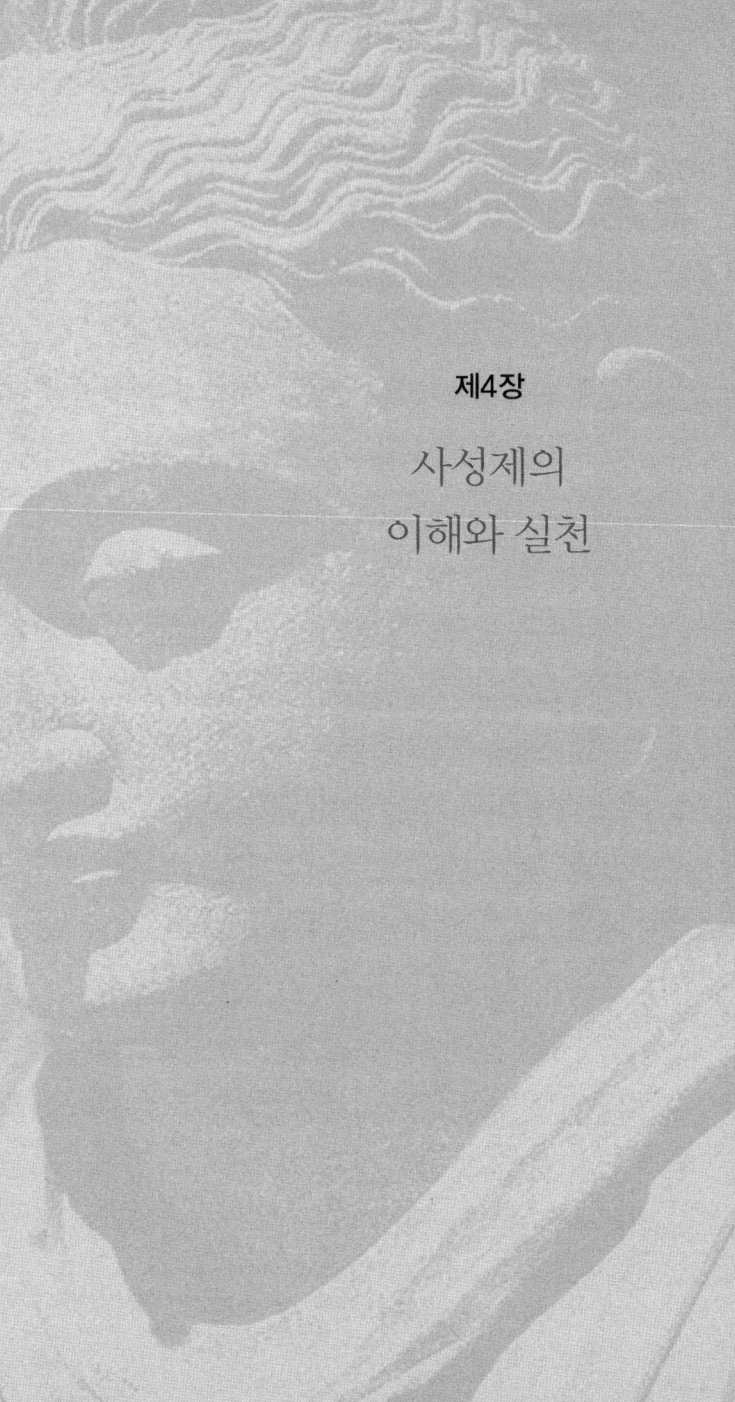

제4장

사성제의 이해와 실천

41
사성제의 의미
|

사성제(四聖諦)란 무엇인가. 괴로움이라는 거룩한 진리(苦聖諦), 괴로움의 원인이라는 거룩한 진리(苦集聖諦), 괴로움의 소멸이라는 거룩한 진리(苦滅聖諦), 괴로움을 소멸하는 길이라는 거룩한 진리(苦道聖諦)의 넷을 가리킨다. 사성제는 초기불교의 궁극적 가르침에 해당한다. 일반적으로 붓다의 가르침은 보시(施論), 계율(戒論), 천상세계(生天論) 그리고 사성제의 순서로 진행되었다. 그는 각각의 과정을 충분히 소화한 사람들에 한해 최종적으로 사성제의 가르침을 펼쳤다.

사성제를 빨리어로 표현하자면 네 가지 아리야삿짜(cattāri ariyasaccāni)가 된다. 아리야삿짜란 말 그대로 '거룩한 진리'를 의미한다. 초기불교 경전에서 아리야삿짜라는 표현이 나타나는 경우는 사성제에 국한된다. 붓다는 다양한 방식의 가르침을 펼쳤지만 그의 모든 가르침은 결국 사성제로 귀결된다고 할 수 있다. "사성제를 있는 그대로 보지 못하여 긴 세월을 그렇고 그런 태어남으로 윤회하여 왔도다. 이제 이것을 보아 새로운 존재로의 이끌림을 근절하였도다. 괴로움의 뿌리를 잘라버렸도다. 이제 다시 태어남이란 존재하지 않도다.(SN. V. 432)"

　사성제에서 가리키는 괴로움이란 결코 사변의 대상이 아니다. 그럼에도 우리는 괴로움이라는 현상에 대해 '나'라는 관념을 투사하여 사변적으로 재구성한다. 이것은 육체적 괴로움에 대해서건 정신적 괴로움에 대해서건 마찬가지이다. 그리하여 우리는 '나'라는 존재가 "어떠 어떠한 괴로움에 빠져 있다"라는 방식으로 사고한다. 혹은 "나는 괴롭다"라거나, "나는 이 괴로움이 싫다"라는 따위의 생각을 지니곤 한다. 그러나 "나는 괴롭다"라는 것과 '괴로움' 자체는 다르다. 붓다는 "나는 괴롭다"라는 생각 대신 '괴로움' 자체만을 직시하라고 이른다. 다만 "이것이 괴로움이다"라는 방식으로 접근할 것을 권한다.

　이 가르침은 단순하지만 심오한 깊이를 지닌다. 우리는 '나'라든가 '너' 혹은 '우리' 따위의 관념에 매인 채 괴로움을 바라본다. 그 결과 괴로움을 '나의 것'으로 만들거나 혹은 그것을 짊어진 '나' 혹은 '나의 자아'를 생각하게 된다. 붓다에 따르면 대부분의 괴로움은 이러한 과정을 거치면서 걷잡을 수 없는 상태로 증폭된다. "나의 이 괴로움은 도대체 언제까지 갈 것인가", "나의 이 지긋지긋한 괴로움을 누구에게 호소한단 말인가." 그러나 이러한 번민의 상태에서는 괴로움의 실체가 결코 드러나지 않는다. 괴로움의 원인에 대한 자각과 그것의 소멸에 이르는 길로도 나아갈 수 없다.

　섣부르게 괴로움에 맞서는 것은 오히려 괴로움을 폭발시킬 수 있다.

또한 그것의 실체도 파악하지 못한 채 벗어나려고 몸부림치는 것은 새로운 괴로움으로의 악순환을 초래하기 쉽다. 어쩌면 이러한 과정이야말로 괴로움이 펼쳐지는 전형적인 양상이라고 할 수 있다. 따라서 괴로움에 현명하게 대처하기 위해서는 있는 그대로의 현실을 느끼고 수용하는 것이 우선적으로 요구된다. 다만 "이것이 괴로움이다"라고 지긋이 주시할 필요가 있다. 이와 같은 수용적 태도는 괴로움이 야기한 부정적 정서들로부터 얼마간의 여유를 가져다줄 수 있다. 그리하여 불필요한 정서적·심리적 뒤엉킴과 부풀림의 상태로부터 벗어나도록 해줄 수 있다. 여기에 숙달되면 괴로움이란 잠시간 발생했다가 사라지는 무상한 현상의 하나로 남게 된다.

우리는 이러한 방식으로 괴로움(苦)에 대처해야만 한다. 이렇게 할 때라야 괴로움의 원인(苦集), 괴로움의 소멸(苦滅), 괴로움의 소멸에 이르는 방법(苦滅道)이 분명히 드러난다. 붓다는 이러한 사성제의 과정을 그 자신에게 철저히 적용시켜 12단계 이르는 점진적 실천 양상(三轉十二行相)으로 제시한다.(SN. V. 420 이하) 그는 이와 같은 실천적 과정을 완전히 끝마친 연후에 비로소 신과 인간들에 대해 '위없는 바른 깨달음(無上正等正覺, anuttaraṃ sammāsambodhi)'을 선언하였다. 사성제는 언어적 유희 차원에 머무는 사변적 가르침이 결코 아니다. 이것은 타오르는 불길을 멎게 하는 단비와 같이 실제적인 효력을 지닌다.

42
고성제

고성제(苦聖諦)란 무엇인가. 거룩한 진리(ariyasacca)로서의 괴로움을 가리킨다. 이것에 대해 경전에서는 다음과 같이 설명한다. "비구들이여, 이것이 괴로움이라는 거룩한 진리(苦聖諦)이다. 즉 태어남도 괴로움이요, 늙음도 괴로움이요, 병듦도 괴로움이요, 죽음도 괴로움이요, 슬픔·비탄·괴로움·불쾌함·번민도 괴로움이다. 또한 사랑하지 않는 사람과 만나는 것도 괴로움이요, 사랑하는 사람과 헤어지는 것도 괴로움이며, 얻고자 하는 것을 얻지 못하는 것도 괴로움이다. 요컨대 다섯 가지 집착된 경험요소(五取蘊)가 괴로움이다.(SN. V. 421)"

우리는 스스로의 의지와 무관하게 태어났고 그리고 늙어간다. 태어남 자체에 대해 즐거움으로 여기는 사람도 있을 수 있다. 그러나 그렇더라도 태어남이 자신의 바람이나 의지에 따른 것이 아니라는 데에는 이견이 없을 것이다. 늙음·병듦·죽음 역시 마찬가지이다. 이들은 우리의 바람과 무관하게 우리를 강제한다. 사실 우리는 떠밀려 태어났고 또한 떠밀려 살아가다가 마침내 떠밀려 최후를 맞이한다. 이것을 직시한다면 태어남과 죽음을 즐거움으로 여길 수 없다. 이들 네 가지 일대사에서 우리의 의지대로 거부하거나 건너뛸 수 있는 것이란 없다.

'사랑하지 않는 사람과 만나는' 괴로움은 또한 어떠한가. 물론 이것의 반대인 사랑하는 사람과 만나거나 싫어하는 사람과의 헤어짐은 즐거움일 수 있다. 그러나 만남과 헤어짐 역시 마음대로 되지 않는다. 어디를 가더라도 사랑하지 않는 사람과의 만남은 피할 수 없다. 세상살이에 부대끼며 살아가는 한 경쟁해야 하거나 다투어야 할 사람은 생겨나기 마련이다. 또한 사랑하는 사람과의 헤어짐 역시 피할 수 없다. 흐르는 세월과 더불어 첫 만남의 야릇한 감정은 종적도 없이 퇴색하고 만다. 결국 사랑하지 않는 사람과 만나는 것도 사랑하는 사람과 헤어지는 것도 피할 수 없다.

'얻고자 하는 것을 얻지 못하는' 괴로움도 마찬가지이다. 우리는 항상 무언가를 갈구하며 살아간다. 이것은 욕망에 지배된 세계(欲界)를 살아가는 인간의 삶에서 기본적으로 전제될 수밖에 없다. 육신이 유지되는 한 우리는 더욱 만족스러운 무언가를 찾게 되어 있다. 그러나 대부분의 경우 만족의 기쁨은 곧 권태로 바뀌고 새롭게 발생하는 욕구와 불만족에 휩싸인 채 살아가게 된다. 이것은 배운 사람, 배우지 못한 사람, 교양이 있는 사람, 교양이 없는 사람 가릴 것 없다. 다만 이러한 경험에 반응하는 태도에서 개인적인 차이가 있을 뿐이다.

거룩한 진리로서의 괴로움에 해당하는 마지막 내용은 다섯 가지 집착된 경험요소(五取蘊)이다. 이들은 앞서 기술한 모든 것을 포섭한다. 즉 이상에서 언급한 내용들은 다름 아닌 물질현상(色)·느낌(受)·지각(想)·지음(行)·의식(識) 따위에 붙잡혀 안달하는 상태로 바꾸어 말할 수 있다. 이와 같이 우리는 육체와 정신이 빚어내는 갖가지 갈등 상황에 얽힌 채 하루하루를 살아간다. 붓다는 바로 이것을 보통의 인간이 처해 있는 보편적 실존으로 규정한다. 그리고 이것에 대한 바른 인식이 전제될 때에만 고양된 삶으로 나아가는 것이 가능하다고 가르친다.

괴로움이란 저마다의 삶에서 각기 다른 무게로 나타난다. 괴로움은 스스로를 돌이켜보게 만드는 소중한 기회이다. 어쩌면 인생의 가장 고유한 차원은 감당하기 어려운 괴로움에 직면하였을 때 비로소 드러나는 것일 수 있다. 이점에서 괴로움이란 그 자체로서 삶의 방향과 의미를 일깨우는 역할을 한다. 삶이 가져다주는 피할 수 없는 괴로움에 대해서는 솔직한 태도로 마주해야 한다. 더 이상 허황된 바람이나 도피를 꿈꾸지 말고 정면으로 직시하는 용기가 필요하다. 괴로움의 극복은 괴로움을 인정하는 데서부터 시작될 수밖에 없다.

괴로움을 왜곡 없이 받아들이는 것은 쉽지 않다. 따라서 붓다는 괴로움을 깨닫는 과정을 다음의 세 단계로 나눈다.(SN. V. 422) 먼저 "이것이 괴로움이라는 거룩한 진리이다(idaṃ dukkhaṃ ariyasaccan ti)."라는 자각이 일어나야 한다. 이것을 통해 "이 괴로움이라는 거룩한 진리를 완전히 이해해야 한다(idaṃ dukkhaṃ ariyasaccaṃ pariññeyyan ti)."라는 각오가 분명해져야 한다. 그리하여 최종적으로 "이 괴로움이라는 거룩한 진리를 완전히 이해했다(idaṃ dukkhaṃ ariyasaccaṃ pariññātan ti)."라는 깨달음이 뒤따라야 한다. 이와 같이 괴로움을 자각하는 과정은 세 단계로 나뉘어 설명된다. 이러한 방식으로 붓다는 고성제(苦聖諦)의 가르침을 끝마친 연후에 집성제(集聖諦)라는 괴로움의 원인에 관한 가르침으로 넘어간다.

43
고성제와 오취온

오취온(五取蘊, pañca-upādānakkhandhā)이란 무엇인가. 물질현상[色]·느낌[受]·지각[想]·지음[行]·의식[識] 따위의 경험적 요인들에 집착해 있는 상태를 나타낸다. 이때의 집착이란 번뇌와 동의어로서 이들 오온에 대해 애착과 분노 따위를 품는다는 의미이다. 이렇게 해서 탐냄과 성냄과 어리석음에 뒤엉켜 드러난 다섯 가지 경험요인을 곧 오취온이라고 부른다. 「전법륜품(Dhammacakkapavattana-Vaggo)」에서는 바로 이것을 괴로움이라는 거룩한 진리(苦聖諦)의 최종 항목으로 언급한다.(SN. V. 421) 태어남·늙음·병듦·죽음 따위로 인한 괴로움은 실상 이들 다섯의 요인에 붙잡혀 있는 상태에 지나지 않다고 할 수 있다.

외모에 콤플렉스를 가진 사람이 있다고 치자. 그는 괴로워한다. "나는 왜 이렇게 생겼을까." "부모님은 왜 이렇게 나를 낳으셨을까." 그러나 이것에 대해 어느 누구도 분명한 해답을 줄 수 없다. 부정할 수 없는 사실은 외모에 집착하여 괴로움에 빠져 있는 상태가 지금 그렇게 발생해 있다는 것이다. 바로 이것이 물질현상에 집착한 상태 즉 색취온(色取蘊)의 양상이다. 최근의 발달된 성형수술은 외모 콤플렉스를 더욱 부추기는 경향이 있다. 그러나 아무리 훌륭한 수술법이 개발되더라도 흐르는 세월마저 막지는 못할 것이다. 50년이나 100년의 세월이 지나면 모두 다같이 백발의 늙은이가 되고 만다. 외모로 인한 괴로움은 외모에 대한 집착의 강도에 비례하여 더욱 거세질 뿐이다.

느낌에 집착한 상태(受取蘊)란 어떠한가. 누구나 좋은 느낌을 추구하고 좋지 않은 느낌은 배척한다. 그러나 우리의 현실은 이러한 바람이나 추구를 만족시키지 못한다. 좋은 느낌일수록 빠르게 스쳐가고 좋지 않은 느낌일수록 끈덕지게 따라붙는 듯하다. 이러한 과정을 반복하면서 대부분의 사람들은 애착과 분노에 젖어들게 된다. 애착이란 좋은 느낌에 대한 자동화된 반응이며 분노란 싫어하는 느낌에 대한 저항에 다름이 아니다. 느낌이란 일상의 삶 전체를 주도할 만큼 영향력이 크다. 따라서 이것이 빚어내는 애착과 분노의 파장 또한 크다.

지각(想)이란 특정한 대상을 떠올려 이미지화하는 과정이다. 여기에는 각자만의 기호라든가 성향 따위가 개입되곤 한다. 동일한 현상에 대해 사람들마다 제각기 다르게 반응하는 이유가 여기에 있다. 예컨대 개인적인 명예의 실추에서 오는 괴로움에 유달리 민감한 사람들이 있다. 특히 이것은 사회적인 성공을 누렸던 사람들에게 더한 경향이 있다. 심지어 이미지 손상을 감당하지 못해 자살을 선택하는 경우마저 없지 않다. 이러한 사례는 지각에 집착한 상태(想取蘊)가 빚어낸 비극적 결과이다. 특정한 이미지에 지배된 상태에서는 있는 그대로 실재(reality)가 드러나지 않는다. 그만큼 허구적인 세계에 갇힌 채 살아간다는 의미이다.

지음(行)이란 외부 대상에 반응하는 내면의 태도와 경향을 가리킨다. 이것은 탐냄이라든가 성냄 혹은 들뜸이라든가 무기력 따위의 다양한 정서와 감정으로 나타난다. 지음에 집착한 상태(行取蘊)란 이러한 탐냄이라든가 들뜸 따위에 붙들려 있는 경우를 말한다. 이와 같은 상태에서는 감정의 노예로 살아가게 된다. 양심이나 도덕은 안중에 없고 본능대로 살아가는 동물과 다를 바 없는 지경에 이르고 만다. 따라서 얼마만큼 내면의 지음으로부터 거리두기를 할 수 있느냐에 따라 인간다움 혹은 인격이 결정된다고 할 수 있다. 스스로의 정서와 감정에 초연하지 못하는 한 우리의 삶은 부정적인 방향으로 휩쓸리기 쉽다.

의식이란 눈·귀·코 등을 통해 유발되는 앎을 가리킨다. 이것은 단순한 감각적 의식에서부터 느낌·지각·지음 따위가 결부된 고차적 경험내용으로서의 의식까지를 망라한다. 특히 후자의 의식은 고정된 실체로서의 자아 관념을 부추기곤 한다. 죽고 난 이후에도 없어지지 않는다고 상상되는 영혼이니 귀신이니 하는 따위가 그것이다. 의식에 집착한 상태(識取蘊)에서는 이러한 오해가 더욱 부풀려진다. 변화하지 않은 주체로서의 영혼이 있고 바로 이것이 끊임없이 윤회한다는 것이다. 이러한 사고는 절대적 자아 관념을 강화시켜 뿌리 깊은 이기심의 원천이 된다.

붓다는 이상과 같은 다섯 경험요인들에 집착해 있는 상태를 괴로움으로 규정한다. 이들 각각은 고유의 방식으로 괴로움의 굴레를 만들어낸다. 대부분의 범부들은 이들에 집착해 있는 상태를 자아로 착각한다. 그러나 오취온을 자신과 동일시하는 삶에서 만족과 평안은 있을 수 없다. 오히려 이러한 착각의 양상이야말로 '괴로움이라는 거룩한 진리' 자체에 해당한다. 오취온의 상태를 벗어나기란 결코 쉽지 않다. 그러나 우리는 이것으로 인해 괴로움이 증폭된다는 사실만큼은 분명히 직시해야 한다. 괴로움을 벗어나기 위한 여정은 바로 여기에서부터 시작될 수밖에 없기 때문이다.

44
집성제

집성제(集聖諦)란 무엇인가. 괴로움의 원인에 관한 거룩한 진리를 가리킨다. 모든 괴로움에는 원인이 있기 마련이다. 바로 그 원인을 밝히는 가르침이 사성제의 두 번째 항목인 집성제이다. 경전에서는 다음과 같이 말한다. "비구들이여, 이것이 괴로움의 원인이라는 거룩한 진리이다. 즉 다른 태어남으로 가는 것이고, 즐기고 탐내는 것이며, 여기저기에서 기뻐하는 것인 갈애이다. 예컨대 감각적 욕망에 대한 갈애(慾愛, kāma-taṅhā), 있음에 대한 갈애(有愛, bhava-taṅhā), 있지 않음에 대한 갈애(非有愛, vibhava-taṅhā)이다. (SN. V. 421)"

갈애란 마치 타는 목마름으로 물을 구하듯이 어떤 욕구에 강력하게 이끌리는 상태이다. 무언가를 절박하게 갈구하면서 온통 거기에 빠져 있는 경우를 갈애라고 한다. 그러한 상태에서는 원하는 그것 이외의 다른 것을 보지 못한다. 물불을 가리지 않고 오로지 그것의 획득과 소유에만 골몰하게 된다. 이것으로 인해 우리는 집착(取)에 빠져 갖가지 존재 양상에 붙들리게 된다. 이러한 갈애의 제거는 괴로움으로부터 벗어나기 위한 전제가 된다.

물론 삶을 유지하기 위해서는 적절한 의욕(欲, chanda)를 지녀야 한다. 건전한 욕구는 당연히 필요한 것이며 또한 소중히 가꾸어 나가야 한다. 그러나 그러한 욕구가 지나치면 오히려 자신을 구속하고 타인에게 해를 끼치게 된다. 인간이 처하게 되는 대부분의 불건전한 상황이 갈애를 적절히 대처하지 못한 데서 비롯된다. 이러한 갈애를 발생시키는 대표적인 세 가지가 감각적 욕망(慾), 있음(有), 있지 않음(非有)이다. 이들은 우리를 온갖 질곡의 상황으로 빠져들게 만드는 원인이 된다.

감각적 욕망이란 본능적·동물적 욕구에 해당한다. 이것에 대한 갈애는 육체를 향한 과도한 집착을 일으킨다. 그리하여 육체적 현상 자체가 일시적이고 믿을 만하지 못한다는 사실을 망각하게 한다. 감각적 욕망의 대표적인 사례는 성적(性的) 쾌락이다. 이것에 빠진 사람은 마치 불 속에 뛰어드는 부나비처럼 스스로를 제어하지 못하는 상태가 된다. 그러나 쾌락의 순간은 짧고 그것이 남기는 후유증은 오래 간다. 또한 모든 종류의 쾌감은 중독성을 지니며 짙은 쾌감은 더욱 강한 쾌감의 추구로 치닫게 된다. 이것은 결국 돌이킬 수 없는 좌절과 권태에 이르게 된다.

있음에 대한 갈애는 어떠한가. 대부분의 사람들은 현재에 만족하지 못하며 더 나은 무언가를 추구한다. 명예라든가 물질적 풍요로움은 그러한 욕구를 부추기는 원인이 된다. 그런데 사실 명예라든가 물질적 풍요로움 자체는 결코 부정적인 것은 아니다. 문제는 그들에 대한 갈망으로 인해 현실을 망각하게 된다는 데 있다. 갖가지 허황된 생각들에 이끌려 스스로를 고립시키거나 왜곡된 방향으로 나가는 경우가 그것이다. 있음에 대한 갈애는 이상적인 무언가에 경도된 과대 망상적 심리의 일종으로 규정할 수 있다.

있지 않음에 대한 갈애는 그러한 과대 망상적 심리가 붕괴되었을 때 나타난다. 이것은 기존에 품고 있던 희망이나 바람이 절망으로 바뀌었을 때 생겨난다. 자신의 모든 것을 걸고 추구해 왔던 무엇이 완전한 실패로 판명되었을 때 자기 파괴적 심리로 기우는 것은 당연한 일일는지도 모른다. 이러한 상태에서는 모든 희망을 단념한 채 오로지 도피만을 꿈꾸게 된다. 일체의 자존감을 상실하고서 자살이라는 극단적 선택도 마다하지 않는다. 있지 않음에 대한 갈애는 극단적인 열등감과 자괴감을 내용으로 한다. 여기에 빠지면 스스로를 어디에도 발붙일 곳 없게 만드는 상황으로 몰아간다.

물질현상(色)·느낌(受)·지각(想)·지음(行)·의식(識) 따위에 대한 집착을 의미하는 오취온(五取蘊)이란 갈애에 휘둘린 상태에서 마주하는 경험적 내용들이다. 오취온의 현실은 이상과 같은 세 가지 갈애를 거치면서 더욱 분명한 모습으로 자라난다. 따라서 갈애는 괴로움의 원인에 해당하는 거룩한 진리(苦集聖諦)이며, 오취온은 그 결과로서 드러난 거룩한 진리(苦聖諦)가 된다. 갈애가 적절히 해소되지 않으면 오취온의 상태로부터 벗어날 수 없다. 이와 같은 방식으로 붓다는 괴로움이 발생하고 증폭되는 연쇄적인 과정을 밝히고 있다.

고성제와 마찬가지로 집성제를 실현하는 과정 또한 다음의 세 단계로 나뉜다.(SN. V. 422) 먼저 "이것이 괴로움의 원인이라는 거룩한 진리이다(idaṃ dukkhasamudayo ariyasaccan ti)."라는 깨달음이 있어야 한다. 이것을 통해 "거룩한 진리에 해당하는 이 괴로움의 원인을 끊어야 한다(idaṃ dukkhasamudayo ariyasaccaṃ pahātabban ti)."라는 각오가 분명해져야 한다. 그리하여 갈애가 완전히 해소되는 경험과 함께 "거룩한 진리에 해당하는 이 괴로움의 원인을 끊었다(idaṃ dukkhasamudayo ariyasaccaṃ pahīnan ti)."라는 자각이 뒤따라와야 한다. 이러한 방식으로 붓다는 집성제(集聖諦)의 가르침을 끝마친 연후에 멸성제(滅聖諦)라는 괴로움의 소멸에 관한 가르침으로 넘어간다.

45
집성제와 갈애

|

왜 갈애(愛, taṇhā)가 문제인가. 오취온(五取蘊)으로 드러나는 괴로움의 현실 즉 고성제(苦聖諦)가 이 갈애로부터 생겨난다. 또한 붓다는 이것으로 인해 집착(取)에 매이게 되고, 늙음과 죽음(老死)으로 귀결되는 태어남(生)과 있음(有)에 지배된다고 가르친다. 괴로움의 발생과 소멸을 단계적 과정으로 밝히는 십이연기(十二緣起) 교설이 그것이다.(SN. II. 2-4) 또한 경전에서는 갈애로 인해 몽둥이를 들게 되고, 칼을 잡게 되며, 다툼·싸움·논쟁·상호비방·중상모략·거짓말 따위와 같은 나쁘고 사악한 행동에 나서게 된다고 가르친다.(MN. I. 109) 바로 이러한 사실을 가리켜 '괴로움의 원인으로서의 진리(苦集聖諦)'라고 한다.

갈애는 괴로움의 씨앗이다. 이 갈애는 다양한 양상을 취한다. 감각적 욕망에 대한 갈애(慾愛), 있음에 대한 갈애(有愛), 있지 않음에 대한 갈애(非有愛) 따위의 세 가지가 그것이다.(SN. V. 421) 다시 거기에 물질현상〔色〕에 관련된 것이냐 혹은 느낌〔受〕에 연관된 것이냐에 따른 추가적인 구분이 가능하다. 예컨대 물질현상 혹은 육체를 탐하여 발생하는 갈애가 있는 반면에 육체에 대한 혐오로 인해 발생한 갈애가 있을 수 있다. 이러한 방식으로 갈애는 다섯 가지 경험요인(五蘊) 각각에 대해 작용할 수 있다.

따라서 괴로움의 원인을 일반화하여 단순히 갈애라고만 말하는 것은 무리이다. 무작정 갈애를 끊으라고 재촉하는 것 또한 무책임하다. 예컨대 생리적 욕구의 결핍에서 발생하는 갈애는 적절한 선에서 그것을 충족시키는 방법을 고려해야 한다. 그래야만 그것을 가라앉힐 수 있다. '금강산도 식후경'이라는 말이 있지 않은가. 배가 고프면 일단 먹어야만 안정을 취할 수 있다. 반면에 생리적인 욕구가 지나치게 과장되는 경우가 있다. 이미 충분한 영양을 섭취했음에도 과도하게 음식을 탐내는 경우가 그러하다. 그럴 때에는 비만의 위험성을 인식시키는 따위의 방법을 사용하여 적극적으로 식탐을 제거해 나가도록 해야 한다.

갈애를 제거하기 위해서는 무엇보다 괴로움 자체에 대한 정확한 진단이 필요하다. 그래야만 어떠한 종류의 갈애가 문제인지 알 수 있다. 따라서 사성제의 실천은 반드시 괴로움 자체에 해당하는 고성제로부터 시작해서 괴로움의 원인인 집성제로 나가는 것이 올바른 순서이다. 이와 관련하여 경문이 있다. "괴로움〔苦〕을 보는 자는 괴로움의 일어남〔集〕을 보고, 괴로움의 소멸〔滅〕을 보고 괴로움의 소멸에 이르는 길〔道〕을 본다.(SN. V. 437)" 괴로움을 정확히 진단하는 것은 그 자체로서 이미 치유의 여정에 들어서 있음을 의미한다. 이러한 사실을 무시하고서 무작정 갈애를 제거하려 시도하는 것은 그 자체가 갈애의 또 다른 양상일 수 있다.

일단 발생한 갈애에 맞서거나 저항하기란 현실적으로 힘들다. 이미 갈애에 빠진 상태에서는 그 탈출구를 찾는 일이 쉽지 않다. 생각하거나 행동하는 모든 것이 이미 갈애에 중독된 상태로 작동하는 까닭이다. 그러한 상황에 처하게 되면 갈애를 벗어나고자 하는 노력마저 갈애의 영향 아래에 있게 된다. 그렇다면 과연 어디에서 출구를 찾아야 하는가. 경전에서는 그 실마리를 좋아하거나 싫어하는 느낌에서 찾는다. 갈애란 좋아하는 느낌으로부터 발생한다. 갈애를 제거하려는 시도는 갖가지 느낌들에 대해 현명하게 대처하는 것으로부터 시작될 수 있다.

즐거운 느낌에 대한 탐닉은 타오르는 목마름으로 바뀌어 오로지 원하는 것에 골몰하도록 만든다. 이와같은 갈애를 종식시키기 위해서는 느낌의 발생과 소멸을 놓치지 말고 꿰뚫어 보아야 한다. "비구들이여, 비구는 즐거운 느낌에서 유래하는 탐냄의 잠재적 성향을 가라앉히고, 괴로운 느낌에서 유래하는 분노의 잠재적 성향을 가라앉히고, 즐겁지도 괴롭지도 않은 느낌에서 유래하는 무지의 잠재적 성향을 가라앉힌다. 비구들이여, 그러한 비구는 탐냄의 잠재적 성향을 가라앉힌 '바르게 관찰하는 이'로서 갈애를 없앤다. 속박으로부터 벗어난다. 아만을 완전히 그쳐 괴로움의 끝에 도달한다.(SN. IV. 205)"

붓다는 이와 같이 느낌에 대해 청정한 마음을 일으켜 쉬거나 멈추면 갈애란 발생하지 않는다고 가르친다. 따라서 느낌에 대한 올바른 대처는 각별한 의미를 지닌다. 느낌의 유혹에 물들지 않음으로써 갈애를 약화시키거나 차단하는 것이야말로 초기불교 수행의 요체라고 할 수 있다. "감촉을 하더라도 마음지킴(念)을 지니나니 그러한 이는 감촉에 물들지 않네. 집착하지 않는 마음으로 느끼나니 그것에 빠져 머물지 않네. 감촉을 하고서 느낌을 느끼지만 소멸하여 쌓아두지 않으니 그러한 이는 마음지킴을 지니고서 다닌다네. 이처럼 괴로움을 쌓지 않으니 열반이 가까이 있다고 한다네.(SN. IV. 75)"

46
멸성제

멸성제(滅聖諦)란 무엇인가. 괴로움의 소멸에 관한 거룩한 진리를 가리킨다. 즉 갈애[愛]를 제거하면 괴로움이 사라진다는 사실을 밝히는 가르침이다. 멸성제는 초기불교의 궁극 목적을 드러내는 것이라고 할 수 있다. 이것은 모든 번뇌로부터 벗어난 경지인 열반(涅槃)과 동일한 의미를 지닌다. 경전에서는 다음과 같이 말한다. "비구들이여, 이것이 괴로움의 소멸이라는 거룩한 진리(苦滅聖諦)이다. 곧 갈애의 남김 없는 소멸, 포기·버림·벗어남·집착 없음이다.(SN. V. 421)"

멸성제의 가르침은 괴로움으로부터 벗어난 경지가 있음을 알려준다. 이것을 통해 괴로움이 그친 이상향을 생각해보게 된다. 또한 그러한 경지를 스스로 실현하여 머물겠노라는 희망을 품게 된다. 멸성제는 괴로움의 원인(集聖諦)이 되는 갈애의 속박으로부터 벗어날 수 있다는 사실을 일깨운다. 또한 갈애를 불러일으키는 느낌에 대해서도 적절히 대처해 나갈 수 있다는 것을 알려준다. 멸성제는 실천·수행을 이끌어

주는 지표가 된다.

멸성제는 갈애의 소멸 혹은 포기를 내용으로 한다. 그러나 그러한 상태가 그냥 얻어지는 것은 결코 아니다. 갈애는 막강한 지배력을 지니며 오히려 억누를수록 강해지는 특성마저 지닌다. 갈애를 다스리기 위해서는 우선 그것의 발생 조건인 느낌에 주목해야 한다.(SN. IV. 205) 갈애란 갖가지 즐겁거나 괴로운 느낌을 자양분으로 삼아 자라나기 때문이다. 느낌의 본성을 꿰뚫는 통찰의 지혜가 생겨날 때 갈애는 저절로 수그러든다. 이것은 화롯불에 떨어진 눈송이가 흔적도 없이 자취를 감추는 것과 같다.

느낌의 유혹은 만만치 않다. 우리는 즐거운 느낌 앞에서 마치 꿀통에 빠져드는 파리처럼 무력해진다. 아무리 잊으려고 애써도 한 번 경험한 그 맛을 떨칠 수 없다. 잊으려는 몸부림마저 은근슬쩍 그쪽으로 다가가기 위한 술책이 되고 만다. 그러한 느낌의 유혹을 종식시킬 수 있는 확실한 대안은 깨달음이다. 자신을 유혹하는 느낌의 정체가 과연 무엇인지를 분명하게 보고 바로 그것이 가져오는 위험과 재난을 꿰뚫어 아는 것이다. 따라서 멸성제의 실현에는 기존의 낡은 인식과 사고를 벗어나는 관점의 전환 즉 깨달음이 전제된다.

깨달음을 통해 느낌의 유혹으로부터 벗어나는 구체적인 사례는 어떠한가. 어젯밤에 마신 시원하고 달콤했던 물이 해골에 담긴 빗물이었다는 사실을 자각하는 순간이 좋은 사례가 될 수 있다. 그것을 깨닫는 순간 해골에 남겨진 물의 느낌은 더 이상 유혹거리가 되지 못한다. 남

녀 간의 사랑으로 비유를 바꾸어보자. 야릇한 감정이 막 피어날 무렵 어렸을 적 헤어졌던 친남매간이라는 사실을 알게 된다면 어떨까. 모르는 상태에서라면 누가 억지로 말리더라도 그러한 감정이 절대 해소되지 않을 것이다. 그러나 일단 알게 되면 이성 간의 감정은 자연스럽게 누그러질 것이다.

깨달음이 없는 상태에서 갈애와 맞서는 것은 거의 불가능하다. 그러한 시도는 갈애의 제거를 위해 또 다른 갈애를 내세우는 꼴이다. 드문 경우지만 경전에서는 '갈애에 의지하여 갈애를 끊는 방법(taṇhaṃ nissāya taṇhaṃ pajahati)'을 언급하기도 한다.(AN. Ⅱ. 146) 그러나 그러한 방식은 수행의 여정을 어렵고 험난한 것으로 만들 수 있다. 사실 그러한 수행은 그다지 낯선 것이라고 볼 수도 없다. 붓다 당시 출현했던 많은 외도 수행자들이 갈애를 제거하기 위한 갈애에 빠져 고행주의를 선택했다. 그들은 갈애의 싹을 애초에 제거하고자 견디기 힘든 괴로운 느낌을 일부러 추구하였다.

그러나 붓다는 모든 사람들이 고행주의자가 되는 것을 원치 않았다. 그는 깨달음과 더불어 원만하게 실현되는 갈애의 제거에 주목했고 또한 그것을 세상 사람들에게 알리는 것으로 평생을 일관했다. 바로 여기에서 깨달음에 주력하는 불교라는 종교의 실천적 특성이 분명해진다. 다음의 경문은 통찰의 지혜 혹은 깨달음이 갈애의 제거로 이어지는 과정을 자연스럽게 묘사한다. "세상에서 사랑스러운 것, 기분 좋은 것을 무상하다고 본다. 괴로움이라고 본다. 무아라고 본다. 질병이라고 본다. 두려움이라고 본다. 그리하면 갈애는 제거된다. 갈애가 제거되면 집착이 제거되고 집착이 제거되면 괴로움도 제거된다. 괴로움이 제거되면 태어남·늙음·죽음·슬픔·비탄·괴로움·불쾌함·번민으로부터 벗어난다.(SN. Ⅱ. 110)"

붓다는 이러한 멸성제의 실현 과정을 다음의 세 단계로 나눈다.(SN. V. 422) 먼저 "이것이 괴로움의 소멸이라는 거룩한 진리이다(idaṃ dukkhanirodho ariyasaccan ti)."라는 사실에 눈을 떠야 한다. 이 단계를 거쳐 "이 괴로움의 소멸이라는 거룩한 진리를 실현해야 한다(idaṃ dukkhanirodho ariyasaccaṃ sacchikātabban ti)."라는 각오를 분명히 해야 한다. 그리하여 갈애의 해소를 가져오는 깨달음과 더불어 "이 괴로움의 소멸이라는 거룩한 진리를 실현했다(idaṃ dukkhanirodho ariyasaccaṃ sacchikatan ti)."라는 확신이 뒤따라야 한다. 붓다는 이러한 방식으로 멸성제의 가르침을 끝마친 연후에 도성제(道聖諦)라는 괴로움의 소멸에 이르는 길에 관한 가르침으로 넘어간다.

47

멸성제와
열반

|

열반(涅槃, nibbāna)이란 도대체 무엇인가. 깨달음을 통해 갈애의 영향을 받지 않는 상태를 일컫는다. 열반이란 초기불교의 최종 목표로서 사성제의 가르침에 배대하자면 멸성제에 해당한다. 이와 관련하여 "갈애의 소멸이 열반이다.(SN. III. 190)"라든가, "갈애를 버리는 것이 열반이다.(SN. I. 39)"라는 경문이 있다. 또한 멸성제에 대한 기술 역시 '갈애의 남김 없는 소멸·포기·버림(SN. V. 421)' 이라는 방식으로 나타난다. 따라서 열반과 멸성제는 동일한 의미라고 할 수 있다.

초기불교 수행의 일차적인 관건은 어떻게 해서 심리적·정서적 안정을 얻느냐에 있다. 깨달음을 성취한 붓다가 맨 처음 읊었던 것으로 유명한 다음의 경구 또한 이것을 의미한다. "욕망과 분노에 사로잡힌 자들은 이 가르침을 깨닫기 어렵다. 흐름을 거슬러가고 오묘하고 심오하고 미세한 이것을 보기 어렵다. 어둠에 싸여 욕망에 물든 자들은 보지 못한다.(SN. I. 136)" 따라서 내면의 감정과 정서를 다스릴 수 있는 능력은 붓다의 가르침을 받아들이는 데 반드시 요구되며, 또한 궁극의 목적에 해당하는 것이라고도 말할 수 있다.

그러나 불교라는 종교에서 깨달음 혹은 지혜의 성취를 능가하는 또 다른 무엇은 존재하지 않는다. 명상의 실천은 일시적으로 평온한 마음을 누리게 해줄 수 있다. 수개월 혹은 수년에 거친 집중적인 명상은 번뇌로부터 정화된 듯한 느낌을 갖게 해줄 수 있다. 그러나 깨달음 혹은 지혜가 뒷받침되지 않은 명상의 효력은 언젠가는 흐트러지고 만다. 성공적인 명상을 경험했다손 치더라도 현실의 삶으로 되돌아오면 또 다시 갈등과 번민의 상황에 휩쓸릴 수 있다. 따라서 지속적으로 평온한 마음을 유지하려면 지혜의 성취가 반드시 필요하다.

지혜 혹은 반야는 번뇌를 정화하는 능력을 지닌다. 따라서 경전에서는 "욕심 따위는 몸이나 말로써 버릴 수 있는 것이 아니며, 지혜로써 관찰하고 관찰하여 버려야만 한다.(AN. V. 39)"라고 기술한다. 예컨대 재산 상속 문제로 형제들 사이에 갈등이 벌어졌다고 치자. 대체로 이러한 부류의 갈등과 불화는 좀처럼 해결책이 나오지 않는다. 그러나 문제의 재산이 애초부터 존재하지 않았다는 사실이 새롭게 확인된다면 어떻게 될까. 갈등은 즉시 사라질 것이다. 혹은 물려받게 될 재산보다 갚아야 할 채무가 더 많다는 것을 알게 된다면 어떠할까. 이번엔 서로 상속권을 양보하기 위해 안달할 것이다. 이처럼 새로운 사실에 대한 인식과 깨달음은 기존의 입장을 송두리째 뒤바꿔 놓는다.

붓다는 "지혜로써 보고 나면 번뇌가 완전히 소멸한다.(MN. I. 160)"

라고 가르친다. 또한 "지혜로써 바르게 닦인 마음은 모든 번뇌로부터 바르게 해탈한다.(MN. Ⅱ. 81)"라고도 언급한다. 물론 지혜를 발현시키기 위해서는 정서적인 안정이 예비적으로 요구된다. 따라서 정서적 안정과 지혜의 개발은 서로를 의존하여 더욱 깊어져가는 관계에 놓인다. 그러나 지혜가 뒷받침되어야만 정서적 안정은 비로소 온전한 것으로 전환될 수 있다. 결국 지혜의 개발이야말로 심리적·정서적 안정을 확고히 하는 결정적인 요인이 된다.

간혹 열반의 경지는 행복하고 신비로운 이상적 상태로 묘사되는 경우가 있다.(AN. Ⅳ. 414-415) 그러한 맥락에서 "열반에 대해 행복이라고 관찰하면서 머문다.(AN. Ⅳ. 14)"라는 가르침이 나타나기도 한다. 이들 경문에 따르면 열반이란 축복이 넘치는 즐거운 세계이다. 그런데 이러한 문구들은 자칫 열반의 경지를 특정한 정서적·심리적 상태로 오인하도록 만드는 결과를 초래할 수 있다. 그리하여 지혜의 개발보다는 지복의 느낌 속에 수동적으로 안주하게끔 만드는 부작용을 초래할 수 있다. 그러나 열반의 상태란 결코 현실 감각이 마비된 몽환의 경지가 아님에 유념할 필요가 있다.

초기불교 경전에서 멸성제 혹은 열반에 대한 서술은 부정적인 방식으로 나타나는 경우가 대부분이다. 예컨대 "열반이란 무엇인가. 탐냄의 소멸, 성냄의 소멸, 어리석음의 소멸, 바로 그것이 열반이다.(SN. Ⅳ. 251)"라는 경구가 대표적이다. 이러한 언급은 멸성제 혹은 열반의 경지가 어떤 신비로운 상태를 가리키는 것이 아니라는 점을 분명히 한다. 이것은 열반이나 멸성제에 대한 탐냄과 집착마저 버리고서 바른 지혜로써 청정하게 살아가라는 뜻으로 이해할 수 있다. 초기불교에서 지향했던 열반이란 감정적·심리적 동요 없이 살아갈 수 있는 능력에 다름 아니다. 이것은 곧 깨달음의 실현을 통해 얻어지는 능력이라고 할 수 있다.

48
도성제로서의 팔정도와 중도
|

도성제(道聖諦)란 무엇인가. 괴로움을 소멸하는 길에 관한 거룩한 진리를 가리킨다. 괴로움이 소멸된 상태란 열반 혹은 깨달음의 경지로 바꾸어 말할 수 있다. 도성제란 바로 이러한 경지를 완성하기 위한 것으로 사성제의 최후 위치에 놓인다. 괴로움에 대한 인식(苦聖諦)으로부터 출발한 사성제는 바로 이 단계에 이르러 최종적인 완성에 이르게 된다.

도성제는 다음과 같이 설명된다. "비구들이여, 이것이 괴로움의 소멸에 이르는 길이라는 거룩한 진리(苦滅道聖諦)이다. 즉 거룩한 여덟 가지 길로서, 바른 견해·바른 의향·바른 언어·바른 행위·바른 삶·바른 노력·바른 마음지킴·바른 삼매이다.(SN. V. 421-422)" 따라서 도성제의 실제 내용은 팔정도(八正道)라는 사실을 알 수 있다. 우리는 이 팔정도를 통해 사성제를 갈무리하게 된다. 이와 같이 도성제로서의 팔정도는 수행의 시작 단계가 아닌 마무리 단계에 해당한다.

그런데 팔정도는 중도(中道, majjhimā patipadā)로 일컬어지기도 한다. "감각적 욕망에 빠져 즐거움에 몰두하는 것은 천한 짓이고, 하찮은 짓이고, 범속한 짓이고, 거룩하지 못한 짓으로, 유익하지 못하다. 또한 자신을 괴롭히는 데 몰두하는 것은 고통스럽고, 거룩하지 못한 짓으로, 유익하지 못하다. 비구들이여, 여래는 이들 두 극단을 가까이 하지 않고 중도를 깨달았으니,… 그것은 다름 아닌 거룩한 여덟 가지의 길이다.(SN. V. 421)" 이처럼 중도로서의 팔정도는 쾌락과 고행이라는 두 갈래의 극단적 실현방식을 벗어난 길을 말한다.

따라서 팔정도에는 두 가지 의미가 존재한다는 것을 알 수 있다. 도성제를 구성하는 팔정도와 중도에 해당하는 팔정도가 그것이다. 이점을 뒷받침하듯이 「전법륜품(Dhammacakkapavattana-Vaggo)」에서도 도성제로서의 팔정도와 중도로서의 팔정도를 따로 분리하여 언급한다.(SN. V. 421) 중도로서의 팔정도는 사성제에 대한 설명이 본격적으로 등장하기 이전에 나타난다. 따라서 이것은 사성제를 실천해 나가기 위한 예비적 가르침으로서의 성격을 띤다고 할 수 있다. 반면에 도성제에 배속되는 팔정도는 사성제의 맨 마지막 가르침에 해당된다. 이것은 사성제를 마무리하는 차원에서 행해진다.

중도로 표현되는 팔정도의 실천은 거문고의 줄에 비유할 수 있다. 예컨대 거문고의 줄은 지나치게 팽팽하지도 않고 느슨하지도 않을 때 비로소 아름다운 선율을 기대할 수 있다.(AN. Ⅲ. 375) 그러하듯이 괴로움을 소멸하기 위한 닦음은 쾌락에도 빠지지 않고 고행에도 치우치지 않는 중도적 실천이어야 한다. 한편 도성제를 구성하는 팔정도는 사성제의 마지막 관문에 해당한다. 이것은 고성제와 집성제 그리고 멸성제를 순차적으로 실현한 연후에 닦는 것으로 이미 완성의 단계에 해당한다고 할 수 있다.

중도로서의 팔정도는 괴로움의 소멸을 위한 실천적 태도와 방법을 가리킨다. 그런데 이 중도라는 표현은 후대의 학자들에 의해 연기(緣起)의 원리와 결부되기에 이른다. 그리하여 중도연기(中道緣起)라는 새로운 술어가 등장한다. 중도연기에 따르면 모든 현상은 상호의존적 관계로 존재하므로 낱낱의 독자성만을 강조해서는 안 된다. 또한 모든 존재의 상호의존적 특성을 분명히 인식하기 위해서는 개개의 사물이 지닌 독자적 측면에 매몰되지 않는 시각이 요구된다. 이러한 중도연기는 대승불교의 가르침과 뒤섞이면서 삼라만상의 존재방식을 드러내는 원리로까지 이해되는 듯하다.

중도연기는 전체적인 맥락에서 개개의 현상이 지니는 독특성을 바라볼 것을 권장한다. 바로 그것이 편견과 극단을 벗어난 중도의 의미라는 것이다. 그런데 유감스럽게도 초기불교 경전에서 이와 같은 중도연기의 직접적인 용례는 나타나지 않는다. 중도라는 용어는 예외 없이 팔정도에 관련되며 괴로움을 소멸하는 태도와 방법을 가리킬 뿐이다. 붓다는 세계의 이치를 규명하려는 이론적 작업보다는 현실의 괴로움 자체에 더욱 많은 관심을 가졌다. 그는 사변적 견해의 소유 여부와 상관없이 시시각각으로 와 닿는 괴로움의 현실에 주목하라고 일렀다. 중도로서의 팔정도는 바로 그러한 맥락에서 제시된 것으로 괴로움을 제거하기 위한 방법을 의미한다.

초기불교 경전에 한하는 한 중도란 어디까지나 팔정도에 국한된다. 중도연기라는 확장된 해석은 초기불교 이후에 발달된 교리적 내용들과 결부된다고 할 수 있다. 이점을 간과하고서 중도의 가르침을 지나치게 확대·해석하는 것은 옳지 않다. 물론 이와 같은 새로운 용어 사용을 부정적인 시각으로만 바라볼 필요는 없을 듯하다. 이러한 시도는 붓다의 가르침이 담고 있는 심오한 뜻을 재해석해 낸 성과라고도 할 수 있다. 그러나 중도연기라는 말에 경도되어 팔정도를 잊어서는 안 된다. 유감스럽게도 일부 학자들에 의해 언급되곤 하는 중도연기는 팔정도를 배제하는 듯한 느낌마저 풍긴다. 이러한 경향은 초기불교를 관념적·사변적 차원으로 몰고 가는 듯하다.

한편 앞서 언급했던 도성제로서의 팔정도에도 다시 주목할 필요가 있다. 도성제로서의 팔정도는 사성제의 세 번째 단계인 멸성제(滅聖諦)를 실현한 상태로(dukkhanirodho ariyasaccaṁ sacchikataṁ) 닦는다. 초기불교 전체를 통해 고(苦)·집(集)·멸(滅)·도(道)라는 사성제의 실천은 확립된 순서로 나타난다. 또한 제자들에게도 이러한 순서는 지켜져야 하는 것으로 거듭 강조된다.(SN. V. 427-429) 이것은 멸성제를 실현하기 위해 도성제를 닦는 것이 아니라 이미 멸성제를 실현하고서 도성제라는 완성된 닦음을 이루어 간다는 의미이다. 이점에서 깨달음의 실현 혹은 열반의 경지에 도달할 때라야 비로소 온전한 닦음이 가능하다고 할 수 있다.

도성제의 실천 역시 다음과 같이 세 단계로 나뉘어 설명된다.(SN. V. 422) 먼저 "이것은 괴로움의 소멸에 이르는 길로서 거룩한 진리이다(idaṃ dukkhanirodhagāminī paṭipadā ariyasaccan ti)."라는 자각과 체험이 있어야만 한다. 이것이 전제되지 않으면 엉뚱한 곳에서 혹은 머릿속 생각만으로 '괴로움의 소멸에 이르는 길'을 찾아 헤맬 수 있다. 바로 이 단계를 거친 연후에 "이 괴로움의 소멸에 이르는 길로서의 거룩한 진리를 닦아야 한다(idaṃ dukkhanirodhagāminī paṭipadā ariyasaccaṃ bhāvetabban ti)."라는 각오가 분명해져야 한다. 이 과정은 괴로움의 소멸에 이르는 길이 무엇인지를 분명히 안 상태에서 최종적인 닦음의 완성을 서원하는 단계라고 할 수 있다. 그리하여 마침내 "이 괴로움의 소멸에 이르는 길로서의 거룩한 진리를 닦았다(idaṃ dukkhanirodhagāminī paṭipadā ariyasaccaṃ bhāvitan ti)."라는 자각과 함께 사성제를 최종적으로 완성하게 된다.

이러한 방식으로 붓다는 고성제(苦聖諦), 집성제(集聖諦), 멸성제(滅聖諦), 도성제(道聖諦) 각각에 대해 세 번씩 도합 12차례에 걸친 반복적인 깨달음의 양상(三轉十二行相)을 제시한다.(SN. V. 420-423) 초기불교 경전에 근거하는 한 사성제의 실현 과정은 이상과 같은 확립된 절차로서 제시된다. 붓다는 바로 이것을 그 자신에게 적용시켜 완전히 끝마친 이후에 비로소 위없는 바른 깨달음(anuttaraṃ sammāsambodhi)을 선언하였다.

49
팔정도와
돈오점수(頓悟漸修)

팔정도(八正道)란 무엇인가. 여기에서 다루고자 하는 팔정도는 도성제를 이루는 여덟의 바른 방법을 가리킨다. 곧 바른 견해·바른 의향·바른 언어·바른 행위·바른 삶·바른 노력·바른 마음지킴·바른 삼매를 일컫는다. 붓다는 고성제를 통해 괴로움의 현실을, 집성제를 통해 그 원인을, 멸성제를 통해 괴로움이 소멸된 경지를, 도성제를 통해 구체적인 실천양상을 밝혔다. 이 사성제의 가르침에서 팔정도는 맨 마지막의 도성제를 구성한다.

사성제의 순서와 관련하여 일부 이견이 존재한다. 두 번째의 집성제는 첫 번째의 고성제에 대해 원인이 되고, 네 번째의 도성제는 세 번째의 멸성제에 대해 원인이 된다는 것이다. 이러한 주장에 따르면 집성제가 먼저이고 고성제는 나중이며, 도성제가 먼저이고 멸성제는 나중의 것이 된다. 사실 괴로움은 갈애라는 원인에서 비롯되는 것이고 괴로움이 소멸된 열반의 경지는 닦음을 통해 얻어진다고 생각할 수 있다. 그렇게 볼 때 사성제의 순서는 집성제로부터 고성제로, 도성제로부터 멸성제로 나가는 형식이 되어야 한다.

그러나 사성제의 실천에 관한 초기불교의 전형적인 가르침은 다음과 같다. "누각의 아래층을 짓지 않고서 위층을 짓겠다는 것은 도리에 맞지 않다. 그러하듯이 비구들이여, 고성제를 있는 그대로 여실하게 알지 못하고서,… 집성제를, 멸성제를, 도성제를 있는 그대로 여실하게 알지 못하고서, 괴로움을 바르게 종식시키겠다고 주장하는 것은 도리에 맞지 않다.(SN. V. 452)" 이렇듯 사성제의 순서는 고성제로부터 시작하여 집성제와 멸성제를 걸쳐 도성제에 이른다.

붓다는 이러한 순서를 엄격히 고수하였고 또한 그 자신에게도 그대로 적용하였다. 그리하여 고성제로부터 차례대로 성취한 연후에 비로소 완전한 깨달음을 선언하였다.(SN. V. 420-421) 흔히 '아뇩다라삼먁삼보리(阿耨多羅三藐三菩提)'로 음사되는 붓다의 위없는 바른 깨달음(無上正等正覺, anuttaraṃ sammāsambodhi)은 이러한 순서에 입각해 있다는 사실에 유념할 필요가 있다. 또한 이것이야말로 초기불교의 정설이다.

상식적으로 보자면 도성제의 팔정도를 통해 멸성제의 실현으로 나가는 것이 자연스럽게 여겨질 수 있다. 실제로 일부 경전에서는 도성제를 닦고서 멸성제로 나간다는 뉘앙스의 언급을 하기도 한다.(MN. III. 289) 그러나 초기불교의 일관된 입장은 멸성제를 실현한 연후에 도성제로 나간다는 것이다. 이러한 사실은 신중하게 받아들일 필요가 있다. 팔정도의 위상에 관해 매우 중대한 사실을 일깨우고 있기 때문이다. 이 가르침을 통해 팔정도는 깨달음의 원인이라기보다는 오히려 깨달음의 완성이라는 사실이 분명해진다.

도성제의 팔정도가 사성제의 최후에 등장하는 데에는 납득할 만한 이유가 있다. 바른 견해·바른 의향 등으로 구성된 팔정도는 탐냄이라든가 성냄 따위에 매이지 않는 상태에서만 온전하게 수행될 수 있다. 즉 팔정도의 실천은 어리석음 따위를 벗어날 때라야 비로소 원만하게 이루어질 수 있다. 따라서 팔정도는 범부의 차원을 벗어난 '흐름에 든 이(預流, sotāpanna)'의 경지로 언급되기도 한다. "사리뿟따여, '흐름에 든 이', '흐름에 든 이'라고들 말한다. 사리뿟따여, 누가 흐름에 든 이인가? 세존이시여, 이러한 거룩한 팔정도를 갖춘 이입니다. 이러한 이름과 이러한 족성을 가진 존자를 일컬어 흐름에 든 이라고 합니다.(SN. V. 348)"

후대 한국불교의 보조지눌(普照知訥, 1158-1210)은 이러한 경우를 두고 "깨달음이 전제되지 않으면 참된 닦음이란 있을 수 없다."라고 하였다. 혹은 "문득 깨달음을 얻고서 차례로 닦아 나간다."라는 돈오점수(頓悟漸修)를 내세웠다. 사성제의 순서에는 이러한 돈오점수의 원리가 절묘하게 깃들어 있다. 팔정도의 거룩한 닦음은 지혜의 실현을 통한 멸성제의 성취와 더불어 비로소 가능해진다. 멸성제가 전제되지 않은 팔정도는 뿌리를 제거하지 않은 채 돌로 풀을 덮어 누르는 것과 같은 억압적 행위일 수 있다. 멸성제를 실현한 연후에 닦는 팔정도란 번뇌로부터 벗어난 상태에서 행하는 닦음이다. 이것은 이미 범부의 차원을 넘어선 것으로 '닦음이 아닌 닦음(修而無修)'이라고 말할 수 있을 것이다.

제4장 사성제의 이해와 실천

50
바른 견해(正見)

바른 견해(正見, sammādiṭṭhi)란 무엇인가. 팔정도의 첫 번째 항목으로서 붓다의 가르침에 대해 바른 이해를 갖는 것을 말한다. 바른 견해는 팔정도의 출발점이 되는 동시에 나머지 일곱 항목들에 절대적인 영향을 미친다. 이것이 철저하지 못하면 이후의 다른 항목들에 대한 닦음 역시 온전할 수 없다. 따라서 팔정도의 실천은 바른 견해와 더불어 온전하게 진행된다고 할 수 있다. 팔정도는 도성제(道聖諦)의 실제 내용이며 또한 도성제는 사성제(四聖諦)를 갈무리하는 위치에 놓인다. 따라서 사성제의 완성을 위해 바른 견해의 중요성은 아무리 강조되어도 지나침이 없다.

『대사십경』에서는 바른 견해의 중요성을 다음과 같이 말한다. "비구들이여, 이 가르침 안에서 바른 견해는 선행하는 것이다. 비구들이여, 바른 견해가 어떻게 선행하는가. 비구들이여, 바른 견해를 조건으로 삿된 견해가 소멸하고, 또한 삿된 견해를 조건으로 생겨나는 무수한 사악하고 불건전한 상태가 소멸한다.(MN. Ⅲ. 76-77)" 이와 같이 바른 견해를 갖추는 것은 실천·수행의 측면에서 절대적으로 중요하다. 특히 이것은 깨달음을 모토로 하는 불교라는 종교에서 더욱 그러하다. 바른 견해란 깨달음의 또 다른 표현이라고 할 수 있다. 이것은 불교의 본래적 측면에 해당한다.

팔정도의 실천은 바른 견해의 성격에 따라 그 차원이 달라진다. 따라서 경전에서는 세간적인 바른 견해와 출세간적인 바른 견해를 구분하여 설명한다. 전자를 확립한 사람은 바른 안목으로 많은 공덕을 쌓으며 살아간다. 그러나 번뇌로부터 완전히 자유롭지는 못하다. 이것은 다음과 같이 기술된다. "'보시의 공덕이 있고, 제사의 공덕이 있고, 공양의 공덕이 있고, 선악의 과보도 있고, 이 세상과 저 세상이 있다.…'라고 볼 수 있다면, 그것은 공덕은 있으되 번뇌가 남아 집착의 결과가 따르는 바른 견해이다.(MN. Ⅲ. 72)"

세간적인 바른 견해를 갖춘 사람은 사회의 모범이 될 수 있다. 예컨대 이웃에게 베풀 줄 알고, 스승을 공경하며, 윤리적 가치를 저버리지 않는 건전한 모습을 보일 수 있다. 한편 출세간의 바른 견해는 일체의 번뇌로부터 완전히 벗어나도록 해준다. "거룩한 바른 도를 닦는 자에게 지혜〔慧〕, 지혜의 기능〔慧根〕, 지혜의 힘〔慧力〕, 법에 대한 분별이라는 깨달음의 요소(擇法覺支), 바른 견해(正見)라는 도의 요소가 생겨난다. 비구들이여, 바로 이것을 거룩하고 번뇌 없는 출세간의 도의 요소에 해당하는 바른 견해라고 한다.(MN. Ⅲ. 72)"

한편 출세간의 바른 견해는 사성제를 꿰뚫는 지혜(ñaṇa)로 풀이된다 (DN. II. 311-312). 따라서 이것은 사성제의 세부 요인이 되는 동시에 사성제 전체를 커버하는 특성을 지닌다. 즉 바른 견해는 도성제를 구성하는 팔정도의 첫 번째 항목인 동시에 사성제 전체에 대한 지혜를 의미한다. 따라서 바른 견해는 무명(無明, avijjā)의 타파로 설명되기도 하며 또한 무명이란 사성제를 모르는 상태로 풀이되기도 한다.(MN. II. 55) 나아가 무명이 해소된 상태인 밝은 앎(明, vijjā)이 선행해야만 팔정도의 원만한 닦음이 가능하다는 언급도 나타난다.(SN. V. 1-2) 이러한 경구들에 비추어 볼 때 출세간의 바른 견해는 그 자체로서 완성의 경지에 해당한다고 할 수 있다.

세간적인 바른 견해는 출세간의 바른 견해로 나아가는 밑거름이 될 수 있다. 그러나 둘 사이에는 분명한 간극이 자리한다. 세간적인 바른 견해를 유지하기 위해서 지속적인 노력이 필요하다. 이 단계에서는 거문고 줄의 비유에서와 같이 너무 팽팽하지도 너무 느슨하지도 않는 중도적 실천이 의식적으로 요구된다. 반면에 출세간의 바른 견해는 무명의 타파를 통해 얻어진다. 이것을 통한 닦음은 번뇌라는 잡초의 뿌리를 이미 뽑아내고서 행하는 것으로, 의도적인 닦음의 차원을 벗어나 있다고 할 수 있다.

51
바른 의향(正思惟)

바른 의향(正思惟, sammāsaṅkappa)이란 무엇인가. 팔정도의 두 번째 항목으로서 올바른 실천으로 나아가는 마음을 가리킨다. 흔히 이 용어는 '바른 사유' 혹은 '바른 생각' 등으로 번역되곤 한다. 그러나 팔정도에 배속된 이것은 일반적인 생각이나 사고와는 구분될 필요가 있다. 이것은 첫 번째 항목인 바른 견해를 바탕으로 생겨난 실천적 태도에 해당한다. 즉 바른 견해를 실제 행동으로 옮기려는 내면의 의도 혹은 결의를 나타낸다. 한역에서는 이러한 뉘앙스를 살려 정지(正志) 즉 '바른 뜻' 으로 번역하기도 한다.

바른 의향은 다음과 같이 풀이된다. "바른 의향이란 무엇인가. 감각적 욕망으로부터 떠나려는 의향, 성내지 않으려는 의향, 해치지 않으려는 의향이다. 이것을 바른 의향이라고 한다.(DN. II. 312)" 불온한 감정이나 생각 따위가 생겨나면 일단 바른 견해로써 그것의 실제를 통찰해야 한다. 바른 견해는 어떠한 거칠고 불건전한 마음이라 할지라도 멈춤

없이 변화하고 종국에는 사라진다는 것을 일깨운다. 또한 거기에 휘둘리면 옳지 못한 방향으로 나아가기 십상이라는 사실을 알게 한다. 이러한 자각을 바탕으로 올바른 실천에 나서는 마음이 바른 의향이다.

바른 의향은 지혜의 성취 여부에 따라 두 가지 차원으로 나뉜다. "비구들이여, 바른 의향에 대해 나는 두 가지가 있다고 말한다. 비구들이여, 공덕은 있으되 번뇌가 남아 집착의 결과가 따르는 바른 의향이 있다. 또한 비구들이여, 거룩하고 번뇌가 없는 출세간의 도의 요소에 해당하는 바른 의향이 있다.(MN. Ⅲ. 73)" 전자는 세간적인 삶에서 요구되는 일상적 차원의 바른 의향이다. 반면에 후자는 멸성제 혹은 열반을 실현한 이들이 닦아 나가는 것이다.

옳고 그름에 대한 분명한 견해는 그 자체로서 행위에 절대적인 영향을 미친다. 그러나 그것만으로 모든 것이 다 해결된다고 볼 수 없다. 인간은 이성적인 존재인 동시에 감성적인 존재이기도 하다. 실제로 우리는 많은 부분을 감성에 의존하여 살아간다. 따라서 때로는 관용과 아량으로 자신과 타인을 감쌀 필요가 있으며 적당한 선에서 물러설 줄 아는 여유도 가져야 한다. 그러한 경우 이성적·합리적 판단만을 절대적인 기준으로 삼을 수 없다. 이때 부각되는 실천적 덕목이 바른 의향이다. 이것은 자신이 옳다는 생각마저 뛰어넘을 수 있는 담대함을 요구한다.

바른 의향으로 다스려야 할 첫 번째 내용은 감각적 욕망에 대한 탐닉이다. 방탕한 생활은 누구보다도 자기 자신에게 해로움을 끼친다.

지혜를 흐리게 하고 열반으로부터 멀어지도록 만든다. 이러한 사실을 분명히 인식했다면 감각적 욕망에 지배당하지 않으려는 마음을 분명히 해야 한다. 이것이 갖추어지지 않으면 쾌락에 이끌리는 상태를 종식시킬 수 없다. 바른 의향은 감각적 욕망에 쏠린 마음과 반대의 위치에 있다. 이것을 잘 갖춤으로써 쾌락의 노예 상태로부터 벗어나는 계기를 마련한다.

한편 성내는 마음과 해치려는 마음은 어떠한가. 이들은 주로 타인과의 관계 속에서 발생한다. 이러한 폭력적 성향들은 자신만이 옳다는 그릇된 견해와 자만에 근거해 있다. 또한 이것은 불현듯이 터져 나와 순식간에 걷잡을 수 없는 상황으로 몰고 간다. 그리하여 주변의 사람들에게도 상처를 남기고 스스로에 대해서도 자괴감과 고립을 가져온다. 이것을 막기 위해서는 자애의 마음(慈, Mettā)을 길러야 한다.(MN. I. 424) 자애란 모든 존재들이 잘 되고 행복하기를 바라는 마음이다. 이것을 닦음으로써 자신과 타인 모두를 행복으로 이끄는 너그러움과 유연함을 갖추게 된다. 자애와 더불어 성내는 마음과 해치려는 마음은 치유된다.

바른 견해는 지혜〔慧〕와 직접적인 상관성을 지니는 반면에 바른 의향은 자애로운 마음과 연결되어 있다고 할 수 있다. 이들 두 가지는 조화롭게 닦아야 한다. 그렇지 않고 어느 한쪽에 치우치면 '무정한 사람' 혹은 감정에 휩쓸리는 '나약한 사람'이 되기 쉽다. 이들을 균형 있게 갖추고 있다면 이미 그것으로 자신과 타인 모두를 위한 원만한 실천에 매진하고 있는 셈이다. 바른 언어(正語), 바른 행위(正業), 바른 삶(正命) 등으로 이어지는 팔정도의 나머지 항목들은 바른 견해와 바른 의향이라는 두 가지를 전제로 한다.

52
바른 언어(正語)

바른 언어(正語, sammavaca)란 무엇인가. 팔정도의 세 번째 항목으로서 바르게 말하는 것을 가리킨다. 특히 도성제에 속한 이것은 사성제에 입각하여 바른 견해에 부합하는 언어를 구사하는 것을 일컫는다. 바른 언어는 다음과 같이 설명된다. "바른 언어란 무엇인가. 거짓말로부터 떠나는 것, 이간하는 말로부터 떠나는 것, 거친 말로부터 떠나는 것, 꾸며대는 말로부터 떠나는 것이다. 비구들이여, 이것을 바른 언어라고 한다.(DN. II. 312)"

팔정도의 여덟 항목은 크게 세 가지 부류로 나누어 생각해 볼 수 있다. 바른 견해와 바른 의향은 지혜(慧)에, 바른 언어와 바른 행위 그리고 바른 삶은 계율(戒)에, 바른 노력과 바른 마음지킴 그리고 바른 삼매는 선정(定)에 배대할 수 있다. 지혜의 영역에 속한 처음의 두 항목이 갖추어질 때 올바른 실천에 매진할 수 있다. 바로 그때 바른 언어는 맨 처음 부각되는 실천 과제이다. 바른 언어란 단지 거짓말 따위를 하지 않는 소극적인 차원에 머물지 않는다. 이것은 진실한 언어 사용을 통해 자신과 타인을 평안하고 행복하게 하겠다는 적극적인 태도를 포함한다고 할 수 있다.

팔정도는 초기불교의 실천·수행을 총괄한다. 바로 여기에 바른 언어가 포함된다는 사실은 초기불교 수행의 또 다른 면모를 보게 하는 단서가 된다. 언어란 타인과의 소통을 위한 도구이다. 따라서 이것은 반드시 타인과의 관계를 전제로 한다. 다시 말해서 혼자서 살아가는 환경에 처해 있다면 굳이 언어를 사용할 필요가 없다. 이것을 통해 바른 언어를 포함하는 팔정도의 실천은 혼자만의 고립된 수행이 아니라는 것을 알 수 있다. 팔정도는 타인과의 관계에서 개방적이다. 모든 인연을 끊고서 홀로 닦아나가는 그러한 수행이 아니라는 의미이다.

잘못된 언어를 삼가고 진실한 언어를 사용하기 위해서는 바른 지혜를 갖추는 것이 필수적이다. 경전에서는 다음과 같이 말한다. "바른 견해는 선행하는 것이다. 비구들이여, 어떻게 바른 견해가 선행하는가? 잘못된 언어를 잘못된 언어라고 알고, 바른 언어를 바른 언어라고 안다면 그것이 바른 견해이다.(MN. III. 73)" 이러한 방식으로 팔정도의 항목들은 서로 유기적인 연관성을 지니며, 특히 바른 견해는 바른 언어의 사용을 위해 전제되어야 한다. 바로 여기에서 지혜 혹은 깨달음을 강조하는 불교의 실천적 특성이 다시 한 번 확인되는 셈이다.

따라서 바른 언어는 지혜의 성취 여부에 따라 다음과 같이 두 차원으로 나뉜다. "비구들이여, 바른 언어에 대해 나는 두 가지가 있다고 말한다. 비구들이여, 공덕은 있으되 번뇌가 남아 집착의 결과가 따르는 바른 언어가 있다. 또한 비구들이여, 거룩하고 번뇌가 없는 출세간의 도의 요소에 해당하는 바른 언어가 있다.(MN. Ⅲ. 73-74)" 전자는 아직 수행이 무르익지 않은 상태에서 의도적으로 닦아 나가는 바른 언어이다. 반면에 후자는 번뇌의 속박으로부터 자유로운 이들이 실현해 나가는 거룩한 바른 언어이다.

대부분의 경우 거짓말이라든가 이간하는 말 혹은 거친 말 따위에는 탐냄과 성냄과 어리석음이 도사리고 있다. 부지불식간에 내뱉는 말마디에서 이러한 부정적 정서와 사고가 드러나곤 한다. 따라서 언어적 행위는 숨겨진 내면을 알아차리게 해주는 바로미터가 될 수 있다. 이러한 사실은 바른 언어의 사용이 단순히 윤리적인 차원에 머물지 않는다는 것을 의미한다. 바른 언어는 그 사람의 정신적 수준과 인격의 정도를 드러낸다. 따라서 이것은 탐냄과 성냄과 어리석음을 극복해 나가는 수단으로 활용될 수 있다.

바른 언어는 있는 그대로의 사실에 부합한다. 따라서 바른 언어의 사용은 환상이나 허구가 아닌 현실의 세계에 발을 딛고 서게 하는 발판이 된다. 또한 바른 언어를 고수한다는 것은 내면의 세계와 외부의 세계를 일치시키기 위해 노력하고 있다는 의미로도 이해할 수 있다. 한편 거룩한 바른 언어는 탐냄과 성냄과 어리석음을 떠난 출세간의 경지에 속한다. 이것은 이기심과 편견을 벗어난 차원에 속한 까닭에 다른 사람의 상처와 아픔을 치료하는 묘약이 될 수 있다. 또한 불화와 분열을 막고 지혜와 평화를 증장시키는 역할을 하게 될 것이다.

53
바른 행위(正業)

바른 행위(正業, sammākammanta)란 무엇인가. 팔정도의 네 번째 항목으로서 옳지 않은 행위를 멀리하고 옳은 행위만을 잘 구별하여 실천하는 것을 가리킨다. 특히 이것은 계율의 준수와 깊은 관련을 지닌다. 바른 행위가 전제될 때 본격적인 명상의 실천으로 옮겨갈 수 있다. "유익한 법(善法)의 처음은 무엇인가. 계율의 청정이며 견해의 올바름이다. 비구여, 이와 같이 비구가 계율이 청정하고 견해가 올바르다면 계율에 의지하고 계율 위에 서서 사념처(四念處)를 닦아야 한다.(SN. V. 143)"

경전에서는 바른 행위에 대해 다음과 같이 말한다. "바른 행위란 무엇인가. 살생으로부터 떠나는 것, 주지 않은 것을 취하는 것으로부터 떠나는 것, 감각적 욕망에 빠진 음란한 행위로부터 떠나는 것이다. 비구들이여, 이것을 바른 행위라 한다.(DN. II. 312)" 이와 같이 바른 행위는 붓다의 제자로서 지켜야 할 최소한의 세 가지 수칙으로 이루어진다. 이들은 그릇된 상황에 빠지는 것을 미연에 방지한다. 따라서 스스로를 보호하기 위한 방책이라고 할 수 있다. 이들에 대한 준수는 자발적 의지에 따른 것이어야 한다.

『대사십경』에서는 바른 행위 또한 두 가지로 구분한다. "비구들이여, 바른 행위에 대해 나는 두 가지가 있다고 말한다. 비구들이여, 공덕은 있으되 번뇌가 남아 집착의 결과가 따르는 바른 행위가 있다. 또한 비구들이여, 거룩하고 번뇌가 없는 출세간의 도의 요소에 해당하는 바른 행위가 있다.(MN. Ⅲ. 74)" 전자는 아직 수행이 무르익지 않은 사람들에게 초점을 맞춘 가르침으로 의도적인 노력(精進)과 마음지킴(念)을 통해 닦아 나가야 한다. 반면에 후자는 멸성제 혹은 열반을 실현한 이들에게서 자연스럽게 드러나는 거룩한 행위이다.

'번뇌가 남아 집착의 결과가 따르는 바른 행위'는 앞서의 세 가지 수칙으로 구성된다.(MN. Ⅲ. 74) 즉 살생과 도둑질 그리고 성적 문란으로부터 멀어지는 것을 내용으로 한다. 이것은 재가신도 일반에게 요구되는 오계(五戒)보다 더욱 간결하다. 따라서 주변의 여건이라든가 타인의 시선 따위를 고려할 필요 없이 어렵지 않게 지켜 나갈 수 있다. 애매한 상황에 처해 "술을 마셔야 하는가" 혹은 "선의의 거짓말을 해야 하는가"의 문제를 두고 고민할 필요가 없다는 의미이다.

반면에 '거룩하고 번뇌 없는 출세간의 바른 행위'는 다음과 같다. "거룩한 마음, 번뇌 없는 마음, 거룩한 길의 요소를 갖춘 자가 거룩한 길을 닦을 때 세 가지 악한 신체적 행위로부터의 벗어남과 멀리함과 물러남이 생긴다. 비구들이여, 이것이 거룩하고 번뇌 없는 출세간의 도의 요소에 해당하는 바른 행위이다.(MN. Ⅲ. 74-75)" 수행이 무르익지 않은 사람의 경우 살생과 도둑질과 성적 문란이라는 세 가지는 의지적인 제거의 대상이 된다. 반면에 번뇌로부터 벗어난 거룩한 이들은 닦음을 통해 자연스럽게 그것들로부터 멀어진다.

살다가 보면 누구든 부적절한 상황에 처하게 될 수 있다. 그리하여 말 못할 비밀을 간직한 채 살아갈 수 있다. 만약 그것이 앞서의 세 가지 악한 행위에 관련된다면 충분한 반성의 시간이 필요하다. 다시는 그러한 악행을 반복하지 않겠다는 각오를 세워야 할 것이다. 이때 스스로의 잘못을 뉘우치고 건전한 미래를 다짐하는 '일정한 절차'는 얼마간의 도움이 될 수 있다. 전통적인 참회기도라든가 수계의례(授戒儀禮) 등은 이러한 필요성에 부응한다고 할 수 있다. 경우에 따라 이러한 절차는 반복될 수도 있을 것이다.

그러나 세 가지 악한 행위에 포함되지 않는 소소한 잘못들에 대해서는 더 이상 허둥댈 필요 없이 훌훌 털어내는 담대함도 필요하다. 팔정도가 규정하는 바른 행위를 저촉한 것은 아니기 때문이다. 팔정도의 바른 행위는 결코 복잡하거나 거창한 내용으로 구성되어 있지 않다. 따라서 지레 겁을 먹거나 포기할 이유가 없다. 바른 행위를 구성하는 세 가지 수칙은 모든 계율 항목들 가운데 기초가 된다고 할 수 있다. 여기에 떳떳하다면 최소한 팔정도의 한 항목 만큼은 실현했다는 자존감을 가져볼 필요가 있다.

54
바른 삶(正命)

바른 삶(正命, sammā-ajīva)이란 무엇인가. 팔정도의 다섯 번째 항목으로서 그릇된 생활수단을 멀리하고 올바른 생활수단을 통해 건전하게 살아가는 것을 말한다. 따라서 이것은 바른 생계로 번역하기도 한다. 재가자의 경우 적절한 직업을 통해 건전한 경제적 활동을 영위해 나가는 것이 바른 삶이다. 한편 출가자의 경우는 수행자로서의 본분을 잊지 않고 수행에 매진하는 것이 바른 삶이다. "비구들이여, 여기에서 한 거룩한 제자가 그릇된 삶을 버리고 바른 삶에 의해 삶을 영위한다. 비구들이여, 이것을 바른 삶이라 한다.(DN. II. 312)"

경전에서는 재가 신도들에 대해 다섯 가지 생계수단을 피하라고 가르친다. "재가자는 다섯 가지 부류의 장사에 종사해서는 안 된다. 다섯 가지란 무엇인가? 무기장사, 사람장사, 고기장사, 술장사, 독약장사이다.(AN. III. 208)" 이러한 유형의 생계수단은 자신의 이익을 위해 다른 생명을 돈벌이로 활용한다. 이들은 다른 이들에게 치명적인 해로움을 끼치며 그들의 삶 전체를 망가뜨릴 수 있다. 자비로운 마음을 강조하는 불교에서 이러한 부류의 생계수단은 용인될 수 없다.

재가자의 경우 경제활동을 해야만 한다. 적절한 생계수단을 지니고서 근면하게 일해야 한다. 이미 몸담은 직업이 자신과 타인의 행복을 증진하는 데 보탬이 된다면 정말 다행한 일이다. 감사한 마음으로 더욱 열심히 매진해야 할 것이다. 또한 아직 직업을 얻지 못했다면 자신의 역량을 고려하여 찾아야 할 것이다. 적절한 생계수단을 선택하기 위해서는 신중한 태도가 필요하다. 그것으로 삶의 방향이 결정될 수 있기 때문이다. 당장의 이익만을 좇다가 평생을 불안과 후회로 보낼 수 없는 문제이다.

한편 경전에서는 수행자가 버려야 할 잘못된 생활수단의 사례에 대해서도 언급한다. "무엇이 그릇된 삶인가. 기만·요설·점술·사기이다. 또한 이미 얻은 것으로 얻음을 추구하는 것이다.(MN. Ⅲ. 75)" 여기에 열거된 항목들은 건전한 삶과 거리가 멀다. 성실한 자세로 삶을 개척해 나가도록 이끄는 것이 아니라 요행수를 바라도록 만든다. 이것은 많은 선량한 사람들에게 좌절과 절망을 가져다 줄 수 있다. 이와 같이 그릇된 방법을 통해 얻은 이익은 두고두고 원망과 분쟁을 낳는다. 이것은 악한 업의 씨앗이며 정신적 성취에도 장애가 된다.

『대사십경』에서는 바른 삶을 두 가지로 구분한다. "비구들이여, 바른 삶에 대해 나는 두 가지가 있다고 말한다. 비구들이여, 공덕은 있으되 번뇌가 남아 집착의 결과가 따르는 바른 삶이 있다. 또한 비구들이여, 거룩하고 번뇌가 없는 출세간의 도의 요소에 해당하는 바른 삶이 있다.(MN. III. 75)" 전자는 주로 재가자들에게 해당된다고 할 수 있으며 올바른 생계수단을 가리킨다. 반면에 후자는 멸성제 혹은 열반을 실현한 거룩한 이들이 스스로를 드러내는 방식이라고 할 수 있다.

올바른 생계수단에 종사한다면 떳떳할 수 있을 것이다. 무엇보다도 깨끗한 마음으로 스스로의 삶을 바르고 건전한 방향으로 이끌어 갈 수 있다. 그러나 이미 선택한 생계수단이 그다지 내세울 만하지 못하다면 어찌해야 할 것인가. 혹은 직업상 본의 아니게 다른 사람에게 불이익을 끼치게 되었다면 어떻게 해야 할까. 그럴 때일수록 스스로의 자존감을 살릴 수 있는 지혜와 방책이 요구된다고 할 수 있다. 참회하는 마음으로 자신과 타인 모두를 위해 끊임없이 봉사하고 베풀어야 할 것이다.

다음의 경전은 얼마간의 참고가 될 수 있을 것이다. "어떤 사람이 갠지스 강에 소금덩이를 넣는다고 치자. 비구들이여, 이것을 어떻게 생각하는가. 갠지스 강은 이 소금덩이 때문에 마실 수 없이 짜게 되겠는가? 그렇지 않습니다. 세존이시여. 그것은 무엇 때문인가? 세존이시여, 갠지스 강은 많은 물이 모여 이루어졌기 때문입니다.⋯ 비구들이여, 그와 같이 어떤 사람이 몸을 닦고 계를 닦고 마음을 닦고 지혜를 닦아 모자람 없이 위대하게 한량없이 머문다고 치자. 비구들이여, 그러한 사람에게는 현세에 겪게 될 이미 지은 작은 악업은 남아 있을 수 있지만 [내세에 겪게 될 악업의 결과는] 조금도 남지 않을 것이다.⋯ (AN. I. 250)"

55
바른 노력(正精進)

바른 노력(正精進, sammāvāyāma)이란 무엇인가. 팔정도의 여섯 번째 항목으로 바르게 실천에 매진하는 것을 말한다. 이것은 수행의 여정에서 항상 기본적으로 요구되는 것이며, 팔정도의 나머지 항목들에 대해서도 에너지를 제공하는 역할을 한다. 바른 노력은 사정단(四正斷, cattāro sammappadhānā)으로 달리 일컬어지기도 한다. 특히 팔정도의 실천에서 바른 노력이란 명상의 영역(定蘊)으로 분류된다. 이것을 통해 정신적인 고양의 단계에 본격적으로 접어들게 된다.

"바른 노력이란 무엇인가? 비구들이여, 여기에서 비구는 아직 생겨나지 않은 그릇되고 이롭지 못한 법들을 생겨나지 않게 하기 위해 의욕을 일으켜 정진한다. 노력하고 마음을 잡아 힘쓴다. 이미 생겨난 그릇되고 이롭지 못한 법들을 끊기 위해 의욕을 일으켜 정진한다. 노력하고 마음을 잡아 힘쓴다. 아직 생겨나지 않은 이로운 법들을 생겨나게 하기 위하여 의욕을 일으켜 정진한다. 노력하고 마음을 잡아 힘쓴다. 이미 생겨난 이로운 법들을 바로 세우고, 혼란스럽지 않게 하고, 증장시키고, 풍성하게 하고, 닦고, 원만하게 하기 위해 의욕을 일으켜 정진한다. 노력을 일으키고 마음을 잡아 힘쓴다. 비구들이여, 이것을 바른 노력이라 한다.(DN. II. 312-313)"

'아직 생겨나지 않은 그릇된 법들을 생겨나지 않게 하기 위해 의욕을 일으키고 노력하는 것'이란 잘못된 무언가를 막기 위한 노력에 해당한다. 인간은 감각적 욕망에 지배되는 세상 즉 욕계(欲界)를 살아간다. 따라서 언제든지 감각의 유혹에 빠져들 수 있다. 어찌 보면 감각의 유혹을 뿌리치려는 시도 자체가 본능에 반하는 것일 수 있다. 이러한 사실을 분명히 인식했다면 끊임없이 노력하는 수밖에 없다. 감각적 욕망으로 인해 발생하는 허물은 미연에 방지하는 것이 최선이다. 그러한 인연을 만들지 않으려는 대비책이 필요하다. 이미 감각의 유혹에 노출된 상태에서 그것을 거스르기란 쉽지 않기 때문이다.

'이미 생겨난 그릇되고 이롭지 못한 법들을 끊기 위해 의욕을 일으키고 노력하는 것'이란 잘못된 무언가를 끊기 위한 노력에 해당한다. 이것은 이미 저지른 과거의 잘못을 뉘우치고 그것을 반복하지 않기 위해 분연히 떨치고 일어서는 것을 가리킨다. 살다보면 때로는 부적절한 상황에 빠져 잘못된 일을 저지를 수 있다. 거기에서 중요한 것은 과거의 잘못 자체가 아니라 앞으로 어떻게 개선하느냐의 문제이다. 잘못된 습관과 행동으로부터 벗어나기란 어려운 일임에 분명하다. 그러나 스스로의 가능성을 믿고서 즉각적인 변화에 나서야 한다. 바로 이것이 바른 노력이다.

'아직 생겨나지 않은 이로운 법들을 생겨나게 하기 위해 의욕을 일으키고 노력하는 것'이란 자신을 계발하기 위한 노력에 해당한다. 이것은 더 나은 미래를 위해 현실에 안주하지 않는 것이다. 완전한 깨달음(sammasambodhi)을 얻지 못한 이상 자만해서는 안 된다. 깨달음의 경지란 스스로를 다잡기 위해 노력하는 태도가 굳건히 확립될 때 비로소 완성된다고 할 수 있다. 어쩌면 그것은 그러한 노력이 습관적으로 굳어져 더 이상 멈출 수 없는 상태일 수 있다. 바로 그러한 상태가 지속적으로 유지될 때 바른 노력의 마지막 단계로 언급된 '이미 생겨난 이로운 법들을 바로 세우고 원만하게 하기 위한 행동'이 자연스럽게 완성된다고 할 수 있다.

바른 노력이란 원만한 닦음을 위해 거듭 분발하는 것이다. 여기에는 재가자와 출가자 사이의 구분이 있을 수 없다. 또한 번뇌를 제거한 거룩한 존재와 그렇지 못한 범부 사이의 차별도 존재하지 않는다. 각자가 이룬 정신적 경지는 다를 수 있지만 그럼에도 한결같이 같이 유지되어야 하는 것이 바른 노력이다. 따라서 『대사십경』은 이것에 대해서는 세간적인 것과 출세간적인 것으로 구분하지 않는다. 이점은 바른 견해(正見)라든가 바른 의향(正思惟) 따위가 두 차원으로 나뉘어 설명된다는 사실과 대조적이다. (MN. III. 72-77) 바른 노력은 붓다의 가르침을 따르는 모든 이들에게 동일하게 요구된다.

56
바른 마음지킴(正念)

바른 마음지킴(正念, sammāsati)이란 무엇인가. 팔정도의 일곱 번째 항목으로 '각성된 마음을 유지하는 것'을 말한다. 마음지킴이란 빨리어 사띠(sati)를 옮긴 것으로 원래의 의미는 '잊지 않음(不忘)'이다. 한역에서는 이것을 '마음에 새기는 것(念)', '마음을 지키는 것(守意)', '마음을 가라앉히는 것(意止)' 등으로 번역해 왔다. 특히 팔정도의 바른 마음지킴은 몸·느낌·마음·법에 대해 깨어 있는 마음을 유지하는 것을 가리킨다. 바로 이것을 일컬어 사념처(四念處)라고 달리 부르기도 하고 혹은 위빠사나(觀, vipassanā)라는 명칭을 사용하기도 한다.

"바른 마음지킴이란 무엇인가? 여기에 한 비구가 있어, 몸(身)에 관련하여 몸을 지긋이 관찰하면서 머문다. 열렬함과 알아차림과 마음지킴을 지니고서, 세간에 속한 탐욕과 근심을 벗어나 (머문다.) 느낌(受)에 관련하여… 중략… 마음(心)에 관련하여… 중략… 법(法)에 관련하여 법을 지긋이 관찰하면서 머문다. 열렬함과 알아차림과 마음지킴을 지니고서, 세간에 속한 탐욕과 근심을 벗어나 [머문다.] 비구들이여, 이것을 바른 마음지킴이라 한다.(DN. II. 313)" 이와 같이 마음지킴은 사념처를 수행해 나가는 데 필요한 실제적 기능이다. 이것이 작동하지 않으면 명상의 실천은 원천적으로 불가능하다. 따라서 바른 마음지킴은 바른 견해, 바른 노력과 더불어 팔정도에서 가장 중요한 세 항목으로 꼽힌다.(MN. III. 72)

마음지킴이란 특정한 현상에 대해 깨어 있는 상태를 유지하는 것을 말한다. 즉 몸이나 느낌 따위에 대해 지속적으로 직시하는 것을 가리킨다. 이것을 실행하는 와중에는 주관적인 생각이나 바람 따위를 개입시키지 말고 다만 관찰자로 남는 것이 중요하다. 이러한 상태를 유지하다보면 부정적인 마음이 저절로 완화되고 자연스럽게 진리에 대한 통찰이 발생한다. 예컨대 화가 난 상태에서 화를 내고 있는 자신의 마음을 지긋이 주시하다보면 어느덧 그 화가 가라앉는 체험을 하게 된다. 또한 화라는 정서는 잠시간 발생했다가 사라져가는 현상에 불과할 뿐 '내가 아님(無我)'을 깨닫게 된다.

이와 같은 마음지킴은 일상의 삶에서도 적절히 활용될 수 있다. 예컨대 초기불교 경전에는 마음지킴을 통해 육체적·정신적 고통을 극복하는 경우가 여러 차례 묘사된다.(DN. II. 99, 128 등) 괴로움이나 슬픔 따위를 지긋이 주시하다보면 어느 순간 그러한 현상들로부터 초연해지는 경험을 하게 되고, 또한 그것으로부터 파생되는 심리적 압박과 괴로움에서 벗어나게 된다. 붓다 자신을 비롯한 여러 제자들은 이 방법을 통해 심리적 괴로움은 물론 육체적 질병 따위를 대처하곤 하였다.

마음지킴을 통해 스스로를 지긋이 응시하다보면 성냄이라든가 질투 혹은 인색 따위의 부정적 감정들이 완화되는 체험을 할 수 있다. 마치 봄 햇살에 노출된 눈이 서서히 녹아내리듯이 관찰의 힘에 의해 얼어붙은 마음이 저절로 풀린다. 이러한 방식으로 마음지킴은 내면의 부정적 사고를 완화시켜 경험하는 현상들을 거부감 없이 받아들이도록 해준다. 바로 이것은 특정한 선입견이나 편견으로부터 벗어나는 과정이기도 하다. 이와 같은 체험은 매 순간의 현실에 유연하고도 기민한 태도로 마주할 수 있게 해준다. 현대의 심리치료에서는 이들에 대해 마음지킴이 수반하는 '노출효과' 그리고 '수용효과'라고 부른다.

마음지킴의 기능은 여기에 국한되지 않는다. 이것에 익숙해지면 자기 자신으로 여겨져 왔던 모든 것들로부터 자유로워지는 능력을 얻는다. 물질현상〔色〕·느낌〔受〕·지각〔想〕·지음〔行〕·의식〔識〕 따위의 다섯 가지 경험적 요인들〔五蘊〕 전체로부터 초연해지게 된다. 이것이야말로 오온에 묶인 채 살아가는 범부의 존재 방식으로부터 벗어난 상태 즉 해탈〔解脫〕의 경지에 다름이 아니다. 이러한 방식으로 마음지킴은 일체의 현상이 지니는 본래적 특성에 대한 자각을 일깨우고 마침내 괴로움이 종식된 상태에 도달하도록 해준다. 초기불교에서 제시하는 최고의 가르침인 사성제는 이러한 과정을 통해 완성에 이르게 된다. 마음지킴은 이 모든 것이 가능하도록 해준다.

57
바른 삼매(正定)

바른 삼매(正定, sammāsamādhi)란 무엇인가. 팔정도의 마지막 항목으로 산만하거나 들뜬 마음을 가라앉힌 고요히 집중된 상태를 가리킨다. 특히 이것은 바른 마음지킴(正念)을 비롯한 이전의 나머지 항목들을 잘 닦음으로써 경험하게 되는 정신적 경지이다. 삼매에 도달하면 혼란스러움이 사라지고 있는 그대로(yathābhūtaṁ)를 꿰뚫어 보는 능력이 생겨난다. "비구들이여, 삼매를 닦을지어다. 비구들이여, 삼매에 든 비구는 있는 그대로 알아차린다.(SN. IV. 80)"

일반적으로 바른 삼매는 네 단계의 선정(四禪定)으로 세분화된다. "바른 삼매란 무엇인가? 여기에 한 비구가 있어, 감각적 욕망으로부터 떠나고 유익하지 않은 법으로부터 떠난… 첫 번째 선정(初禪)을 얻어 머문다. 생각(尋)과 미세한 생각(伺)이 가라앉아 안으로 고요해진… 두 번째 선정(第二禪)을 얻어 머문다. 평정(捨)이 머무는… 세 번째 선정(第三禪)을 얻어 머문다. 즐거움이 끊어지고 괴로움도 끊어진… 평정과 더불어 마음지킴이 청정해진 네 번째 선정(第四禪)을 얻어 머문다. 이것을 바른 삼매라고 한다.(DN. II. 313)"

부정적 정서와 사고에 지배된 상태에서는 있는 그대로의 진리가 드러나지 않는다. 따라서 삼매를 통해 그러한 상태를 가라앉혀야만 한다. 삼매는 그것을 통해 제거되는 번뇌의 내용에 따라 여러 단계로 나뉘곤 한다. 앞서 언급한 네 단계(四禪定) 외에도, 세 단계(三三昧, DN. III. p.219), 여덟 단계(八禪定, Psm. II. p.172.), 아홉 단계(九次第定, DN. III. p.265) 등으로 구분된다. 이들은 생각이나 느낌 혹은 그 호흡의 존속 여부에 따른 구분으로 마음의 동요가 가라앉은 정도를 나타낸다고 할 수 있다. 이들은 특별한 수련을 거치지 않고서도 경험할 수 있는 단계에서부터 전문적인 숙련 과정을 통해서만 체험할 수 있는 고원한 경지를 망라한다.

예컨대 첫 번째 선정(初禪)은 언어적 사고라든가 기쁨 따위가 그대로 존속하는 가운데 다섯 장애(五蓋)로 일컬어지는 감각적 욕망에 대한 추구, 악한 마음 따위만 가라앉은 상태로 묘사된다.(DN. I. 73) 특히 이 선정은 소년 시절의 붓다가 특별한 지도를 받지 않고서도 체험했던 것으로 전해진다.(MN. I. 246) 그러나 '아무것도 없는 경지(無所有處)'라든가 '지각이 있는 것도 없는 것도 아닌 경지(非想非非想處)'와 같은 깊은 체험은 출가한 이후 숙달된 요가 스승들의 지도 아래 비로소 경험했던 것으로 나타난다.(MN. I. 163 이하) 한편 가장 깊은 단계인 '지각과 느낌이 소멸된 선정(想受滅定)'은 이미 해탈을 성취한 사람(慧解脫者)들이 체

험하는 선정의 목록에서도 배제되는 경우가 있다.(DN. II. 70)

초기불교에서 삼매의 체험은 적극적으로 권장되었다. 그러나 무작정 높은 단계의 삼매만이 강요되었던 것은 아니다. 사실 붓다는 최소한의 삼매 체험만으로도 깨달음이 가능하다고 가르쳤다. 예컨대 첫 번째 선정만으로도 궁극의 경지인 열반에 도달할 수 있다는 내용의 경전이 존재한다.(MN. I. 435) 해당 경전에 따르면 삼매의 단계는 그 자체로 중요한 것이 아니라 그러한 체험을 얼마만큼 통찰의 지혜로 잘 연결시켜 내느냐가 더욱 중요하다. 비록 낮은 수준의 선정을 경험하더라도 그것을 통해 진리를 꿰뚫는 지혜를 얻게 되면 번뇌의 영향을 받지 않고 살아갈 수 있다는 의미이다.

일반적으로 팔정도의 바른 삼매는 앞서의 네 단계로 구분된다. 그들 중에서 특히 마지막의 네 번째 선정(第四禪)은 갖가지 초월적 능력의 성취와 깊은 연관이 있는 것으로 나타난다.(DN. I. 77-84) 예컨대 '타인의 마음을 꿰뚫는 능력(他心通)'이라든가, '전생을 기억해내는 능력(宿命通)' 따위가 그것이다. 그런데 초기불교에서는 이러한 능력들 중에서도 '번뇌를 완전히 소멸시키는 능력(漏盡通)'을 가장 중요시한다. 그리고 그것은 다름 아닌 사성제를 실현한 지혜라고 풀이한다.(DN. I. 100) 결국 초기불교의 최종 목적은 신통력의 성취가 아닌 사성제의 깨달음에 있음을 알 수 있다.

삼매의 체험을 언어로 묘사하기란 적절하지 않다. 두 번째 선정(第二禪)부터는 머릿속의 언어적 움직임(語行) 자체가 멈추기 때문이다.(MN.

I. 296) 그러나 그러한 상태를 짐작해 보는 것은 어느 정도 가능하다. 호흡이나 느낌 따위에 대한 알아차림이 기민해지면 생각(尋)과 미세한 생각(伺)으로 이루어지는 언어적 활동이 따라붙기 힘들다. 특히 호흡이 뒤바뀌는 순간이라든가, 미세하게 점멸하는 갖가지 느낌들의 양상을 언어적으로 묘사하기란 불가능하다. 언어를 붙이는 순간 이미 또 다른 양상이 전개되기 때문이다. 언어가 개입되지 않은 기민한 알아차림으로 몸과 마음에 대해 깨어있는 상태를 두 번째 선정의 경지로 생각해 볼 수 있다.

또한 언어적 사고가 가라앉으면 더욱 선명해진 의식으로 현재의 순간에 집중할 수 있다. 감관에 와 닿는 현상들에 대해 보다 유연한 태도로 깨어있을 수 있게 된다. 특정한 현상만을 제한적으로 알아차리는 것이 아니라 눈·귀·코 등의 여섯 감관 전체를 열어둘 수 있게 된다. 그때부터는 '내'가 어떤 대상을 임의로 선택하여 집중하는 것이 아니라 일체의 현상이 저절로 드러나 포착되는 상황이 전개된다. 다만 깨어있는 초연한 마음으로 일체의 현상을 전면적으로 관조하는 듯한 느낌이 분명해진다. 이와 같은 상태를 '평정과 더불어 마음지킴이 청정해진(捨念淸淨, upekkhāsatipārisuddhi)' 네 번째 선정의 경지로 짐작해 볼 수 있다.

58
삼학과 팔정도

삼학(三學)이란 무엇인가. 붓다의 제자로서 닦아야 할 세 가지 배움의 조목을 가리킨다. 계학(戒學, sīlasikkhā), 정학(定學, samādhisikkhā), 혜학(慧學, paññāsikkhā)이 그것이다. 계학은 입과 몸으로 짓는 악한 행위를 다스리기 위한 것이다. 이것은 밖으로 드러나는 품행을 바르게 하기 위한 과정이다. 정학은 내면의 악한 마음을 가라앉히기 위한 것이며 번뇌를 잠재우는 과정에 해당한다. 마지막의 혜학은 계학과 정학을 바탕으로 사성제의 진리를 깨닫는 과정을 말한다. 이와 같은 삼학이라는 닦음의 절차를 통해 거룩한 존재(ariya)로 거듭나게 된다.

삼학은 가장 포괄적인 수행 분류법의 하나이다. 삼학의 체계는 팔정도의 여덟 항목에 비교되곤 한다. 예컨대 바른 언어·바른 행위·바른 삶은 계학에 포함시킬 수 있다. 또한 바른 노력·바른 마음지킴·바른 삼매는 정학에, 바른 견해·바른 의향은 혜학에 배대할 수 있다. 그런데 이러한 삼학의 배치는 팔정도와 동일한 순서가 아니라는 사실에 유념할 필요가 있다. 팔정도에서 맨 처음 등장하는 바른 견해와 바른 의향은 삼학에서 맨 마지막 단계인 혜학에 속한다. 따라서 삼학과 팔정도는 지혜의 순서를 놓고서 각기 다르게 설명한다는 것을 알 수 있다.

삼학의 체계는 계율의 준수로부터 시작하여 마음의 안정을 위한 정학의 단계를 거쳐 진리를 깨닫는 혜학으로 넘어가는 절차로 이루어져 있다. 이러한 순서는 상식적으로 쉽게 납득할 수 있는 닦음의 여정이라고 할 수 있다. 한편 팔정도에서는 혜학에 해당하는 바른 견해와 바른 의향을 첫 번째 순서로 배대한다. 이것은 삼학과 달리 맨 처음 수행을 시작하는 시점에서 지혜의 필요성을 부각시킨 것이다. 바른 견해와 바른 의향은 수행의 목적과 절차에 관한 전체적인 조망을 제시한다. 이들이 갖추어질 때 일관된 방향성을 흩트리지 않고 지속적인 닦음을 행해 나갈 수 있다.

팔정도의 바른 견해와 바른 의향은 완성된 닦음을 위한 기본 바탕이 된다고 할 수 있다. 이들이 선행하지 않은 닦음이란 모래알을 쪄서 밥을 지으려는 어리석음에 비유할 수 있을 것이다. 옳고 그름에 대한 분명한 지혜를 갖추게 될 때 비로소 참된 닦음의 여정에 바르게 매진할 수 있기 때문이다. 그러나 바른 견해와 바른 의향은 온전한 닦음을 위한 예비적 역할만으로 그 임무가 끝나지 않는다. 이들을 통해 계학과 정학에 속한 나머지 항목들을 잘 닦으면 더 뛰어난 바른 견해와 바른 의향을 기대할 수 있다. 이러한 방식으로 팔정도와 삼학은 순환하면서 더욱 수승한 차원으로 도약하도록 한다.

바른 지혜가 전제되지 않은 닦음이란 온전한 닦음이라고 말할 수 없다. 따라서 혜학에 접어들기 이전의 계학과 정학은 불완전하며 방편적으로 제시된 가르침에 지나지 않다고 할 수 있다. 다만 이들은 어떠한 형태로든 초보적인 단계에서 행해지는 닦음의 절차가 존재해야 한다는 현실적인 필요성에 부응한다. 비록 설익은 것일지라도 붓다의 가르침을 따르려는 노력과 시도들이 반복되어야 한다는 의미로 이해할 수 있다. 이러한 구조로 이루어진 삼학의 체계는 붓다의 가르침을 맨 처음 접하는 수행자들에게 적합하다고 할 수 있다.

완전하지는 않지만 최초의 계학과 정학은 혜학의 밑거름이 될 수 있다. 또한 혜학은 그 자체로서 머물지 않으며 다시 계학과 정학을 성숙시키는 조건으로 기능한다. 혜학이 무르익게 되면 더 원숙해진 모습으로 계학과 정학에 매진할 수 있게 된다. 이렇듯 삼학의 조목들은 서로 맞물려 반복되면서 더욱 깊어져가는 구조를 취한다. 이와 같은 삼학의 특징은 바른 견해로부터 시작되는 팔정도의 가르침을 통해 그 의미가 더욱 분명하게 드러난다고 할 수 있다. 이렇듯 삼학과 팔정도는 서로를 보완하면서 실천·수행의 여정에 대한 명확한 이해를 돕는다.

59
사념처의 이해

사념처(四念處)란 무엇인가. 초기불교를 대표하는 명상법의 하나로서 몸(身)·느낌(受)·마음(心)·법(法)에 대한 '지속적인 관찰(隨觀, anupassin)'로 이루어진다. 사념처(cattāro satipaṭṭhāna)라는 명칭을 풀이하자면 '네 가지에 대한 마음지킴의 확립'이 된다. 마음지킴을 확립하여 몸이나 느낌 따위를 놓치지 않고 주시하는 것을 일컬어 사념처라고 하며 또한 네 가지 지속적인 관찰(隨觀)이라고도 부른다. 이것을 통해 경험하는 현상의 본질을 꿰뚫는 것이 이 수행법의 요체이다. 사념처는 궁극적으로 사성제(四聖諦)의 완전한 실현을 위한 것이며, 또한 거기에 이르는 세부적인 절차와 방법을 망라한다.

사념처는 상좌부에서 계승되는 전통적인 명상법의 근거가 되며 위빠사나(觀, 觀法, vipassanā)로도 일컬어진다. 사념처의 위빠사나는 마음지킴(念, sati)과 알아차림(知, sampajañña)이라는 두 가지 심리적 기능에 의존한다. 마음지킴이란 각성된 상태를 유지하는 것이고 알아차림이란 그러한 상태를 지속하면서 개개의 현상들을 그때그때 명확하게 알아차리는 것이다. 이들을 통해 고요히 집중된 가운데 있는 그대로의 진리에 눈을 떠 나가는 과정이 사념처이다. 거기에는 통찰을 의미하는 위빠사나의 측면과 고요함을 뜻하는 사마타(止, samatha)의 측면이 함께 포함된다.

사념처에 대해 위빠사나 일변도의 수행으로만 이해하는 것은 올바르지 않다. 경전에 묘사되는 사념처는 사마타까지를 망라하는 포괄적인 내용을 지닌다. 예컨대 느낌에 대한 지속적인 관찰(受隨觀)에는 '괴롭지도 즐겁지도 않은 정신적인 느낌에 대한 알아차림'이 포함된다.(DN. II. 298) 그런데 그러한 느낌이란 일상의 거친 의식 상태에서는 포착되지 않으며 '즐거움이 끊어지고 괴로움도 끊어진' 네 번째 선정(第四禪)에 이르러야 비로소 경험할 수 있다. 따라서 사념처의 실천은 고도로 집중된 상태인 사마타의 경지를 포함하는 것임을 알 수 있다.

그러나 사념처의 실천이 반드시 사마타와 병행되는 것만은 아니다. 예컨대 마음에 대한 지속적인 관찰(心隨觀)에는 내면에 깃든 탐욕이나 분노에 대한 알아차림이 포함된다.(DN. II. 299) 탐욕이라든가 분노 따위는 사마타 혹은 선정의 상태에 이르면 저절로 가라앉는 거친 감정들이다. 따라서 바로 이들에 대해 각성된 상태를 유지한다는 것은 사마타에 몰입해 있지 않고 있음을 의미한다. 그러한 몰입의 상태에서는 탐욕 따위가 존재하지 않기 때문이다. 결과적으로 탐욕이나 분노 등의 마음현상에 대한 마음지킴과 알아차림은 사마타가 아닌 일상의 상태에서 진행된다는 것을 알 수 있다.

사념처의 네 가지에서 맨 마지막의 법에 대한 지속적인 관찰(法隨觀)은 특수한 성격을 지닌다. 거기에는 다섯 장애(五蓋), 오취온(五取蘊), 사성제 등에 대한 통찰이 세부 내용으로 언급된다.(DN. II. 300-314) 이들은 몸·느낌·마음의 세 가지에 대한 알아차림을 통해 체득하는 교리적 가르침을 망라한다. 예컨대 몸이나 느낌 따위에 대해 마음지킴과 알아차림을 행해 나가다 보면 무상함(無常)과 괴로움(苦)을 자각하게 된다. 이러한 체험을 통해 마음의 장애를 꿰뚫게 되고 거짓된 자아를 구성하는 오취온의 본질을 깨닫게 된다. 이와 같은 방식으로 법에 대한 지속적인 관찰은 수행의 진척과 더불어 체험적으로 알게 되는 교리적 내용들을 종합한다.

사념처의 실천은 계율에 대한 태도를 확고히 해 줄 수 있다.(AN. IV. 457) 또한 이것은 고요함을 가로막는 부정적 정서와 심리적 장애를 제거하는 방법으로도 설명된다.(AN. IV. 458) 나아가 물질현상(色)·느낌(受)·지각(想) 따위의 오취온에 대한 집착으로부터 벗어나게 해주고(AN. IV. 458-459), 정신적 성취를 가로막는 내면의 족쇄를 제거하기 위한 수단으로도 언급된다.(AN. IV. 459) 바로 이와 같은 과정의 연장선에서 궁극의 진리인 사성제의 실현이 이루어진다고 할 수 있다. 이러한 사념처 명상은 전문적인 출가 수행자들뿐만 아니라 일반 재가자들에게도 개방되어 널리 행해졌다고 전해진다.(MN. I. 340)

60
몸에 대한 지속적인 관찰

몸에 대한 지속적인 관찰(身隨觀, kāyānupassin)이란 무엇인가. 몸·느낌·마음·법의 네 가지를 대상으로 하는 사념처(四念處) 명상에서 첫 번째에 해당되는 세부 실천 과정이다. 몸 혹은 육체적 행위는 가장 쉽게 포착할 수 있는 알아차림의 대상이다. 육체적 현상들에 대해 지속적으로 주의를 모으고 알아차리는 것을 통해 사성제(四聖諦)의 가르침을 깨우쳐 나가는 행위가 곧 몸에 대한 지속적인 관찰이다. 이것은 일반적으로 사념처의 첫 번째 세부 항목으로 분류되지만 독자적인 명상법으로 권장하는 경우도 있다. 예컨대 『신지념경(身至念經, Kāyagatāsati-Sutta)』에는 몸에 대한 지속적인 관찰만으로 궁극의 깨달음을 얻는 일련의 과정이 기술된다.(MN. Ⅲ. 88-99)

지속적인 관찰(隨觀) 대상이 되는 육체적 현상은 다양하다.(DN. Ⅱ. 291-298) 예컨대 마시고 내쉬는 숨이라든가 구부리거나 펴는 따위의 신체적 동작 따위가 그것이다. 또한 옷을 입거나 음식물을 맛보거나 대소변을 보는 따위의 일상적 행위도 거기에 포함된다. 심지어 잠에 들거나 깨어나는 순간까지도 마음지킴[念]과 알아차림[知]에 의한 관찰의 대상들로 언급된다. 이러한 내용은 몸에 관련된 일체의 현상들에 대해 잠시라도 방심하지 말고 지속적으로 주의를 기울이라는 의미로 이해할 수 있다. 몸에 대한 지속적인 관찰에서는 육체적으로 발생하는 모든 현상이 통찰의 매개가 된다.

흔히 붓다의 가르침에 대해 마음을 닦으라는 메시지로 이해하곤 한다. 몸에 대한 지속적인 관찰 또한 육체적 현상을 대상으로 삼아 깨어 있는 마음을 확립하라는 가르침이다. 이것은 일상적인 몸가짐과 행동거지를 지속적으로 응시함으로써 스스로를 바로 세우는 과정으로 바꾸어 말할 수 있다. 자신의 행동거지 하나하나에 대해 지긋이 지켜볼 수 있다면 그만큼 차분하고 빈틈없는 삶을 살아갈 수 있다. 예컨대 호흡이 거칠 때는 감정적으로도 격앙된 상태이다. 그러한 거친 호흡을 진득하게 주시하다 보면 자연스럽게 호흡도 안정을 되찾고 격앙된 감정 역시 가라앉는 것을 체험할 수 있다.

이러한 방식으로 몸에 대한 지속적인 관찰은 몸과 마음을 함께 다스려 나가는 수단이 될 수 있다. 격앙된 상태로부터 한 발짝 물러나게 하여 부지불식간에 저지르기 쉬운 실수를 미연에 방지할 수 있다. 그런데 이것은 깨어 있는 마음을 유지함으로써 얻게 되는 자연스러운 결과에 해당한다. 따라서 스스로에 대해 강제적으로 억압하라는 의미가 아님에 유념할 필요가 있다. 깨인 마음으로 행동하는 것은 달구어진 쇳

덩이가 뜨겁다는 사실을 미리 알고서 잡는 것에 비유할 수 있다. 안다면 재빨리 잡았다가 얼른 되놓을 수 있다. 모른다면 덥석 잡고서 한참이 지난 후에야 비명을 지르게 될 것이다.

몸에 대한 지속적인 관찰에는 일상의 행위만이 아니라 전문적인 명상가들에게만 적합한 내용들도 포함된다. 예컨대 『대념처경(大念處經, Mahāsatipaṭṭhāna-Suttanta)』에는 몸의 내장기관이라든가, 지(地)·수(水)·화(火)·풍(風) 따위의 네 가지 요소(四界), 나아가 시체의 부패 과정에 대한 통찰의 과정이 포함된다.(DN. Ⅱ. 293-297) 이들은 일상적인 관찰만으로는 포착되지 않으며 상당한 집중력과 상상력을 갖추어야만 한다. 이들은 몸에 대한 지속적인 관찰의 과정이 고난도의 전문적인 기법까지 포함한다는 것을 의미한다. 이들에 대해서는 근기에 따른 다양한 방법들이 존재한다는 정도로만 이해해도 무방할 듯하다.

이와 같이 몸에 대한 지속적인 관찰의 방식은 다양하게 나타난다. 그러나 이것을 통해 진리를 체득하는 과정은 다음과 같이 일관되게 묘사된다. "이와 같이 몸에 관련하여 몸에 속한 현상을 지속적으로 관찰하면서 머문다.… 혹은 몸에 관련하여 일어나는 현상(集法)을… 혹은 사라지는 현상(滅法)을… 혹은 일어나고 사라지는 현상(集滅法)을 지속적으로 관찰하면서 머문다.(DN. Ⅱ. 292)" 바로 이 내용은 몸에 수반하여 발생하는 모든 현상이 다만 일시적으로 생겨났다가 사라지는 것임을 드러내며, 결국은 무상(無常)과 무아(無我)의 이치에 대한 자각으로 연결된다는 사실을 묘사한 것이다.

61
느낌에 대한
지속적인 관찰

느낌에 대한 지속적인 관찰(受隨觀, vedanānupassin)이란 무엇인가. 몸·느낌·마음·법의 네 가지를 대상으로 하는 사념처의 명상에서 두 번째에 해당되는 내용이다. 좋거나 나쁜 느낌들에 몰입되지 말고 다만 그들을 알아차림의 대상으로 삼으라는 가르침이다. 편안하거나 좋은 느낌도, 불편하거나 거북한 느낌도 지긋이 관찰하다 보면 잠시간에 발생했다가 사라지는 현상에 불과하다는 사실을 깨닫게 된다. 그러한 갖가지 느낌들에 현혹되지 않고 다만 관찰자로 남아 있을 수 있다면 그것으로 느낌에 대한 마음지킴을 깊숙이 실천하는 셈이다.

인간의 삶에서 느낌이 갖는 의미는 매우 크다. 대부분의 사람들은 좋은 느낌을 추구하고 싫어하는 느낌을 배척하는 가운데 살아간다. 좋은 학벌, 좋은 직장, 좋은 배우자를 구하는 따위의 행위가 그러하다. 따라서 좋은 느낌이란 인간의 행위가 지향하는 단 하나의 목적이라고도 말할 수 있다. 이러한 까닭에 자신이 좋아하는 느낌이 과연 무엇이고 또한 싫어하는 느낌이 무엇인지를 아는 것은 중요하다. 그것으로 자신의 삶 전체를 반추해 볼 수 있기 때문이다. 또한 스스로의 느낌에 대해 어떠한 태도를 견지할 수 있느냐는 곧 그 사람의 인격과 됨됨이를 의미한다고 할 수 있다.

대부분의 사람들은 자신의 현재 느낌을 분명히 안다고 확신한다. 그러나 과연 그러한지 냉철히 돌이켜볼 필요가 있다. 예컨대 사돈이 땅을 샀다는 이야기를 들었다고 치자. 혹은 경쟁 관계에 누군가가 큰돈을 벌었다는 소식을 들었다고 치자. 은근히 배가 아파올 수 있다. 혹은 괜한 짜증이 일어날 수도 있다. 그런데 그러한 불쾌한 느낌들은 대부분 놓치고 지나가기 십상이다. 한참이 지난 후에야 그렇다는 사실을 알아차리곤 한다. 그러나 그땐 이미 자신의 성숙하지 못한 감정을 노출시킨 이후일 가능성이 높다. 느낌이 발생하는 바로 그 순간 그것을 알아차릴 수 있다면 어떠한 변화가 일어날까. 최소한 예의에 벗어나는 언사를 보이지는 않을 것이다.

느낌의 유혹은 강렬하기 때문에 저항하기 힘들다. 또한 좋거나 싫은 느낌을 억지로 붙잡아 두거나 없앨 수도 없다. 따라서 느낌들에 대해서는 다만 깨어 있는 마음으로 지긋이 응시해야 한다. 그렇게 하다 보면 봄 햇살 아래 쌓인 눈이 서서히 녹아내리듯이 어느덧 완고한 느낌의 응어리가 녹아내리는 것을 경험할 수 있다. 언제까지라도 계속될 것 같던 특정한 느낌이 일순간 약화되어 있음을 알게 된다. 이러한 과정에 숙달됨으로써 느낌의 유혹에 휘둘리지 않고 대처해 나가는 방법을 체득하게 된다. 또한 느낌이라는 강력한 족쇄마저 무상과 무아의 진리를 자각하는 수단이 될 수 있음을 알게 된다.

『대념처경』에서는 즐거운 느낌, 괴로운 느낌, 괴롭지도 즐겁지도 않은 느낌 따위에 대해 언급한다.(DN. II. 298) 또한 거기에 '육체적인 것(sāmisa)'과 '정신적인 것(nirāmisa)'의 구분을 추가하여 도합 아홉 가지 유형의 느낌을 열거한다. 느낌에 대한 지속적인 관찰에서는 그들 모두를 마음지킴(念)과 알아차림(知)의 대상으로 삼는다. 다만 깨인 마음으로 '즐거운 느낌', '육체적인 즐거운 느낌', '정신적인 즐거운 느낌' 따위를 주시하라고 가르친다. 이러한 방식으로 느낌에 대한 관찰은 일상적인 느낌에서부터 깊은 선정의 상태에서만 포착될 수 있는 느낌들까지로 확대된다. 예컨대 '괴롭지도 즐겁지도 않은 정신적인 느낌'은 네 번째 선정(第四禪)의 상태를 의미하는 것으로, 이것에 대해 관찰한다는 것은 이 선정에 도달해 있음을 의미한다.

즐거운 느낌은 탐냄의 잠재적 성향을 불러일으키고, 괴로운 느낌은 성냄의 잠재적 성향을 증폭시키며, 괴롭지도 즐겁지도 않은 느낌은 무명의 잠재적 성향과 연결되어 있다.(SN. IV. 205) 즐거운 느낌의 발생과 변화를 깨어 있는 마음으로 주시한다면 그것은 즐거움 자체로 남아 있다가 사라진다. 그러나 그것의 발생과 변화를 알지 못하고 둔감한 상태로 있게 되면 자신도 모르는 사이에 탐냄에 빠지게 된다. 또한 괴로운 느낌의 발생과 변화를 알아차리지 못하면 성냄에 휩쓸리게 된다. 마찬가지로 괴롭지도 즐겁지도 않은 느낌으로부터는 무명의 잠재적 성향에 붙들리게 된다. 이와 같이 느낌에 대한 지속적인 관찰은 탐냄과 성냄과 어리석음을 극복하는 과정에 직접적으로 관여된다.

62
마음에 대한 지속적인 관찰

마음에 대한 지속적인 관찰(心隨觀, cittānupassin)이란 무엇인가. 몸·느낌·마음·법의 네 가지를 대상으로 하는 사념처의 명상에서 세 번째에 해당되는 내용이다. 스스로의 마음을 지긋이 주시하면서 알아차리는 명상이 곧 이것이다. 마음에 대한 지속적인 관찰은 마음 자체를 대상으로 한다. 예컨대 산란한 상태에 있거나 탐욕에 빠져 있을 때 그러한 자신의 마음을 알아차리고 응시할 수 있다면 이미 마음에 대한 지속적인 관찰을 실천하고 있는 셈이다. 사실 누구든 스스로의 마음에 대해 '산란한 마음' 혹은 '탐내는 마음'이라고 어렵지 않게 알아차릴 수 있다.

인간의 마음은 한순간도 멈추지 않고 날뛰는 원숭이에 비유되곤 한다. 따라서 마음이 움직이는 대로 따라간다면 어떠한 실수를 범하게 될는지 알 수 없다. 그만큼 마음이란 쉴 새 없이 여러 경계를 넘나든다. 그렇다고 마음의 동요를 억지로 가라앉히는 것도 힘들다. 마음이란 본래부터 멈추지 않고 바삐 움직이는 특성을 지니기 때문이다. 설령 잠시 동안 마음을 집중하는 데 성공했다고 하더라도 그것은 일시적인 것에 불과할 가능성이 크다. 오히려 강제적인 집중은 더 큰 반발을 가져올 수 있다. 그러한 상태를 벗어나자마자 고삐 풀린 망아지와 같이 더욱 산란한 상태로 치달아 나갈 수 있다.

원숭이와 같이 부산한 마음을 통제하기란 쉬운 일이 아니다. 그렇다면 과연 어떻게 마음을 다스릴 수 있을까. 다음의 비유를 참고할 필요가 있다. 어린 소녀가 홀로 빈 방에서 춤을 추며 논다고 치자. 지켜보는 사람 없이 마음껏 폼을 부리면서 춤을 춘다고 가정하자. 그런데 어느 순간 창문 너머로 누군가가 자신을 엿보고 있다는 사실을 알게 된다면 어떨까. 부끄러움과 수줍음에 더 이상 춤추고 싶지 않을 것이다. 마음을 다스리는 일 또한 이와 비슷하다. 끈기를 가지고 지긋이 알아차리다 보면 대부분의 산란함은 제풀에 지쳐 가라앉는다. 굳이 애쓰지 않아도 걷잡을 수 없는 지경으로는 나아가지 않는다.

『대념처경』에서는 탐내는 마음, 성내는 마음, 산란한 마음 따위의 16가지 유형의 마음에 대해 언급한다.(DN. II. 299) 마음에 대한 지속적인 관찰에서는 이들 모두를 마음지킴〔念〕과 알아차림〔知〕의 대상으로 삼는다. 이들 16가지 가운데는 부정적인 마음들도 포함되지만 '고요한 마음'이라든가 '해탈한 마음'과 같이 긍정적인 상태도 망라된다. 이들 부정적·긍정적 마음들은 사념처 명상이 현재 포착할 수 있는 그대로의 마음을 대상으로 한다는 사실을 드러낸다. 즉 자신의 내면을 다만 있는 그대로 인정하고서 알아차리라는 의미이다. 설령 고요한 마음이라든가 해탈한 마음이 발생하더라도 멈추지 말고 명상을 지속하라는 뜻이다.

마음에 대한 지속적인 관찰에서는 무엇보다도 자기 자신에 대한 긍정적인 태도가 필요하다. 일부러 집중된 경지를 얻으려고 애쓰는 것은 현재의 '나'를 부정하는 것일 수 있으며, 또한 지금 이 순간의 자신에 대해 만족하지 못하다는 것을 의미한다. 바꾸어 말하자면 현재의 자신을 외면하고서 무언가 다른 이상적인 상태에 쏠려 있다는 뜻이 된다. 따라서 현재 펼쳐지고 있는 자신의 마음과 화해하는 것이 중요하다. 있는 그대로 받아들일 때 변화는 저절로 일어난다. 산란하거나 우울한 마음은 결코 영원하지 않으며 잠시 스쳐가는 현상일 뿐이다. 이것에 대한 자각은 머릿속 생각이 아닌 실제 경험을 통해 얻어져야 한다.

마음에 대한 지속적인 관찰은 마음현상 자체가 일시적이고 가변적인 허상에 불과하다는 무상(無常)의 진리를 일깨운다. 마음이란 간교한 마술사와 같이 갖은 기교로써 우리를 현혹한다. 치솟는 분노와 물밀듯한 탐욕은 당장에라도 무엇인가에 뛰어들도록 재촉한다. 바로 그때 마음지킴과 알아차림이라는 내면의 빛을 일으킬 필요가 있다. 마음에 대한 지속적인 관찰은 쌓인 눈을 녹이는 햇살과 같이 부정적인 감정의 응어리를 녹아내리게 한다. 이것이 일으키는 변화는 처음에는 작게 시작되지만 반복될수록 강화되는 특징을 지닌다. 그리하여 마음현상 전체가 나의 것(mama)이 아니고 또한 나(aham)라든가 나의 자아(me attā)를 개입시킬 만한 것도 아님을 깨닫도록 해준다.

63
법에 대한 지속적인 관찰

|

　　　　법에 대한 지속적인 관찰(法隨觀, dhammānupassin)이란 무엇인가. 몸·느낌·마음·법의 네 가지를 대상으로 하는 사념처의 명상에서 마지막 네 번째에 해당하는 내용이다. 여기에서 법(法, dhamma)이란 몸이나 느낌 혹은 마음을 주시하는 가운데 경험하거나 알게 되는 내용을 가리킨다. 예컨대 몸에 대한 지속적인 관찰(身隨觀)을 실천하면서 '이와 같이 육체적 현상이 일어나고 사라진다.' 라고 알아차린다고 치자. 이러한 체험 자체는 일단 몸의 영역에 속한다. 그런데 이것을 통해 '이와 같이 육체적 현상이란 일어나는 것이고 또한 사라지는 것이다.' 라는 깨달음을 얻게 된다면 자연스럽게 법에 대한 지속적인 관찰로 옮겨 온 셈이다.

　이러한 방식으로 법에 대한 지속적인 관찰에서는 수행의 진척과 더불어 알게 되는 내용들을 마음지킴〔念〕과 알아차림〔知〕의 대상으로 삼는다. 여기에는 다섯 장애(五蓋), 오취온(五取蘊), 여섯 터전(六內外入處),

일곱 깨달음의 조목(七覺支), 사성제(四聖諦) 등에 대한 일련의 깨달음이 포함된다.(DN. Ⅱ. 300-314) 이들은 몸·느낌·마음에 대한 관찰을 통해 얻게 되는 깨우침을 대략적인 순서에 따라 일괄 제시한 것이라고 할 수 있다. 이렇듯 명상의 진행과 더불어 체험하게 되는 깨달음의 계기들을 그냥 흘려보내지 않고 분명한 앎으로 정착시키는 과정이 곧 법에 대한 지속적인 관찰이다.

다섯 장애는 쾌락에 대한 욕망, 악한 마음, 혼침과 졸음, 들뜸과 회한, 의심 따위로 구성된다. 그런데 사실 이들은 명상이 진행되는 와중에 발생하는 번뇌라고 할 수 있다. 바로 이들을 지긋이 응시하면서 일어나고 사라지는 진리를 꿰뚫는 과정이 곧 법에 대한 지속적인 관찰의 첫 번째 세부 내용이 된다. "악한 마음이 있을 때 '나에게 악한 마음이 있다'고 알아차리고 혹은 악한 마음이 없을 때 '나에게 악한 마음이 없다'고 알아차린다.(DN. Ⅱ. 301)" 이와 같이 지속적으로 알아차리다 보면 어느 순간 변화가 발생해 있다는 사실을 자각하게 된다. 정신적 장애에 해당하는 갖가지 부정적 정서들이 어느덧 무상(無常)의 진리를 일깨우는 매개로 바뀌어 있음을 알게 된다.

한편 오취온이란 물질현상(色)·느낌(受)·지각(想)·지음(行)·의식(識)이라는 경험적 요소들(五蘊)에 집착하여 '나' 자신과 동일시하는 경우를 가리킨다. 법에 대한 지속적인 관찰이 무르익으면 이러한 경험적 요소들 모두가 '나' 자신이 아니라는 깨우침을 얻게 된다. 여섯 터전(六入處) 역시 마찬가지이다. 마음지킴의 능력이 증장되면 눈(眼)과

시각대상(色), 귀(耳)와 소리(聲) 등으로 이루어진 여섯의 감각장소(六入)에 대해 다만 깨어있는 상태를 유지할 수 있게 된다. 잡다한 감각적 현상들에 뒤엉키지 않고 방관자로 남아 그들이 발생하고 사라지는 과정을 주시할 수 있게 된다.

일곱 깨달음의 조목이란 이상의 실천을 통해 얻는 정신적 능력에 해당한다. 마음지킴을 한결같이 유지하는 능력으로서의 염각지(念覺支), 경험하는 현상들을 그때그때 올바르게 분별하는 능력으로서의 택법각지(擇法覺支), 멈추지 않고 노력을 계속할 수 있는 능력으로서의 정진각지(精進覺支) 따위가 그것이다. 이들 깨달음의 조목을 개발하는 관건은 경험하는 현상들을 다만 알아차림의 대상으로 남겨 둘 수 있느냐에 있다. 여기에 숙달하게 될 때 자신의 감정과 정서로부터 초연해지는 탈동일시(disidentification)의 체험과 함께 깨달음의 조목들이 무르익는다. 이렇게 해서 거짓된 자아를 구성하는 안팎의 현상들에 현혹되지 않는 경지에 이르게 된다.

법에 대한 지속적인 관찰은 사성제(四聖諦)에 대한 체득으로 최종 마무리된다. 『대념처경』에 따르면 사성제가 이루어지는 실제 과정은 이상에서 거론한 다섯 장애, 오취온, 여섯 터전, 일곱 깨달음의 조목에 대한 알아차림과 사실상 중복된다.(DN. II. 304-314) 사성제의 성취 과정을 이들에 대한 알아차림과 별개의 것으로 구분할 수 없기 때문이다. 이것은 사념처의 명상을 진행하면서 경험하게 되는 여러 단편적인 깨달음의 계기들이 사성제라는 큰 틀 안에서 다시 한 번 일괄적으로 언급되는 형식이다. 결국 몸·느낌·마음·법을 알아차림의 내용으로 하는 사념처의 실천은 고(苦)·집(集)·멸(滅)·도(道)라는 사성제의 실현을 위한 구체적 과정으로서의 성격을 지닌다고 할 수 있다.

64
사념처의 순서

사념처의 실천 순서는 어떠한가. 몸·느낌·마음·법의 네 가지 가운데 과연 무엇부터 마음지킴(念, sati)의 대상으로 삼아야 하는가. 이들 모두를 한꺼번에 주시하면서 알아차리기란 쉽지 않다. 실천의 절차에 관한 의문은 이것만이 아니다. 몸이나 느낌 따위의 어느 한 대상을 선택하여 일정 기간 그것만을 관찰하는 것이 옳은가. 아니면 그들 각각을 수시로 옮겨가면서 알아차려야 하는가. 혹은 어느 하나만을 지속적으로 관찰하다보면 나머지 대상들은 저절로 인지되는가.

사념처에 대해 비교적 자세하게 설명하는 『대념처경』에도 이것에 관한 명확한 언급은 등장하지 않는다. 그러나 초기불교 경전 전체를 통해 산발적으로 나타나는 가르침들을 종합하면 얼마간의 해답을 얻을 수 있다. 먼저 주목해야 할 사실은 대부분의 경전에서 몸·느낌·마음·법이라는 일정한 순서에 따라 사념처의 가르침을 제시한다는 것이다. 따라서 우선적으로 권장되는 마음지킴의 대상은 몸이라고 할 수 있다. 사실 몸의 움직임은 가장 쉽게 알아차릴 수 있다. 초보자라도 어렵지 않게 몸에 대한 마음지킴과 알아차림을 실천해 나갈 수 있다.

목숨이 유지되는 한 호흡의 들고 남은 멈추지 않으며 언제라도 포착이 가능하다. 또한 팔을 구부리거나 펴는 따위의 동작은 어떠한가. 이들 역시 온전한 의식을 지닌 한 어렵지 않게 인지할 수 있다. 몸에 대한 지속적인 관찰에서는 바로 이들을 응시해야 할 대상으로 상정한다. 이것의 근거가 되는 『대념처경』에서는 호흡이나 동작 따위를 관찰하다보면 일어남과 사라짐이라는 진리를 깨우치게 된다고 가르친다. 그런데 이러한 깨우침이란 몸에 관련된 것인 동시에 법의 영역에 속한 것이기도 하다. 따라서 일정한 수준이 되면 그때부터는 몸에 대한 지속적인 관찰(身隨觀)과 법에 대한 지속적인 관찰(法隨觀)이 병행된다고 할 수 있다.

이러한 방식으로 『신지념경』에서는 몸에 대한 알아차림만으로 궁극의 진리를 깨우칠 수 있다고 가르친다.(MN. Ⅲ. 88-99) 또한 『입출식념경』은 호흡이라는 단일한 대상에 대한 지속적인 관찰이 느낌·마음·법의 영역으로까지 확장되는 과정을 자세히 보여준다.(MN. Ⅲ. 78-88) 예컨대 호흡만을 계속해서 응시하다 보면 호흡에 수반하여 발생하는 즐겁거나 불쾌한 느낌들도 인지하게 된다. 또한 갖가지 느낌들에 대해 깨어 있다 보면 거기에 반응하여 일어나고 사라지는 마음현상을 인지하게 된다. 이러한 방식으로 줄곧 몸을 중심으로 관찰해 나가지만 나중에는 느낌이나 마음까지도 한꺼번에 관찰하게 된다.

그런데 이러한 절차에는 유념해야 할 사항이 있다. 처음부터 모든 대상을 통째로 주시할 수 없다는 것이다. 미리 선택한 하나의 대상을 지속적으로 관찰하다보면 자연스럽게 다른 대상들까지를 관찰의 영역에 포함시킬 수 있게 된다. 특히 초보적 단계에서 권장되는 몸에 대한 지속적인 관찰은 꾸준한 알아차림의 상태를 흩트리지 않기 위해 많은 노력과 의지를 필요로 한다. 조금이라도 방심하면 호흡의 들고 남을 놓치고서 엉뚱한 생각에 빠지기 십상이다. 그러나 마음에 대한 지속적인 관찰의 단계에 이르면 그러한 노력이나 의지를 내려놓아야 한다. 그때부터는 현재의 마음상태를 있는 그대로 수용하면서 오로지 깨어 있는 것만이 요구된다.

몸으로부터 느낌을 거쳐 마음과 법의 영역으로 넘어가는 과정은 마음지킴(念)과 알아차림(知)의 정도와 능력에 따라 자연스럽게 진행되어야 한다. 어느 시기에 무엇을 선택하여 주시하느냐의 문제는 열정과 의지만으로 결정될 수 없다. 물론 초보적인 단계에서 품는 열정과 의지는 수행의 여정에 좋은 밑거름이 될 수 있다. 그러나 명상이 진척되면 될수록 그러한 열정은 자신의 상태를 있는 그대로 관찰하는 데 오히려 방해가 될 수 있다. 집중하거나 알아차리려고 애쓰는 바로 그 마음이 걸림돌로 작용할 수 있다는 것이다. 이러한 의미에서 숙달된 명상의 단계는 더 이상 해야 할 무엇이 아무것도 없다는 전제 위에서 행해진다고 할 수 있다.

65
사마타와
위빠사나

사마타(止, samatha)는 무엇이고 위빠사나(觀, vipassanā)는 무엇인가. 먼저 사마타란 고요 혹은 평온을 의미하며 들뜸과 산란함이 가라앉은 경지를 가리킨다. "들뜸(掉擧)과 들뜸에 수반된 번뇌와 경험요인(蘊)에 관련하여 동요하지 않고 움직이지 않고 흔들리지 않는 것이 사마타의 힘이다.(Psm. Ⅱ. 172)"라는 언급이 그것이다. 사마타는 삼매(三昧) 혹은 선정(禪定)으로 달리 일컬어지기도 한다. 이러한 사마타의 상태는 마음의 동요와 들뜸이 가라앉은 정도에 따라 여러 층으로 나뉜다. 거기에는 쾌락에 대한 욕망(貪欲) 따위의 거친 정서적 장애가 제거된 단계에서부터 일체의 관념적 동요가 그친 심원한 경지가 망라된다.

일반적으로 사마타는 물질현상에 지배된 '색계의 4선정(色界四禪)'과 물질현상의 영향으로부터 벗어난 '무색계의 4선정(四無色定)'이라는 두 가지 부류의 여덟 단계로 구분된다.(Psm. Ⅰ. 98)

사마타의 위계		비 고
색계	제1선정	쾌락에 대한 욕망 따위의 다섯 장애(五蓋)에 동요하지 않음
	제2선정	생각(尋), 미세한 생각(伺) 따위에 동요하지 않음
	제3선정	기쁨(喜) 따위의 정서적 상태에 동요하지 않음
	제4선정	즐거움(樂), 괴로움(苦) 따위의 느낌(受)에 동요하지 않음
무색계	공무변처정	물질현상의 지각(色想), 다수성의 지각(種種想) 따위에 동요하지 않음
	식무변처정	공간에 걸림 없는 경지라는 지각(空無邊處想)에 동요하지 않음
	무소유처정	의식에 걸림 없는 경지라는 지각(識無邊處想)에 동요하지 않음
	비상비비상처정	아무것도 없는 경지라는 지각(無所有處想)에 동요하지 않음

한편 위빠사나란 있는 그대로(如如, yathābhūtaṁ)를 통찰하는 것을 말한다. 예컨대 몸의 움직임이나 느낌 따위를 관찰하면서 무상(無常)의 이치를 통찰하는 것이 위빠사나이다. 괴로움에 대한 통찰(苦隨觀)이라든가 무아에 대한 통찰(無我隨觀) 혹은 소멸에 대한 통찰(滅隨觀) 따위도 여기에 속한다.(Psm. I. 98-99) 이러한 방식으로 위빠사나는 통찰의 지혜(慧, paññā)를 통해 무명(無明)에 지배된 상태로부터 벗어나는 것을 목표로 한다. "무명과 무명에 수반된 번뇌와 경험요인(蘊)에 관련하여 동요하지 않고 움직이지 않고 흔들리지 않는 것이 위빠사나의 힘이다.(Psm. II. 173)"라는 언급이 그것이다.

앞서의 사마타가 심리적 동요를 가라앉힌 정도에 따른 여러 위계들을 망라한다면 위빠사나는 다양한 방식의 통찰과 통찰의 내용을 포섭한다고 할 수 있다. 초기불교 이래로 사마타와 위빠사나는 명상의 양 날개 구실을 해왔다. 수행에 처음 입문한 사람에게는 일단 사마타를 통해 마음의 동요를 가라앉히는 절차가 권장된다. 탐욕이라든가 분노 따위에 흔들리는 상태에서는 정신적 진전을 기대할 수 없다. 따라서 마음을 비우고 가라앉히는 과정이 우선적으로 요구된다. 붓다 역시 출가한 이후 처음 얼마 동안은 사마타 수행에 전념했던 것으로 전해진다.(MN. I. 163-167) 그러나 그는 사마타에 안주하지 않았으며 위빠사나라는 새로운 방식을 고안·유포하기에 이른다.

출가 당시 붓다가 실천했던 사마타의 기법이 구체적으로 어떠했는지는 전해지지 않는다. 그러나 당시 요가(Yoga) 전통에 비추어 호흡의 조절을 통해 집중을 꾀하는 방법이었을 것으로 추정된다. 이후 이것은 사념처(四念處)의 하나로 편입되어 들숨·날숨에 대한 마음지킴(入出息念)으로 새롭게 정립된다. 경전에서는 이것 외에도 다양한 사마타의 실천법을 제시한다. 예컨대 특정한 색깔로 이루어진 원판을 지속적으로 관찰하거나 주시하면서 거기에 몰입하는 기법이 있다.(Psm. I. 95) 또한 불(佛)·법(法)·승(僧)의 삼보를 지속적으로 생각함으로써 잡념을 차단하는 방법이 제시되기도 한다.

한편 위빠사나는 그때그때 경험하는 현상들에 대해 본래적인 특성을 통찰하는 과정이다. 이것은 고정된 대상을 필요로 하지 않는다. 무상(無常)의 진리를 꿰뚫기 위해 굳이 특정한 사마타의 대상을 동원할 필요가 없다는 의미이다. 흥분된 상태이든 집중된 상태이든 오로지 마음지킴(念)과 알아차림(知)을 놓치지 않는 것이 위빠사나의 요체이다. 이러한 방식으로 안팎의 현상들에 대해 지속적으로 깨인 마음을 유지하다보면 무상과 무아의 진리에 저절로 눈뜨게 된다. 위빠사나의 측면에서 보자면 지나친 집중은 오히려 예리한 통찰을 둔감하게 만들 수도 있다. 이점에서 위빠사나는 사마타와 전혀 다른 수행이라고 할 수 있다.

그러나 실제 수행에서 사마타와 위빠사나는 서로 섞인다고 할 수 있다. 사마타를 체험해보지 않고서 자신의 내면을 반조하기란 쉽지 않다. 예컨대 탐냄이나 성냄에 휩싸여 있다고 치자. 그러한 감정들에 동요하지 않는 능력을 지닐 때 비로소 거기에 휘말리지 않고 그들 자체의 일어남과 사라짐을 용이하게 지켜볼 수 있다. 그렇지 않은 대부분의 경우에는 그러한 부정적 정서들과 뒤엉켜 하나가 되고 만다. 그리하여 감정이 쏠리는 대로 부적절한 행동에 나서기 십상이다. 따라서 사마타와 위빠사나는 함께 닦는 것이 권장되며, 특히 전자를 닦은 연후에 후자로 넘어가는 것이 일반적인 순서이다.

사마타와 위빠사나를 지속적으로 함께 닦아 나가다 보면 지각과 느낌의 소멸(想受滅, saññāvedayitanirodha)이라는 최고의 명상상태에 도달한다.(SN. IV. 295) 이것은 단순한 신체적 이완이나 평온과는 구분되며, 모든 경험의 중지를 특징으로 하는 까닭에 죽음의 상태에 비견되기도 한다.(MN. I. 296) 이러한 체험은 갖가지 내면의 지음(行, saṅkhāra)이라든가 잠재적 성향(隨眠, anusaya)들로부터 완전한 일탈을 가능하게 해준다. 따라서 이것을 경험하고 나면 모든 현상들로부터 초연해지는 변화가 발생한다고 한다.(SN. IV. 295) 이와 같은 소멸의 상태는 일부의 엘리트 수행자들만이 체험할 수 있었던 듯하다.(DN. II. 70) 그러나 이것은 초기불교에서 내세우는 가장 심원한 단계의 명상이라는 점에서 주목할 만다.

사마타와 위빠사나를 함께 닦아나가는 구체적인 방법은 어떠한가. 사념처(四念處)는 이것의 좋은 실례가 될 수 있다. 사념처는 몸·느낌·마음·법을 지속적으로 주시함으로써 경험하는 현상의 본질을 깨달아 가는 방법이다. 여기에는 사마타와 위빠사나의 측면이 적절하게 배합되어 있다고 할 수 있다. 특히 몸에 대한 지속적인 관찰(身隨觀)과 느낌에 대한 지속적인 관찰(受隨觀)은 고도의 집중력을 필요로 하는 까닭에 사마타의 상태를 가져온다. 또한 마음에 대한 지속적인 관찰(心隨觀)과 법에 대한 지속적인 관찰(法隨觀)은 유연한 태도로 기민하게 깨어 있는 능력을 강화시켜 위빠사나의 진전을 가져온다. 사념처는 사마타와 위빠사나를 골고루 계발시키는 균형 잡힌 프로그램이라고 할 수 있다.

66
다섯 장애

다섯 장애(五蓋, pañca-nīvaraṇāni)란 무엇인가. 수행의 진전을 방해하는 다섯 가지 대표적인 번뇌를 가리킨다. 쾌락에 대한 욕망(貪欲), 악한 마음(瞋恚), 혼침과 졸음(昏沈睡眠), 들뜸과 회한(掉擧惡作), 의심(疑) 따위이다. 이들은 마음을 오염시키고 지혜를 가로막는다. 여기에 적절히 대처하지 못하면 명상의 진척을 기대할 수 없다. 장애에 부딪힌 대부분의 초보 수행자는 여기에서 주저앉고 만다. 그러나 사념처(四念處)의 마지막 관문에 해당하는 법에 대한 지속적인 관찰(法隨觀)은 바로 이들에 대한 마음지킴(念)과 알아차림(知)으로부터 이루어진다. 이들 자체를 통찰의 대상으로 삼을 수 있다면 사념처 명상은 완성 단계에 이른 셈이다.

쾌락에 대한 욕망은 특히 성적(性的) 욕구에 휘둘리는 상태를 의미한다. 이것은 출가자는 물론이고 재가자들 또한 경계해야 한다. 어찌 보면 성적 욕구란 자연스러운 생리적 현상일 수 있다. 이러한 생리적 현상 자체를 터부시하거나 제거하려 해서는 안 된다. 그러나 여기에 현혹되어 휘둘리는 상태에 빠져서도 곤란하다. 일순간의 잘못으로 인해 오랜 시간을 불안과 회한으로 허비하는 일은 없어야 한다. 법에 대한 지속적인 관찰에서는 바로 그러한 마음상태를 관찰하면서 무상(無常)의 이치를 깨우치도록 유도한다. '있으면 있는 그대로 알아차리고 없으면 없는 그대로 알아차리는 것'을 통해 일어남과 사라짐의 진리를 자각하도록 한다.(DN. II. 300)

쾌락에 대한 욕망이란 본능에 따른 것이다. 따라서 쉽사리 제거하거나 회피할 수 없다. 거기에 휘둘리지 않는 대처 방안은 일단 그러한 현상의 발생을 인정하고서 주시하는 것이다. 처음에는 저항할 수 없을 것만 같은 무력감이 느껴질 수 있다. 심지어 욕망과 하나가 되어 더욱 거세게 타오르는 자신을 보게 된다. 그러나 인내심을 가지고 지긋이 응시하다보면 얼마 지나지 않아 변화가 발생한다는 것을 감지하게 된다. 어느덧 약화된 욕망의 틈새로 현명하게 대처할 수 있는 여지가 드러난다. 혹은 불가항력적인 경우에는 환경을 바꾸거나 주변의 도움을 구하는 방법도 있다는 사실을 알게 된다.

이러한 방식으로 이루어지는 변화는 자연스럽게 발생한다는 사실에 유념할 필요가 있다. 내면의 번뇌를 강제로 없애거나 억누르려는 시도는 무모한 것일 수 있다. 따라서 우선 번뇌에 빠져 있다는 사실 자체를 직시해야 한다. 이때 번뇌에 수반하여 발생하는 부차적인 느낌이나 상념에 빠지지 않도록 하는 것이 매우 중요하다. '어찌 이것을 없앨 수 있을까' 라든가, '과연 이것이 없어질까', '아니야 난 틀렸어', '이번 한번만…' 따위의 동요로 인해 마음의 중압감은 걷잡을 수 없이 부풀려진다. 바로 이와 같은 상념들을 내려놓고서 다만 지긋이 번뇌 자체를 응시할 때 변화는 저절로 일어난다.

악한 마음, 혼침과 졸음, 들뜸과 회한, 의심 등도 이러한 방식으로 처리할 수 있다. 악한 마음이란 자신과 타인에 대해 품는 공격적 성향을 가리킨다. 혼침과 졸음은 몸과 마음이 둔해져 무기력한 상태에 빠져 있는 경우를 가리킨다. 들뜸과 회한이란 미래에 대한 기대와 과거에 관한 후회로 요동치는 마음을 가리킨다. 마지막의 의심이란 이리저리 의심하고 억측하면서 어찌해야 할 줄 모르는 불안정한 심리를 일컫는다. 이들은 한결같이 넘어서기 힘든 감정적·정서적 장애들이다. 이들에 지배되는 한 고양된 경지를 이루는 것은 불가능하다.

확고한 마음지킴〔念〕과 알아차림〔知〕은 감정과 정서의 노예 상태에서 벗어나는 출구를 열어준다. 내면의 장애에 대한 통찰은 그들 자체가 변화하는 것이며 또한 허구적인 것에 불과하다는 무상(無常)과 무아(無我)의 진리를 일깨운다. 여기에 숙달이 되면 편협한 이기적 본능의 사슬로부터 자유로울 수 있으며, 그때그때 자신과 타인에게 과연 무엇이 이로운가를 현명하게 알아차릴 수 있다.(AN. Ⅲ. 230) 정신적 장애에 대한 분명한 자각과 인식은 바로 그러한 상태로부터 벗어나는 길을 보도록 해준다. 마음지킴과 알아차림이 전제될 때 번뇌는 깨달음의 매개로 바뀐다. 그런 의미에서 번뇌가 곧 보리(菩提, bodhi)인 셈이다.

67
다섯 기능

다섯 기능(五根, pañca-indriyāni)이란 무엇인가. 정신적 향상을 가져오는 다섯 가지 심리적 기능을 가리킨다. 원래의 말인 빨리어 인드리야(indriya)란 막강한 지배력을 지닌 하늘의 신(神) 인드라(帝釋天, indra)에서 유래한다. 인드라처럼 강력한 힘으로 다섯 기능은 바른 실천에 전념하는 사람들에게 최상의 행복을 가져다준다. 이들은 다름 아닌 믿음〔信〕, 노력〔精進〕, 마음지킴〔念〕, 삼매〔定〕, 지혜〔慧〕이다. 이들을 통해 불신〔不信〕, 게으름〔懈怠〕, 부주의〔放逸〕, 들뜸〔棹擧〕, 어리석음〔無明〕 따위를 가라앉힐 수 있고, 종국에는 모든 번뇌를 제거하여 닦음의 완성에 이르게 된다.(Psm. Ⅱ. 1)

초기불교를 대표하는 명상법으로서 사념처(四念處) 수행이 있다. 이것은 마음지킴〔念〕과 알아차림〔知〕을 통해 몸·느낌·마음·법에 대해 지속적으로 관찰하는 것〔隨觀〕을 내용으로 한다. 사념처 명상은 관찰의 대상과 방법 그리고 그것을 통해 얻을 수 있는 깨달음까지를 체계적으로 프로그램화 해놓은 것이라고 할 수 있다. 그러나 사념처 관련 경전들에서는 이것을 실천하는 와중에 지녀야 할 균형잡힌 마음가짐에 대해 특별한 언급을 하지 않는다. 바로 이 부분을 별도의 가르침으로 드러낸 것이 다섯 기능이라고 할 수 있다. 이들을 잘 계발하고 활용하면 사념처의 명상을 원만하게 성숙시킬 수 있다.

첫 번째 기능인 믿음이란 수행을 시작하는 단계에서 갖추어야 할 덕목이다. 아직 깨달음을 얻지 못한 상태에서는 믿음에 의지할 수밖에 없다. 따라서 불(佛)·법(法)·승(僧)의 삼보(三寶)를 믿고 그것을 지표로 삼아 따라가야 한다. 믿음의 기능은 붓다의 깨달음과 지도력에 대한 신뢰를 내용으로 한다.(SN. V. 197) 이것은 의심에 찌들어 갈피를 잡지 못하는 마음을 정화하며, 또한 실천의 여정에 과감히 뛰어들 수 있는 용기를 가져다 준다. 그리하여 깨끗한 옷감이 염료를 잘 빨아들이는 것처럼 가르침을 빠르게 이해할 수 있도록 해준다.

노력의 기능은 믿음을 바탕으로 하며 꿋꿋하게 수행에 매진하도록 해준다. 이것을 잘 갖춘 사람은 작은 기회가 주어지더라도 적극 활용하여 큰 결과를 얻어낸다. 이것은 비단 수행의 영역에만 국한된 것이 아니며 일상에서도 어렵지 않게 목격할 수 있는 교훈이다. 노력의 기능은 다음과 같이 풀이된다. "이 가르침 안에서 거룩한 제자는 열심히 노력하며 머문다. 옳지 않은 법을 버리고 옳은 법을 구족하기 위해 굳세고 크게 분발하여 옳은 법들에 대한 임무를 팽개치지 않는다. 비구들이여, 이것을 노력의 기능이라고 한다.(SN. V. 197)"

마음지킴의 기능은 사념처의 실제적인 역할을 담당한다. 주지하다 시피 이것은 매순간 깨어있는 마음을 유지시키는 역할을 하며, 몸이나 느낌 따위에 대한 알아차림을 진행해 나가는 기본 원리에 해당한다. 지속적인 마음지킴은 내면의 동요를 가라앉히는 동시에 사물의 본성을 꿰뚫는 지혜를 발현시킨다. 따라서 이것은 사마타(止)와 위빠사나(觀) 모두를 얻기 위한 수단으로 언급된다. "맹렬하게 물러남 없이 마음지킴과 알아차림을 행할 때 내부적인 고요함에 의한 사마타와 탁월한 지혜에 의한 위빠사나를 얻게 된다.(AN. V. 99-100)"

삼매의 기능은 마음지킴을 바탕으로 하며 불건전한 정서와 감정을 버리게 하고 집중된 상태에 이르도록 해준다. "이 가르침 안에서 거룩한 제자는 버림을 원인으로 하여 삼매를 얻고 마음의 하나 됨을 얻는다. 비구들이여, 이것을 삼매의 기능이라고 한다.(SN. V. 197)" 삼매는 일반적으로 마음이 고요해진 정도에 따라 네 가지 선정(禪)으로 달리 구분된다.(SN. V. 198) 감각적 욕망이 가라앉은 상태인 첫 번째 선정(初禪), 언어적 작용이 가라앉은 상태인 두 번째 선정(第二禪), 희열마저 가라앉은 상태인 세 번째 선정(第三禪), 일체의 즐거움과 괴로움이 고요해진 상태인 네 번째 선정(第四禪)이 그것이다.

지혜의 기능이란 삼매로 얻어진 안정된 마음을 통해 사물의 본성을 꿰뚫어 아는 작용을 말한다. 이것은 곧 사성제(四聖諦)의 실현을 의미한다. "어디에서 지혜의 기능을 볼 수 있는가. 사성제에서이다.(Psm. II. 14쪽)" 이와같이 지혜의 기능을 통해 사성제의 체득으로 나아간다. 초기불교의 모든 가르침은 결국 이 사성제를 향해 있다고 할 수 있다. 사성제의 실현과 더불어 지혜의 기능은 비로소 완성에 이른다. 바꾸어 말하자면 지혜의 완성이란 사성제의 원만한 실현 여부에 달려 있다고 할 수 있다.

그런데 이상의 다섯 기능은 일회적으로 종결되지 않는다는 사실에 유념할 필요가 있다. 이들은 지속적으로 순환하면서 숙성되어 나간다. "거룩한 지혜가 일어나면 네 가지 기능이 확고해진다. 무엇이 넷인가 믿음의 기능, 노력의 기능, 마음지킴의 기능, 삼매의 기능이다. 거룩한 제자가 지혜를 갖추게 되면 그의 믿음이 그것을 뒤따라 공고해지고, 노력도 그것을 뒤따라 공고해지고, 마음지킴도 그것을 뒤따라 공고해지고, 삼매도 그것을 뒤따라 공고해진다.(SN. V. 228-229)"

다섯 기능은 일단 수행의 순서에 따른 것이라고 할 수 있다. 그러나 일정한 수준에 이르면 서로의 균형과 조화에 힘을 써야 한다. 특히 믿음은 지혜와 균형을 이루도록 해야 하고, 삼매는 노력과 균형을 이루도록 해야 한다. 지혜가 수반되지 않는 믿음은 맹목으로 흐르기 쉽고 믿음이 없는 지혜는 교만으로 이어진다. 또한 삼매가 수반되지 않는 노력은 들뜸으로 이어질 수 있고 노력 없는 삼매는 무기력에 떨어지기 쉽다. 한편 마음지킴은 이상의 네 가지를 원활하게 해주는 동시에 서로의 조화를 돕는다. 마음지킴은 천칭저울에 비유될 수 있다. 마음지킴은 다른 기능들을 떠받치면서 어느 한쪽으로 치우치지 않았는가를 알게 해주는 눈금 역할을 한다.

사실 믿음만을 강조하다 보면 지혜를 등한시하기 쉽고 지혜만을 중요시하다보면 믿음을 소홀히 하기 십상이다. 또한 노력만을 앞세우다 보면 격앙되기 쉽고 안정만을 강조하다 보면 침체와 무기력에 떨어질 위험이 있다. 요컨대 어리석은 믿음도 문제이지만 교만한 지혜 또한 스스로를 망치는 원인이 된다. 이것은 깨달음의 여정에서만이 아니라 일상의 삶에서도 깊이 유념해야 할 교훈이다. 이와같이 붓다는 조화롭고 균형 잡힌 실천·수행을 가르친다. 다섯 기능의 균형이라는 원리를 터득할 때 사념처 명상은 더욱 굳건히 뿌리를 내릴 수 있다.

68
자애

자애(慈, mettā)란 무엇인가. 남에게 즐거움과 기쁨을 선사하려는 마음으로 풀이된다. 자애로운 마음은 나로 인해 다른 사람이 상처받는 것을 막아준다. 또한 주변 사람들과의 소통을 유도하고 관계를 개선시킨다. 따라서 이것은 남을 보호하는 동시에 자신을 보호하는 것이 된다. "어떻게 남을 보호하면서 자신을 보호하는가. 인내와 비폭력과 자애와 연민에 의해서이다.(SN. V. 169)" 자애로운 사람은 개방된 태도로 타인을 대하고 또한 자신을 다스린다. 스스로의 행동에 어떠한 억지나 강제가 있는 것은 아닌지 되돌아보는 여유를 잊지 않는다.

자애는 내면의 평안을 추구하는 사람들에게 간과할 수 없는 덕목이다. 특히 이것은 분노라는 심리적 장애를 다스리기 위한 방법으로 권장된다.(MN. I. 424) 분노는 화풀이를 당하는 사람에게도 상처가 되지만 화를 내는 당사자의 인격을 파괴하는 것이기도 하다. 일순간의 분노로 남겨진 상처와 회한은 오랜 동안 지속된다. 따라서 자애는 번뇌를 다스리기 위한 직접적인 수단으로 권장된다. "자애를 잊지 않고서 한량 없이 닦아 나가는 사람은 번뇌가 무너지는 것을 목격하게 되며 [정신적] 족쇄들을 엷어지게 한다.(AN. IV. 150)"

자애의 계발은 본격적인 명상의 실천에 앞서 권장된다. 이것이 잘 닦여 있지 않으면 원인을 헤아리기 힘든 갖가지 난관에 직면할 수 있다. 즉 주변의 사람들로부터 알게 모르게 원성을 사고 화풀이를 당한다. 경전에서는 이러한 상황에 대해 다음과 같이 은유적으로 묘사한다. "어떠한 집이라도 여자가 많고 남자가 적으면 도적이나 밤도둑의 해침을 받기 쉬운 것과 같이,… 자애를 통한 마음의 해탈을 닦지 않거나 반복하지 않으면 귀신(amanussehi)에 의한 해침을 받기 쉽다.… 그러나 자애에 의한 마음의 해탈을 닦고 반복하면 귀신의 해침을 받지 않는다.(SN. II. 264)"

자애의 결실을 일괄적으로 나열하면 다음과 같다. "편안하게 잠든다. 편안하게 깨어난다. 악몽을 꾸지 않는다. 사람들의 사랑을 받는다. 사람이 아닌 이들에게 사랑을 받는다. 여러 신들이 보호한다. 이러한 사람은 불이나 독이나 칼이 해치지 못한다. 마음이 빠르게 삼매에 들어간다. 안색이 맑아진다. 노망하지 않고 죽음을 맞는다. 설령 꿰뚫지 못하더라도 브라흐만의 세계에 도달한다.(AN. V. 342)" 이들 11가지 결실은 상식적인 차원에서 보더라도 충분히 납득할 수 있다. 다른 사람의 행복을 염원하는 따스한 사람이라면 악몽이나 불면에 시달리지 않을 것이다. 자기밖에 모르는 이기적인 사람들과 달리 넓은 마음으로 현재의 삶을 누릴 것이고, 또한 여유로운 태도로 내세를 바라볼 수 있을 것이다.

초기불교를 대표하는 명상프로그램으로서 사념처(四念處)가 있다. 이것은 몸과 마음에서 발생하는 제반 현상을 있는 그대로 통찰하는 데 초점을 모은다. 그런데 이 방식만을 고수하다보면 자칫 지나치게 예민해지거나 엄격해질 수 있다. 있는 그대로의 사실만을 추구하는 와중에 따스한 배려의 마음을 놓치는 경우가 발생한다. 물론 진리를 추구하는 여정에서 때로는 차가운 통찰이 필요하다. 그러나 이것이 너무 오래 지속되거나 과도해지면 고립을 자초할 수 있다. 유연성을 상실한 채 외곬 수행자로 남겨질 위험성이 없지 않다. 따라서 사념처의 실천과 더불어 그때 그때 자애의 마음을 기르는 방법을 병행할 필요가 있다.

과연 자신에게 자애의 마음이 충만한지 돌이켜 볼 일이다. 스스로를 사랑하지 않는 사람은 남을 사랑하는 것도 불가능하다고 했다. 그렇다면 우선 자신에 대해 자애의 마음을 불어 넣어야 할 것이다. "부디 나에게 자애의 마음이 충만해지기를, 육체적으로 건강하고 정신적으로 평안하기를, 그리하여 더욱 행복하기를…." 이와 같이 반복적으로 되뇌는 것을 통해 스스로에 대한 자애의 마음을 굳건히 해 나갈 수 있을 것이다. 그리고 이것이 무르익으면 주변의 사람들에게도 확대·적용시킬 수 있을 것이다. "부디 그대가 괴로움과 슬픔에서 벗어나기를, 육체적으로 건강하고 정신적으로 평안하기를, 그리하여 더욱 행복하기를…."

69
사띠 논쟁

사띠(念, sati)란 무엇인가. 마음지킴, 마음챙김, 알아차림 등으로 번역되는 그것이다. 이것의 원래 의미는 잊지 않음(不忘)으로, 과거에 경험했던 내용을 잊지 않고 기억하는 것을 가리킨다. 그런데 실천·수행의 맥락에서 사용되는 의미는 잊지 않음을 유지할 때의 각성된 상태에 더욱 가깝다. 다시 말해서 무언가를 지속적으로 떠올리거나 혹은 어떤 사물에 집중함으로써 산란하거나 부주의한 상태로부터 벗어나 있는 것을 가리킨다. 이러한 방식으로 사띠의 의미는 잊지 않음 혹은 기억으로부터 주의집중, 깨어있음, 알아차림 따위로 확대된다.

확장된 의미의 사띠는 명상의 상태에 이르도록 해주는 심리적 기능을 나타낸다. 이 경우 기억이라는 뜻은 약화되고 집중이라는 뉘앙스가 부각된다. 즉 현재 경험하는 사태에 집중함으로써 마음의 방황을 막는 것을 가리킨다. 이러한 용도의 사띠는 감각의 문을 지키는 문지기에 비유된다.(SN. IV. 194) 즉 보거나 듣는 현상에 주의를 기울임으로써 스스로를 다잡는다는 것이다. 한역에서는 이것을 염(念), 억념(憶念), 수의(守意), 의지(意止) 등으로 번역해 왔다. 앞의 두 번역은 잊지 않음이라는 원래의 의미에 가까우며, 뒤의 둘은 산란함이나 부주의함을 가라앉힌다는 뉘앙스가 강하다.

한편 사띠는 삼빠쟌냐(知, sampajañña)라는 용어와 짝을 이루어 사용되곤 한다.(DN. II. 223 등) 삼빠쟌냐는 '경험하는 현상을 그때그때 분명하게 알아차리는 작용'으로 규정할 수 있다. 따라서 삼빠쟌냐와 대비를 이루는 사띠의 고유한 의미는 '마음을 모으고 단속하는 것'에 한정된다. 사띠는 매순간 경험하는 현상들에 대해 명확한 알아차림이 발생하도록 주의를 기울이는 작용이다. 반면에 삼빠쟌냐는 그렇게 해서 얻게 되는 결과적 측면에 해당한다. 이들의 세분화된 쓰임을 고려할 때 전자에 대해서는 마음지킴으로, 후자에 대해서는 알아차림으로 번역하는 것이 타당하다.

사띠 즉 마음지킴의 기능은 산란한 마음을 가라앉히고 주의 깊은 각성의 상태를 유지하는 것이다. 반면에 삼빠쟌냐 즉 알아차림은 그러한 각성된 마음으로 경험하는 현상들을 기민하고 분명하게 아는 것이다. 이들 둘은 동전의 앞뒷면과 같은 관계에 놓인다고 할 수 있으며 서로가 서로를 강화시키는 역할을 한다. 마음지킴은 분명한 알아차림을 위해 전제되어야 하고, 그렇게 생겨난 알아차림은 원래의 마음지킴을 더욱 굳건히 해준다. 이들은 서로 짝을 이루어 고요해진 상태를 의미하는 사마타(止)와 통찰을 의미하는 위빠사나(觀)에 도달하도록 해주는 수단이 된다.(AN. V. 99-100)

초기불교를 대표하는 명상프로그램으로서 사념처라든가 입출식념(入出息念) 따위가 있다. 이들 명상법을 실천해 나가는 과정에서 마음지킴과 알아차림은 없어서는 안 될 중추적 역할을 담당한다. 마음지킴과 알아차림을 통해서만 몸이나 느낌 혹은 호흡 따위에 대해 주의집중을 꾀할 수 있다. 또한 그러한 주의집중을 통해서만 무상(無常)과 무아(無我)의 진리를 꿰뚫는 경지로 나아가게 된다. 결국 마음지킴과 알아차림이 원활해야만 사념처라든가 입출식념에 전념할 수 있고, 그것을 바탕으로 사마타와 위빠사나를 실현할 수 있다는 의미이다.

2000년대 이후 초기불교의 실천·수행에 대한 관심이 높아지면서 '사띠 논쟁'은 한국불교학계를 뜨겁게 달구었다. 논의의 쟁점은 이것을 어떻게 번역하느냐 하는 것과 과연 이것이 어떠한 경지에서 행해지는가에 관한 의문이었다. 마음지킴이라는 번역은 이 용어가 지닌 의미와 쓰임을 잘 드러낸다고 할 수 있다. 또한 이상에서 언급하고 있듯이 이것은 미완성의 사마타와 위빠사나를 원만히 성취할 수 있도록 해준다. 즉 일상의 경지에서부터 스스로를 추스르기 위해 실천해 나가는 것으로, 다섯 장애(五蓋)라든가 감각적 욕망에 대한 추구(欲貪) 따위를 극복하는 데 필요한 도구가 된다.(AN. IV. 457)

제5장

있음에 대한 분석

70
오온의 이해

오온(五蘊, pañcakkhandhā)이란 무엇인가. 경험세계를 구성하는 다섯 요소를 일컫는 말이다. 물질현상[色]·느낌[受]·지각[想]·지음[行]·의식[識] 등이 그것이다. 여기에서 말하는 경험세계란 '나'에 의해 경험되는 세계를 가리킨다. 곧 나에게 비추어지고 나에 의해 이해된 세계를 말한다. 이와 같이 오온이란 나에게 포착된 경험적 요인들을 다섯 갈래로 분류해 놓은 것이다. 오온으로 구성된 세계란 나와 무관하게 객관적으로 실재하는 세계가 아니라는 사실에 유념해야 한다. 오온의 가르침은 다름 아닌 '나' 자신에 관한 것이며 '나' 자신에 대한 분석으로서의 의미를 지닌다.

천상천하유아독존(天上天下唯我獨尊) 즉 "하늘 위에 하늘 아래 오로지 나 홀로 존귀하다."라는 구절이 있다. 얼핏 나만을 내세우도록 조장하는 가르침으로 오해될 수도 있다. 그런데 잘 생각해 보자. 사실 '나'라는 존재는 이 세상 무엇으로도 대체할 수 없다. 그러한 의미에서

'나'는 혼자만의 존재이다. 나 자신과 더불어 내가 처한 모든 환경은 '나' 대로의 경험과 이해가 빚어낸 결과이다. 설령 부처님이나 하느님이 계신다고 하더라도 그분들을 생각하고 있는 내가 우선 존재해야만 한다. 결코 그분들이 '나'일 수 없으며, 세상의 어느 존재와도 바꿀 수 없는 내가 지금 이렇게 있을 뿐이다.

'나'란 존재는 출구를 찾을 수 없는 밀폐된 공간에 비유할 수 있다. '나'에 대한 관념이 강해질수록 폐쇄된 공간이 불러일으키는 질식의 공포는 더해 간다. 그런데 내가 존재하는 한 밖으로 빠져 나갈 여지는 원천적으로 봉쇄된다. 또한 밀폐된 공간 너머의 또 다른 '나'를 상정할 수도 없다. 그렇게 된다면 그때의 나는 이미 내가 아니기 때문이다. 어쩌면 '나'라는 생각은 이러한 폐쇄공포증으로 야기된 정신착란의 결과일 수도 있다. 어떠한 경우를 가정하더라도 현재 경험하는 이 모든 것이 밀폐된 공간 속 혼자만의 이야기일 가능성을 배제할 수 없다.

오온설은 '나'라는 밀폐된 현실을 자각하도록 하는 데 초점을 모은다. 대부분의 중생들은 오온이라는 장막에 갇혀 살아간다. 그럼에도 그러한 사실을 망각한 채 그들이 빚어내는 '나'라는 허상에 붙들려 살아간다. 이러한 양상은 다음과 같이 묘사된다. "배우지 못한 범부는⋯ 물질현상을 자아라고 관찰한다. 혹은 자아가 물질현상을 소유한다고, 혹은 자아가 물질현상이라고, 혹은 물질현상 안에 자아가 있다고 관찰한다.⋯ 〔느낌·지각·지음·의식에 대해서도 마찬가지이다.〕(SN. III. 102)" 오온설의 취지는 이러한 '나'라는 견해의 장막으로부터 벗어나도록 하는 데 있다.

이 순간 이처럼 자명하게 포착되고 있는 '나'의 정체가 과연 무엇인지 곰곰이 돌이켜 볼 일이다. 사실 이것은 물질현상·느낌·지각·지음·의식 따위 중 어느 하나이거나 혹은 이들이 뒤엉켜 나타난 결과에 불과하다. 결국 오온이라는 경험적 요소들과 별개로 존재하는 '나'란 찾을 수 없다. 이처럼 자명한 것으로 여겨지는 '나'마저 일순간의 경험과 관심이 빚어낸 흘러가는 현상에 지나지 않는다. 이러한 사실을 망각할 때 절대적 존재로서의 '나'가 출현한다. 앞에서 묘사했던 밀폐된 공간으로서의 '나'가 곧 그것이다. 그러한 '나'란 오온에 도취된 상태에 지나지 않는다.

초기불교에서는 오온을 자아로 착각하는 경우에 대해 '현재의 몸에 매인 견해(有身見, sakkāyadiṭṭhi)'라고도 한다. 이것은 물질현상이라든가 느낌이라든가 충동·생각·이미지 따위를 자기 자신으로 오해한 상태이다. 이러한 오해는 스스로를 '나'라는 신화(神話) 속에 가두고서 옴짝달싹하지 못하도록 만든다. 경전에서는 바로 이것을 '오온에 집착한 상태' 즉 오취온(五取蘊)으로 부르기도 한다. 붓다는 이러한 상태에 대해 경각심을 가지라고 말한다. 오취온에 빠지게 되면 오온의 노예로 살아가는 내가 존재할 뿐이다. 따라서 붓다는 오온 각각에 대해 질병과 같은 것으로, 종기와 같은 것으로, 죄악으로 보라고 이른다.(MN. I. 435)

71
물질현상〔色〕

물질현상(色, rūpa)이란 무엇인가. 오온(五蘊)의 첫 번째 항목으로서 느낌이나 지각 따위의 정신현상과 대조를 이루는 물질적 경험내용을 가리킨다. 자신의 몸을 비롯하여 외부적으로 보거나 듣는 감각적 대상들이 여기에 포함된다. 이것에 대해 경전에서는 땅의 요소(地大), 물의 요소(水大), 불의 요소(火大), 바람의 요소(風大)라는 네 가지 요소(四大)와 이들 네 가지로부터 파생된 현상(四大所造色)들로 설명한다.(MN. I. 185) 이들은 '나'의 육체를 비롯하여 외부의 물질적 환경까지를 망라한다고 할 수 있다.

물질현상은 '나'의 경험을 통해 드러난다. 땅의 요소는 뻣뻣하거나 부드러운 것으로, 물의 요소는 흐르거나 적시는 것으로, 불의 요소는 뜨겁거나 차가운 것으로, 바람의 요소는 호흡 따위의 움직임으로 경험된다.(MN. I. 185-188) 이들이 경험되는 양상은 다음과 같이 묘사된다. "'맞닥뜨린다(ruppati)'라는 이유로 물질현상이라고 부른다. 어떻게 맞닥뜨리는가. 차가움과도 맞닥뜨리고, 뜨거움과도 맞닥뜨리고, 배고픔과도 맞닥뜨리고, 목마름과도 맞닥뜨린다. 파리·모기·바람·파충류 따위와의 접촉에도 맞닥뜨린다. 비구들이여, 이처럼 맞닥뜨린다는 이유로 물질현상이라고 부른다.(SN. III. 86)"

　물질현상은 자명하게 포착되는 특성을 지닌다. 몸으로 경험되는 차가움이라든가 뜨거움 따위는 무엇보다도 직접적이다. 혹자는 이러저러한 물질현상을 두고 "과연 누가 이들을 만들었을까." 혹은 "이들은 어떠한 목적을 지니고 있을까." 따위의 의문을 품기도 한다. 그러나 물질현상은 그러한 의문에 앞서 존재한다. 이점에서 그때그때의 물질현상이 먼저이고 그것의 원인이라든가 배경에 대한 반추는 나중의 일이다. 오온으로서의 물질현상은 관념적인 분석의 대상이 아니다. 이것은 눈·귀·코 따위에 의해 포착되는 현재의 것이든 마음으로 경험하는 과거와 미래의 것이든 마찬가지이다. 물질현상은 순간순간 몸과 마음을 통해 맞닥뜨리게 되는 대상으로서 존재한다.

　그러나 오온의 물질현상이란 있는 그대로(yathābhūtaṁ)의 실재를 가리키는 것이 아니다. 또한 이것은 자연과학적 사물에 해당하는 것도 아니다. 예컨대 어젯밤에 마셨던 시원하고 달콤했던 음료가 아침에 깨어나서 살펴보니 해골에 담긴 빗물이었다고 치자. 그러한 사실을 알게 된 이상 시원함도 달콤함도 느껴지지 않을 것이다. 이와 같이 물질현상은 경험하는 사람에 따라 각기 다른 모습으로 드러날 수 있다. '나' 자신이 처해 있는 그때그때의 조건과 상황에 따라 얼마든지 달라질 수 있다. 따라서 경전에서는 물질현상에 대해 갠지스의 물거품과 같이 공허한 것으로 간주해야 한다고 가르친다.(SN. Ⅲ. 140)

붓다는 물질현상을 무상(無常)으로, 괴로움(苦)으로, 무아(無我)로 관찰하라고 이른다.(SN. Ⅲ. 21) 무상이란 변화한다는 의미이다. 다시 여기에서 유념해야 할 사실은 이것이 외계의 자연과학적 변화를 가리키지 않는 것이다. 무상의 진리는 물질현상을 통해 드러나는 '나' 자신에 관한 가르침이다. 즉 '나'에 의해 포착되는 물질현상의 덧없음과 허망함을 일깨운다. 괴로움이라든가 무아의 진리 역시 이러한 관점에서 이해해 들어가야 한다. 괴로움이란 그러한 물질현상에 대해 품게 되는 정서적 반응을 가리키며, 무아 또한 바로 그것의 허구성을 나타낸다고 할 수 있다.

물질현상은 '나' 라는 스펙트럼을 통해 드러난다. 그러나 이것은 결코 나의 바람이나 의도대로 따라와 주지 않는다. 예컨대 물질현상으로 이루어진 나의 육신은 내가 원해서 생겨난 것이 아니며, 또한 나의 바람이나 의지에 따라 늙거나 병드는 것이 아니다. 그럼에도 사람들은 육신을 자신과 동일시하면서 그것의 덧없음이 야기하는 괴로움에 빠진다. "'물질현상이 바로 나다' 라는 [견해에] 사로잡힌 자에게 물질현상은 변화하여 다른 것으로 바뀐다. 물질현상이 변화하여 다른 존재로 바뀌는 까닭에 근심·슬픔·괴로움·불쾌·절망이 일어난다.(SN. Ⅲ. 3)"

오온의 물질현상이란 객관적인 실재가 아니다. 이것은 계량화된 수치로 측량하거나 계산하기 곤란하다. 뻣뻣함이라든가 뜨거움 따위의 방식으로 포착되는 이것은 어디까지나 '나'의 경험을 통해 존재할 뿐이다. 이와 같이 물질현상은 '나'라는 색안경을 통해 포착되는 까닭에 있는 그대로(yathābhūtaṁ)의 실재로부터 벗어나 있다. 이것에 대한 집착과 갈망은 사막의 신기루를 쫓는 것에 비유할 수 있다. 따라서 붓다는 물질현상에 대한 욕구(欲貪, chandarāga)를 내려놓으라고 이른다. 그리하면 그것은 뿌리가 잘린 야자수처럼 다시는 자라나지 않게 될 것이라고 가르친다.(SN. Ⅲ. 27)

72
느낌〔受〕

느낌(受, vedanā)이란 무엇인가. 여기에서의 느낌은 오온의 두 번째 항목에 해당하는 것으로, 지각〔想〕이나 지음〔行〕따위와 더불어 정신현상에 속한 경험의 갈래를 일컫는다. 감각적 접촉〔觸〕을 통해 발생하는 즐겁거나 괴롭거나 괴롭지도 즐겁지도 않은 감정 따위가 곧 그것이다. "느껴지는 것을 느낌이라고 한다. 그러면 무엇이 느껴지는가. 즐거움도 느껴지고 괴로움도 느껴지고 괴롭지도 즐겁지도 않은 것도 느껴진다. 이와 같이 느껴지는 것을 느낌이라고 한다.(MN. I 293)"

느낌은 다양한 방식으로 분류된다. 위의 인용문에서처럼 즐거운 느낌, 괴로운 느낌, 괴롭지도 즐겁지도 않은 느낌이라는 세 가지가 일반적이다. 그러나 『대념처경』에서는 이러한 세 가지에 대해 육체적인 것(sāmisa)과 정신적인 것(nirāmisa)에 의한 두 가지 분류 방식을 추가한다. 그리하여 즐거운 느낌, 육체적인 즐거운 느낌, 정신적인 즐거운 느낌이라는 방식으로 도합 아홉 가지 느낌을 나열한다.(DN. II. 298) 한편 오온의 가르침과 관련된 경전에서는 눈·귀·코·혀·몸·마음의 접촉에서 생겨난 느낌이라는 여섯 가지 분류법을 더욱 선호한다.(SN. Ⅲ. 60)

앞서의 아홉 가지 분류는 정신적 수준에 따라 느낌의 양상이 달라질 수 있다는 것을 의미한다. 한편 감관에서 생겨난 여섯 가지는 보거나 듣는 일체의 과정이 느낌의 발생으로 이어진다는 것을 나타낸다. 붓다는 이들 외에도 다섯 가지, 열여덟 가지, 서른여섯 가지, 백 여덟 가지 방식으로 느낌을 분류하기도 한다.(SN. Ⅳ. 231-232) 이러한 다양한 분류는 삶의 모든 국면이 느낌의 발생과 연관된다는 사실을 드러낸다. 갖가지 느낌에 노출된 개개인은 어떠한 방식으로든 즐거운 느낌은 추구하고 괴로운 느낌은 배척하기 위해 애쓴다. 어쩌면 삶의 전 과정이 이것의 연장으로 이해될 수도 있다. 따라서 모든 법은 결국 느낌으로 통한다고 언급되기도 한다.(AN. Ⅳ. 339)

오온의 느낌이란 인간의 실존을 이루는 주된 요인으로 기능하면서 '나'라는 존재를 강제한다. 아름다운 것을 보거나 좋은 소리를 듣거나 맛있는 것을 먹거나 부드러운 감촉을 경험할 때 발생하는 즐거운 느낌은 집착의 대상이 되어 '나'를 유혹한다. 한편 추한 것을 보거나 불쾌한 소리를 듣거나 입에 맞지 않은 것을 먹거나 부드럽지 못한 감촉을 경험할 때 발생하는 괴로운 느낌은 분노의 상태로 '나'를 몰아간다. 이와 같이 즐겁거나 괴로운 느낌에 사로잡혀 있는 경우를 수취온(受取蘊) 즉 '집착된 느낌의 경험요소'로 일컫는다.

느낌에 집착하면 느낌과 하나가 되고 만다. 이러한 사례는 동물의 삶에서 어렵지 않게 찾아볼 수 있다. 동물들은 본능적인 느낌과 하나 된 상태로 살아간다. 그러한 동물과 인간의 차이는 느낌에 매이지 않고 그것을 조절할 수 있는 능력에서 찾아질 수 있다. 인간만이 옳음을 위해 배고픔이라는 괴로운 느낌을 스스로 선택할 수 있다. 이러한 독특한 능력에서 인간의 존엄성이 찾아질 수 있을는지도 모른다.

느낌이란 한순간에 발생했다가 사라지는 것으로 결코 '나' 자신일 수 없다. 이러한 느낌을 대처하는 '나'의 태도는 곧 '나'의 됨됨이를 나타낸다. 경전에서는 느낌에 대해 무상한 것으로 알거나 보는 실천을 닦으면 어리석음(無明, avijjā)이 제거되고 밝은 앎(明, vijjā)이 일어난다고 가르친다.(SN. IV. 50) 느낌이란 그 자체로는 유혹거리에 불과하지만 통찰의 대상이 될 때에는 괴로움을 종식시키는 수단으로 바뀐다. "즐겁거나 괴롭거나 괴롭지도 즐겁지도 않게 느껴지는 것에 대해 뛰어난 지혜로써 알고 두루 알게 되면 탐욕이 바래고 버려져 괴로움을 종식시킬 수 있다.(SN. IV. 18)"

73
지각〔想〕

지각(想, saññā)이란 무엇인가. 오온의 세 번째 항목으로서 느낌〔受〕이나 지음〔行〕 따위와 더불어 정신현상에 속한 경험의 갈래를 일컫는다. 감각적 접촉〔觸〕을 통해 느껴진 대상을 포착하여 이미지화하는 과정이 곧 그것이다. 번역어인 지각(知覺, perception)이란 '감각기관을 통해 외부의 사물을 인식하는 작용 및 그 작용에 의해 얻어지는 표상(表象)'으로 정의된다. 이러한 번역은 샨냐의 원래 의미를 비교적 온전하게 전달한다고 할 수 있다. 경전에서는 지각의 양상을 다음과 같이 묘사한다. "지각하는 것을 일컬어 지각이라고 한다. 지각한다는 것은 무엇인가. 푸른색도 지각하고 노란색도 지각하고 붉은색도 지각하고 하얀색도 지각한다. 이와 같이 지각하는 것을 가리켜 지각이라고 한다.(SN. III. 87)"

지각이란 외부로부터 유입된 감각적 내용을 내부적으로 재확인하는 절차에 해당한다. 퍼뜩 스쳐가는 순간의 대상일지라도 그 특징을 붙잡아 떠올리는 순서를 밟아야만 한다. 이와 같이 인간은 내부적으로 떠올리는 과정을 통해 사물을 인식한다. 그러한 의미에서 인간에게 인식된 모든 것은 마음속에 떠올린 결과라고 할 수 있다. 이러한 지각의 작용이 제대로 이루어지지 않으면 푸른색을 푸른색으로 노란색을 노란색으로 인식할 수 없다. 그러나 지각의 결과는 사람에 따라 약간씩 다를 수 있다. 동일한 현상에 대해 저마다 다른 이미지를 가질 수 있다는 의미이다.

모든 사물은 지각과 더불어 구체적인 모습과 빛깔로 파악되기에 이른다. 그런데 지각을 통해 드러난 사물은 있는 그대로의 실재(reality)가 아님에 유념할 필요가 있다. 감관을 통해 전달된 사물은 접촉〔觸〕이라든가 느낌〔受〕따위의 과정을 거친 연후에 지각의 단계로 넘어가는 것이 보통이다.(MN. I. 111-112) 따라서 즐겁거나 괴로운 느낌이 지각에 앞서 존재하면서 지각의 형성에 얼마간의 영향을 미친다. 그 결과 지각을 통해 드러난 푸른색 혹은 노란색 따위에는 즐겁거나 괴로운 개인적인 느낌이 투영되기 마련이다. 특정한 색깔에 대해 좋아하거나 싫어하는 감정을 갖는 이유가 여기에 있다.

지각이란 눈〔眼〕· 귀〔耳〕· 코〔鼻〕· 혀〔舌〕· 몸〔身〕· 마음기능〔意〕을 통해 포착된 현상을 이미지화하는 과정이다. 따라서 이것은 각각의 감관에 대응하여 다음의 여섯으로 나뉜다. "여섯 가지 지각의 무리가 있다. 물질현상에 대한 지각, 소리에 대한 지각, 냄새에 대한 지각, 맛에 대한 지각, 감촉에 대한 지각, 마음현상〔法〕에 대한 지각. 비구들이여, 이것을 지각이라고 한다.(SN. Ⅲ. 60)" 이들 가운데 앞의 다섯은 현재 발생해 있는 현상들과 관계된다. 그러나 마지막으로 언급된 마음현상에 대한 지각은 과거와 미래의 대상까지를 망라한다.

마음현상에 대한 지각이란 오직 마음기능이라는 내부의 작용(意根)을 통해 발생한다. 과거에 경험했던 내용이나 미래에 예상되는 사건을 생각하여 떠올리는 경우가 그것이다. 그런데 이와 같이 순전히 마음속으로만 떠올리는 와중에도 즐겁거나 괴로운 느낌이 추가적으로 개입될 수 있다. 예컨대 과거에 경험했던 즐겁거나 괴로웠던 일을 떠올리면서 다시 그것에 대해 현재의 시점에서 유쾌하거나 씁쓸한 느낌을 덧씌우는 경우가 그러하다. 그런데 이렇게 되면 최초의 감각적 지각에서 생겨났던 원래의 이미지에 새로운 이미지를 덧칠하는 셈이다. 이러한 단계를 거치면서 마음속 이미지는 채색과 변형을 거듭하게 된다.

이와 같은 채색과 변형이 반복되면 현실로부터 완전히 유리된 주관적 이미지의 장벽에 갇히게 될 수 있다. 이러한 까닭에 지각된 내용을 절대적으로 믿어서는 안 된다. 이와 관련하여 경전에서는 다음과 같이 가르친다. "무더운 여름의 마지막 달 한낮에 신기루가 생기는데 눈을 가진 사람이 이것을 쳐다보고 면밀히 살펴보고 근원적으로 조사한다고 하자.… 그러면 그것은 텅 빈 것으로 드러나고 공허한 것으로 드러나고 실체가 없는 것으로 드러날 것이다. 비구들이여, 신기루에 무슨 실체가 있겠는가. 비구들이여, 어떠한 지각이라 할지라도 바로 이와 같다.(SN. Ⅲ. 141)"

그러나 지각은 긍정적으로 활용될 수도 있다. 아직 완전한 깨달음을 얻지 못한 사람들에게 교리적 내용에 대한 이해를 심화시키기 위한 용도로 고안된 무상에 대한 지각(無常想), 무아에 대한 지각(無我想), 소멸에 대한 지각(滅想) 따위가 그것이다. 또한 이들은 무언가에 대해 지나치게 집착하고 있거나 혹은 혐오하는 상태에 빠져 있을 때에도 사용된다. 예컨대 육체에 대한 욕망과 집착을 제거하기 위해서는 부정하거나 혐오스러운 모습을 떠올려 지각하는 방법(不淨想)이 이용된다.(DN. Ⅱ. 293-297) 한편 필요에 따라 밝은 빛을 의식적으로 떠올려 지각하는 방법(光明想), 특정한 현상의 제거됨을 떠올려 지각하는 방법(斷想) 따위가 사용되기도 한다. 경전에서는 이것을 잘 활용하면 육체적 질병을 치유하거나 완화시킬 수도 있다고 언급한다.(AN. V. 109-112)

이와 같이 의도적으로 일으키는 지각은 부정적인 상태를 개선하거나 통찰의 힘을 기르기 위한 목적에서 활용되곤 하였다. 따라서 지각이란 양날을 지닌 칼에 비유할 수 있다. 이것은 편견과 착각을 조장하고 망상(戱論)을 발생시키는 원인이 될 수 있다. 그러나 잘 활용한다면 깨달음의 세계로 나아가기 위한 도구가 될 수도 있다. 이러한 사실을 염두에 두고서 다음의 경문을 음미해 볼 필요가 있다. "지각에 대해 뛰어난 지혜로써 알고 두루 알게 되면 탐욕이 바래고 버려져 괴로움을 종식시킬 수 있다.(SN. Ⅲ. 27)"

74
지음〔行〕

지음(行, saṅkhāra)이란 무엇인가. 여기에서의 지음은 오온의 네 번째 항목에 해당하는 것으로, 지각〔想〕이나 의식〔識〕 따위와 더불어 정신현상에 속한 경험의 갈래를 일컫는다. 마음으로 짓는 의도라든가 습관적 경향 따위가 여기에 망라된다. 실제로 이것은 의도(思, sañcetanā)와 동일시되는 용례를 보이기도 한다. "보이는 것에 관련된 의도, 소리에 관련된 의도, 냄새에 관련된 의도, 맛에 관련된 의도, 감촉에 관련된 의도, 마음현상에 관련된 의도가 있다. 이들을 지음이라고 한다.(SN. III. 60)"라는 경문이 그것이다.

지음이란 상카라(saṅkhāra)를 번역한 것으로 '온전히(saṁ)' '만들다(√kṛ)'라는 의미로 분석된다. 이 용어는 초기불교의 개념들 가운데 가장 포괄적인 의미를 지니며 또한 난해하다. 이 개념은 내면의 다양한 의도를 가리키는 동시에 그러한 의도가 바깥으로 체화되어 나타난 경우도 포함한다. 내면적 의도로는 탐냄〔貪〕이라든가 성냄〔嗔〕 따위의 부정적 심리를 비롯하여 믿음(信)이라든가 마음지킴(念) 따위의 긍정적 기능들이 망라된다. 한편 그러한 의도가 바깥으로 표출되어 나타난 것이 경험세계이다. "일체의 상카라는 무상이다(諸行無常, sabbe saṅkhāra aniccā)."라고 할 때의 그것은 경험세계 자체를 가리킨다고 할 수 있다.(DN. II. 198)

경험세계란 '나'의 방식으로 경험된 세계를 가리킨다. 따라서 이것은 있는 그대로의 실재가 아니다. 경험세계의 성립에는 '나'의 존재가 전제되며, 이렇게 해서 드러난 세계란 결국 '내'가 지어낸 것이라고 할 수 있다. 이러한 사실을 표현하는 용어가 곧 지음이다. 지음은 경험세계를 이끌어내는 역할을 하며 그러한 의미에서 업(業, kamma) 개념과도 통한다. 그리고 이 경우의 지음은 신체적 지음(身行, kāya saṅkhāra), 언어적 지음(口行, vacīsaṅkhāra), 마음에 의한 지음(心行, cittasaṅkhāra)으로 나뉜다. 이들은 신체(身)·언어(口)·마음기능(意)이라는 세 가지 측면에서 경험세계를 조건 짓는 '응보적 힘'으로 작용한다.

지음은 경험적 요인들(五蘊) 즉 물질현상(色), 느낌(受), 지각(想) 따위가 생겨나고 유지되는 동력으로 작용한다. "비구들이여, 지어낸 것(有為)을 계속해서 짓는 까닭에 지음이라고 말한다. 그러면 어떻게 지어낸 것을 계속해서 짓는가. 물질현상(色性)으로 지어낸 물질현상(色)을 계속해서 짓는다. 느낌(受性)으로 지어낸 느낌(受)을 계속해서 짓는다. 지각(想性)으로 지어낸 지각(想)을 계속해서 짓는다. 지음(行性)으로 지어낸 지음(行)을 계속해서 짓는다. 의식(識性)으로 지어낸 의식(識)을 계속해서 짓는다.(SN. Ⅲ. 87)"

오온으로 이루어진 경험세계는 '내'가 지어낸 '나'만의 이야기라고 할 수 있다. 이렇게 만들어진 '나'라는 신화 속에 빠져 살아가는 주인공이 바로 범부 중생이다. 이러한 중생들에게 지음은 '나'의 정체성을 이루는 실질적 요인이 된다. 그러나 결국 '나' 혹은 '중생'이란 어디까지나 지음에 의한 조작의 결과에 불과하다. 이와 관련하여 다음의 게송은 새겨둘 만하다. "그대는 왜 '중생'이라는 상상을 하는가. 마라여, 그대는 그릇된 견해에 빠져 있다. 단지 지음의 더미일 뿐 여기에서 '중생'이라고 할 만한 것은 찾을 수 없다.(SN. Ⅰ. 135)"

지음은 가라앉혀야 할 현상으로 간주된다. 그래야만 '나' 혹은 '중생'이라는 족쇄를 약화시킬 수 있다. 어떻게 해서 그것이 가능할까. 경전에서는 다음과 같이 말한다. "…배우지 못한 범부는 물질현상[色]을 '나'로 관찰한다. 그러나 비구들이여, 그러한 관찰은 지음[行]에 속한다.… 갈애[愛]로부터 그러한 지음이 생겨난다. 비구들이여, 그러한 지음이란 무상한 것이고 지어낸 것이고 조건에 의해 생겨난 것이다.… 갈애도 또한 무상한 것이고 지어낸 것이고 조건에 의해 생겨난 것이다.… 비구들이여, 이와 같이 알고 이와 같이 볼 때 번뇌는 지체 없이 소멸한다.…(SN. Ⅲ. 96-97)"

75
의식〔識〕

의식(識, viññaṇa)이란 무엇인가. 여기에서의 의식은 오온의 다섯 번째 항목에 해당하는 것으로, 지각〔想〕이나 지음〔行〕 따위와 더불어 정신현상에 속한 경험의 갈래를 일컫는다. 곧 어떠한 현상에 대해 '식별하여 아는 작용'을 가리킨다. "의식하는 것을 일컬어 의식이라고 한다. 의식한다는 것은 무엇인가. 신 것도 의식하고 쓴 것도 의식하고 단 것도 의식하고 떫은 것도 의식하고 떫지 않은 것도 의식하고 짠 것도 의식하고 싱거운 것도 의식한다. 이와 같이 의식하는 것을 가리켜 의식이라고 한다.(SN. III. 87)"

의식은 문헌에 따라 다양한 용례를 보인다. 특히 이것은 후대의 불교에 이르러 형이상학적 주체로 이해되기도 하였다. 그러나 초기불교에서 말하는 의식이란 안팎의 대상에 대한 인식적 반응에 해당한다. 그리고 이 경우의 의식은 감각기관에 따라 통상 여섯으로 구분된다. "이와 같은 여섯 가지 의식의 무리가 있다. 눈의 의식, 귀의 의식, 코의 의식, 혀의 의식, 몸의 의식, 마음기능의 의식이다. 비구들이여, 이것을 의식이라고 한다.(SN. Ⅲ. 64)" 이들은 각각에 상응하는 감각대상에 대한 정신적 반응으로서의 의미를 지닌다.

의식은 느낌(受)이라든가 지각(想) 이전의 단순한 감각적 의식에서부터 이들을 거친 연후의 숙성된 의식에 이르기까지 다양한 방식으로 존재한다. 느낌이라든가 지각 이전의 감각적 의식에는 아직 온전한 경험내용이 존재하지 않는다. 이것은 이후에 전개될 구체적 인식의 조건으로 기능할 뿐이다. 예컨대 파란색 물체를 마주했을 때 최초로 발생한 눈의 의식(眼識)은 단지 어떠한 빛깔의 존재를 알아챌 뿐 그것이 파란색이라는 것을 미처 깨닫지 못한다. 느낌(受)이라든가 지각(想) 혹은 지음(行) 따위가 아직 작동하지 않기 때문이다.

한편 숙성된 의식은 경험내용과 더불어 점점 더 분명해지고 구체화된다. "의식(識)은 물질현상(色)을 수단으로 삼아 분명해지고 확립된다. 물질현상을 대상으로 삼아, 물질현상을 기반으로 삼아, 즐거움의 자리로 삼아, 성장하고 증가하고 풍만해진다. (의식은) 느낌(受)을 수단으로 삼아…, (의식은) 지각(想)을 수단으로 삼아…, 의식은 지음(行)을 수단으로 삼아 분명해지고 확립된다. 지음을 대상으로 삼아, 지음을 기반으로 삼아, 즐거움의 자리로 삼아, 성장하고 증가하고 풍만해진다.(DN. Ⅲ. 228)" 이와 같이 의식이란 느낌이라든가 지각 따위의 과정을 거치면서 분명해진다.

이러한 방식으로 숙성의 과정을 통과한 의식은 최초의 감각적 의식과 다르다. 이것은 구체적인 경험내용과 함께 다양한 마음현상을 수반한다. 이 경우의 의식은 희로애락을 경험하는 정신적 주체로서의 역할을 맡는다. 그러나 이러한 의식이라고 하더라도 육체와의 연관성을 망각해서는 안 된다. 이와 관련하여 다음의 경문이 있다. "나의 이 육체는 물질현상에 속하며, 네 가지 요소로 이루어진 것이며, 어머니와 아버지로부터 생겨났고, 밥과 죽으로 이루어졌으며, 무상하고 파괴되고 분쇄되고 해체되고 분해되기 마련이다. 나의 이 의식은 여기에 의존해 있고 여기에 묶여 있다.(DN. I. 76)"

육체와의 연관성이 망각된 의식은 변화하지 않는 정신적 실체로 여겨질 수 있다. 초기불교의 경전에도 이러한 의식을 상정하고서 윤회의 여정을 통해 거듭 태어나는 존재로 잘못 이해했던 사례가 나타난다.(MN. I. 256) 그러나 붓다는 조건(緣)이 존재하지 않으면 어떠한 의식도 발생할 수 없다는 사실을 강조한다. "불이 장작으로 인해 타게 되면 장작불이라고 부른다.… 그와 같이 눈(眼)을 조건으로 시각대상(色)에 대한 의식이 생겨난다. 바로 그것을 눈의 의식(眼識)이라고 부른다.… 마음기능(意)을 조건으로 마음현상(法)에 대한 의식이 생겨난다. 바로 그것을 마음의 의식(意識)이라고 부른다.(MN. I. 259-260)"

변화하지 않는 정신적 실체로 상정된 의식은 영원히 존재하는 '나'라는 생각을 굳건히 한다. 그렇게 해서 죽고 난 이후에도 계속되는 영혼 따위의 관념이 탄생하게 된다. 그러나 이것은 집착의 대상을 영구적인 것으로 확장시키는 어리석음에 불과하다. 이러한 시도는 조건에 의해 생겨나는 의식의 특성을 망각한 것으로 의식에 집착한 상태 즉 식취온(識取蘊)에 빠져 있는 경우라고 할 수 있다. 이러한 상태가 해소되지 않는 한 '나'라는 관념을 둘러싼 갖가지 근심과 괴로움은 사라지지 않는다. 따라서 붓다는 의식에 대해 다음과 같이 닦을 것을 권한다. "의식을 자아로 관찰하지 말고, 자아가 의식을 소유한다거나, 자아가 의식이라거나, 의식에 자아가 있다거나, '나는 의식이다'라거나, '나의 의식이다'라고 관찰하지 않는다.… 그러한 이에게는 근심·슬픔·괴로움·불쾌·절망이 일어나지 않는다.(SN. Ⅲ. 5)"

76
십이처(十二處)

십이처(十二處, dvadasa-ayatanani)란 무엇인가. 여섯의 내부적 장소(六內處)와 외부적 장소(六外處)를 일컫는다. 구체적으로 눈(眼)과 시각대상(色), 귀(耳)와 소리(聲), 코(鼻)와 냄새(香), 혀(舌)와 맛(味), 몸(身)과 감촉(觸), 마음기능(意)과 마음현상(法)이라는 감각기능(根) 및 감각대상(境)을 가리킨다. 이들은 통상 여섯 가지 안팎의 장소(六內外處)로 일컬어지기도 한다. 보거나 듣거나 상상하는 모든 것은 이러한 열두 가지를 배경으로 한다. 붓다는 십이처를 통해 인간의 앎과 경험이 지니는 한계를 분명히 하고자 하였다.

앞선 글에서 언급했듯이 물질현상(色)·느낌(受)·지각(想) 따위의 오온(五蘊)은 '나'의 실존을 이루는 경험적 요인들을 다섯의 갈래로 분류해 놓은 것이다. 반면에 십이처는 그러한 요인들이 과연 어떠한 토대 위에 성립해 있는가를 밝힌다. 오온은 주객이 혼융된 '나'의 현실을 가리키는 반면에 십이처는 그러한 현실의 발생 배경을 드러낸다.

즉 오온이라는 경험적 요인들이 여섯 쌍의 감각기능과 감각대상에 근거한다는 사실을 일깨운다. 경험세계에 존재하는 모든 것은 이 십이처의 범위를 넘어서지 못한다.

십이처에서 안팎의 요인들은 서로를 의존한다. 예컨대 눈과 시각대상, 귀와 소리 등은 서로 떨어져 존재할 수 없다. 귀가 존재하지 않으면 소리란 있을 수 없고 그 반대 역시 마찬가지이다. 그런데 이들 가운데 마지막 쌍인 마음기능과 마음현상은 특별한 지위를 갖는다. 여타의 감각기능은 매 순간 자신들만의 고유한 감각대상과 관계할 뿐이다. 그러나 마음기능은 여타의 감각기능을 통해 인식했던 대상들을 마음현상으로 전환하여 기억하거나 예상한다. 이러한 방식으로 마음기능과 마음현상은 십이처의 나머지 쌍들과 관계하면서 과거와 현재와 미래를 넘나드는 종합적인 인식을 수행한다.

붓다는 십이처를 벗어난 것에 대해서는 앎의 대상이 아님을 분명히 한다.(SN. IV. 15) 십이처를 벗어난 무엇은 그 존재의 여부마저도 따질 수 없다. 그럼에도 많은 사람들이 십이처를 넘어선 절대적 존재에 대한 환상을 품곤 한다. 그러나 그것은 스스로의 인식이 지니는 한계를 망각한 결과로서 '토끼의 뿔'이나 '허공에 핀 꽃'에 비유할 수 있다. 일상적인 생각이나 관념에서부터 범우주적 차원의 형이상학에 이르기까지 십이처를 조금도 벗어날 수 없다. 따라서 붓다는 십이처를 세상(loka)의 발생과 사라짐에 결부시키기도 한다.(SN. IV. 87)

십이처는 괴로움이 발생하고 소멸하는 장소에 해당한다. 따라서 십이처를 단속함으로써 괴로움을 대처해 나가는 것이 가능하다. 예컨대 눈으로 보거나 귀는 듣는 일상의 과정을 적절히 통제함으로써 괴로움을 차단하거나 소멸시킬 수 있다. 실제로 붓다는 감각적 접촉의 장소를 잘 길들이고 잘 지키고 잘 단속하면 괴로움을 극복하고 즐거움을 성취할 수 있다고 가르친다.(SN. IV. 70) 이러한 의미에서 십이처란 괴로움이 발생하는 장소이기도 하지만 그것을 종식시키고 즐거움을 얻는 발판이 되기도 한다.

십이처를 다스려 나가는 구체적인 과정은 다음과 같이 묘사된다. "눈으로 시각대상을 보면서 드러난 모습(nimitta)이나 수반되는 특징(anubyañjana)에 사로잡히지 않는다. 눈이라는 감각기능(根)을 단속하지 않으면 탐욕이라든가 불쾌함 따위의 나쁘고 옳지 못한 법이 흘러들어오기 때문에 그것을 막기 위해 실천한다. 눈이라는 감각기능을 지키고 눈이라는 감각기능에 대한 단속을 행한다. 귀로 소리를 들으면서… 코로 냄새를 맡으면서… 혀로 맛을 보면서… 몸으로 감촉을 느끼면서… 마음기능으로 마음현상을 인식하면서… 그는 이와 같이 거룩한 감각기능의 단속을 갖추고서 내부적으로 손상됨이 없는 즐거움(樂, sukha)을 경험한다.(DN. I. 70)"

77
십팔계(十八界)

십팔계(十八界, aṭṭharasa-dhātuyo)란 무엇인가. 여섯의 감각기능(六根)과 여섯의 감각대상(六境) 그리고 이들을 조건으로 발생하는 여섯의 의식(六識)을 내용으로 한다. 십팔계를 구성하는 각각의 요소들은 독자적인 경계를 유지하면서 경험세계를 발생시키는 원리가 된다. 십팔계의 계(界)란 빨리어 다뚜(dhātu)를 한역한 것이다. 붓다에 따르면 일체의 괴로움은 조건에 의해 발생하고 사라진다. 그는 이러한 조건에 의한 발생과 소멸에 대해 '확립된 계(ṭhitā dhātu)'라는 표현을 사용한다.(SN. Ⅱ. 25)

일반적으로 계란 특정한 현상이 다른 현상과 차별성을 유지하면서 드러내는 경계(境界)를 일컫는다. 이것을 지님으로써 그러한 현상은 다른 무엇과 뒤섞이지 않는 독특성을 지속하게 된다. 예컨대 물이 기름에 섞이지 않는 이유는 물은 물대로 기름은 기름대로의 특성을 지니기 때문이다. 이와 같이 모든 사물은 저마다의 고유한 정체성을 흩뜨리지 않는다. "중생들은 계에 따라 함께 모이고 함께 어울린다. 저열한 신념을 가진 중생들은 저열한 신념을 가진 자들과 함께 어울리고 좋은 신념을 가진 중생들은 좋은 신념을 가진 중생들과 함께 모이고 함께 어울린다.(SN. Ⅱ. 154)"

십팔계란 구체적으로 눈(眼)과 시각대상(色)과 눈의 의식(眼識), 귀(耳)와 소리(聲)와 귀의 의식(耳識), 코(鼻)와 냄새(香)와 코의 의식(鼻識), 혀(舌)와 맛(味)과 혀의 의식(舌識), 몸(身)과 감촉(觸)과 몸의 의식(身識), 마음기능(意)과 마음현상(法)과 마음의 의식(意識) 등으로 구성된다. 이들 각각의 요소는 다른 요소들과 뒤섞이지 않는 저마다의 고유한 특성을 유지하면서 경험세계가 성립하는 최소 단위로 기능한다. 접촉하거나 느끼거나 떠올리거나 상상하는 모든 것이 이러한 열여덟 가지 원리를 바탕으로 일정한 모습과 형태를 유지하게 된다.

그러나 십팔계가 불변의 형이상학적 실체(實體, substance)로 제시되는 것은 아니다. 이들은 다만 경험의 분석을 통해 얻어진 것으로, 경험적 차원에서 경험세계의 발생과 진행을 해명하기 위한 용도를 지닐 뿐이다. "눈(眼)을 조건으로 시각대상(色)에 대한 눈의 의식(眼識)이 발생한다. 이 셋의 부딪힘이 접촉(觸)이다. 접촉을 조건으로 느낌(受)이 있다. 그는 느끼는 그것을 지각한다(想). 그는 지각한 그것을 생각한다(尋). 그는 생각한 그것을 망상한다(戱論).… 이렇게 해서 과거·미래·현재에 걸쳐 눈으로 의식되는 시각대상에 관해 망상에 오염된 지각(想)과 관념(思量)이 생겨난다.… (귀와 코 따위도 마찬가지이다.)(MN. I. 111-112)"

십팔계는 오온(五蘊) 및 십이처(十二處)와 비교되곤 한다. 오온은 '나'의 현실을 주객이 혼용된 경험의 갈래들로 뭉뚱그려 분류한 것이다. 십이처는 그러한 오온을 여섯의 감각기능과 감각대상으로 환원해 놓은 것으로 오온의 발생 배경을 드러낸다. 한편 십팔계는 십이처의 마음기능[意]에서 의식[識]을 따로 분화시킨 다음 다시 이 의식을 여섯의 감각기능에 배대하여 세분화한 것이다. 이렇게 성립된 십팔계의 여섯 의식(六識)은 십이처의 마음기능[意]과 별개의 것이 아니다. 다만 이들은 각기 고유한 감각기능에 관련된다는 점에서 따로 구분될 뿐이다.

눈[眼] ⇔	시각대상[色] ⇔	눈의 의식(眼識)
귀[耳] ⇔	소리[聲] ⇔	귀의 의식(耳識)
코[鼻] ⇔	냄새[香] ⇔	코의 의식(鼻識)
혀[舌] ⇔	맛[味] ⇔	혀의 의식(舌識)
몸[身] ⇔	감촉[觸] ⇔	몸의 의식(身識)
마음기능(意, =여섯 의식) ⇔	마음현상[法] ⇔	마음의 의식(意識)

여섯의 감각기능(根)은 각각에 대응하는 감각대상(境)과 더불어 각각의 의식[識]을 발생시킨다. 즉 의식이란 감각기능 및 감각대상을 조건으로 한다. 그러나 의식이 작용하지 않으면 감각기능과 감각대상이 존재한다는 사실조차 알 수 없다. 결국 이들 모두는 서로를 의존하는 관계로 맞물리게 된다. 인간이 품는 모든 유형의 지각(想, saññā)과 관념(思量, saṅkhā)은 이러한 십팔계의 요소들로부터 구체화의 과정을 밟는

다. 십팔계는 경험내용 자체에 해당하는 오온과 경험의 발생 배경인 십이처에 대해 그들 모두가 특정한 방식으로 성립하게 되는 원리를 드러낸다고 할 수 있다.

십팔계는 인식과 지각의 발생을 설명하기 위해 필요한 최초의 경험적 요인들을 하나의 세트로 엮어놓은 것이다. 인간이 품는 각종의 형이상학적 견해들은 이러한 십팔계의 요소들로 쌓아올려진 건축물과 같다. 붓다는 바로 그들을 십팔계라는 낱낱의 경험적 단위들로 해체한다. 나아가 십팔계를 구성하는 요소들 또한 믿을 만하지 못하다는 사실을 환기시킨다. 오온이라든가 십이처와 마찬가지로 십팔계 하나하나에 대해서도 경계를 늦추지 말라고 가르친다. "어떠한 온(蘊)이든 계(界)이든 처(處)이든 그것에 대해 헤아리지 않고, 그것에 빠져 헤아리지 않고, 그것을 통해 헤아리지 않고, '그것은 나의 것이다'라고 헤아리지 않는다. 그와 같이 헤아리지 않는 자는 세상에 관련하여 어떤 것에도 집착하지 않는다. 집착하지 않으므로 동요하지 않는다. 동요하지 않으므로 스스로 완전한 열반에 든다.(SN. IV. 24)"

78
십이연기설의 취지

|

 십이연기(十二緣起)란 무엇인가. 괴로움의 현실이 전개되는 과정을 열두 단계로 분석해 놓은 것이다. 열두 단계란 구체적으로 무명(無明), 지음〔行〕, 의식〔識〕, 정신·물질현상〔名色〕, 여섯 장소〔六入〕, 접촉〔觸〕, 느낌〔受〕, 갈애〔愛〕, 집착〔取〕, 있음〔有〕, 태어남〔生〕, 늙음·죽음〔老死〕을 가리킨다. 붓다는 늙음·죽음이라는 실존의 괴로움이 태어남을 조건으로 한다는 사실을 깨달았다. 그러한 방식으로 있음이라든가 집착 따위를 거슬러 올라가 결국은 무명을 조건으로 일체의 괴로움이 생겨나는 과정을 밝혀냈다. 바로 이것이 열두 단계로 구성된 연기(緣起, paṭiccasamuppāda) 즉 십이연기이다.

 연기설의 중요성은 다음의 경문을 통해 드러난다. "연기를 보는 자 법(法)을 보고 법을 보는 자 연기를 본다.(MN. I. 190-191)" 이 언급은 붓다의 모든 가르침이 다름 아닌 연기로 집약될 수 있다는 사실을 나타낸다. 다음의 경문 역시 연기설의 의의와 성격에 관련하여 새겨둘 필요가 있다. "비구들이여, 여래가 출현하든 출현하지 않든, 태어남(生)에 의존하여 늙음·죽음(老死)이 있다. 그것은 확립된 계(ṭhitā sā dhātu)이며, 법으로서 확립된 것(dhammaṭṭhitatā)이며, 법으로서 고정된 것(dhammaniyāmatā)이니, 이것은 조건을 지닌다는 것(idappaccayatā)이다. 여래는 그것을 깨달았고 또한 분명하게 알았다. 〔있음·집착·갈애 따위의 나머지 다른 항목들도 마찬가지이다.〕(SN. II. 25)"

붓다는 연기의 이치를 스스로 고안해 낸 것이 아니라 다만 깨달았을 뿐이다. 이것은 여래(如來)의 출현 여부와 상관이 없이 괴로움에 노출된 모든 사람들에게 보편적으로 해당하는 진리이다. 그렇지만 연기란 삼라만상에 적용되는 물리적 법칙을 의미하지는 않는다. 예컨대 괴로움으로부터 벗어난 사람이 있다고 치자. 그러한 사람에게는 십이연기가 적용되지 않는다고 보아야 한다. 그러나 아라한(阿羅漢)을 제외한 대부분의 사람들은 괴로움에 지배될 수밖에 없다. 그러한 한에서 십이연기는 '법으로서 확립된 것' 이며 '법으로 고정된 것' 이다.

이러한 십이연기와 관련하여 반드시 유념해 두어야 할 사항이 있다. 이 가르침은 객관적인 실재의 발생과 소멸을 규명하기 위한 것이 아니라는 점이다. 이것은 다만 괴로움의 현실을 해명하기 위한 것이며 또한 괴로움으로부터 벗어나도록 하기 위해 제시되었다. 이러한 사실을 망각하게 되면 십이연기에 대해 세계의 구조를 밝히기 위한 형이상학적 교설로 오인할 수 있다. 그러나 붓다는 형이상학자도 자연과학자도 아니었다. 그는 오로지 괴로움의 실존을 극복하는 데 전력을 기울였고,

바로 그러한 동기에서 괴로움이 구체화되는 경로를 드러냈을 뿐이다.

십이연기는 그 출발점에서부터 여타의 사변적·형이상학적 견해들과 궤도를 달리한다. 예컨대 십이연기에 대한 기술 앞에는 대체로 다음과 같은 정형구가 나타난다. "'모든 것이 있다'는 것도 하나의 극단적 견해요, '모든 것이 있지 않다'는 것도 하나의 극단적 견해이다. 여래는 이들 두 극단에 다가가지 않고 가운데에서 가르침을 드러낸다.(SN. Ⅱ. 17)" 십이연기는 '있음' 혹은 '있지 않음'이라는 형이상학적 주장들 가운데 어느 하나를 지지하고자 의도된 것이 아니다. 오히려 이것은 이들 모두를 해소하기 위한 가르침으로서의 의미를 지닌다. 이러한 방식으로 붓다는 단일성과 다수성의 문제, 괴로움의 주체 문제, 영혼과 육체의 동일성 여부 등에 관한 주장들에 대해서도 벗어나야 할 극단으로 간주한다.(SN. Ⅱ. 20-77)

붓다에 따르면 인간의 인식이란 있는 그대로의 실재(reality)를 받아들이기 힘든 구조이다. 뿌리 깊은 무지와 습관적 경향들 그리고 갈애와 집착 따위로부터 자유롭지 못하기 때문이다. 붓다는 당시 유행했던 대부분의 사변적·형이상학적 견해들이 바로 이점을 간과한다고 보았다. 그들은 그럴듯한 논리를 내세웠지만 그러한 논리의 이면에는 탐욕과 증오 따위가 도사리고 있었다. 그들의 주장은 결국 편견과 아만으로 기울어 자신과 타인에게 괴로움을 증폭시킬 뿐이었다. 붓다는 십이연기를 통해 그러한 형이상학적·사변적 견해들이 괴로움으로 귀착되는 과정을 밝히고자 하였다. 즉 세계에 대한 그릇된 생각과 관념이 괴로움의 현실로 드러나는 과정 자체를 십이연기로 분석해 낸 것이다.

   십이연기에 따르면 인간의 모든 괴로움은 있는 그대로를 받아들이지 못하는 상태인 무명으로부터 시작된다. 그리고 그것의 최종 귀결은 다름 아닌 늙음·죽음이라는 실존의 괴로움이다. 붓다는 무명이 소멸하면 나머지 지분들 또한 순차적으로 소멸하며, 결국에는 늙음·죽음으로 대변되는 일체의 괴로움이 사라진다고 가르친다.(SN. II. 1-2) 이러한 십이연기의 교설은 무명의 제거를 통해 괴로움의 해소를 꾀하는 처방책으로서 치유적인 성격을 지닌다. 초기불교의 십이연기를 세계의 기원이나 구조를 해명하기 위한 형이상학의 일종으로 간주하는 것은 본래의 취지를 벗어난다고 할 수 있다.

79
십이연기의 해석

십이연기를 어떻게 해석해야 할까. 우선 연기(緣起, paṭiccasamuppāda)라는 용어부터 살펴보자. 문자 그대로 분석하자면 '~을 향하여(paṭi)', '다가가서(icca)', '일어남(samuppāda)'이 된다. 그대로 옮기자면 '서로 마주하여 일어남'이 된다. 이러한 분석에 비추어 연기란 늙음·죽음으로 대변되는 괴로움의 현실이 특정한 배경이나 조건들이 마주할 때 발생한다는 사실을 드러낸고 할 수 있다. 괴로움이란 본래적인 것도 아니고 우연적인 것도 아니다. 그것은 그럴 만한 조건들이 마주치는 가운데 발생했다가 사라진다. 붓다는 괴로움의 발생과 소멸을 12단계에 걸친 연쇄적 조건으로 설명하였다. 바로 그것이 십이연기이다.

십이연기는 괴로움〔苦〕, 괴로움의 원인〔集〕, 괴로움의 소멸〔滅〕, 괴로움의 소멸에 이르는 방법〔道〕이라는 사성제(四聖諦)의 가르침과 내용적으로 통해 있다. 실제로 일부 경전에서는 괴로움의 원인과 관련하여 첫 번째 단계인 무명에서부터 열두 번째 단계인 늙음·죽음에 이르는 십이연기의 발생 과정을, 괴로움의 소멸에 관련해서는 무명의 소멸로부터 늙음·죽음의 소멸에 이르는 십이연기의 환멸(還滅) 과정을 대입하기도 한다.(AN. I. 177) 이것에 비추어 십이연기와 사성제는 동전의 앞뒷면과 같은 표리(表裏)의 관계에 놓인다고 할 수 있다.

초기불교에서는 연기의 교설을 2단계, 3단계, 5단계, 9단계, 10단계, 12단계라는 다양한 방식으로 기술한다. 이들 모두는 괴로움에 떨어지게 되는 경로를 해명한다는 점에서 공통적이다. 붓다는 가르침을 수용하는 사람들의 역량에 따라 각기 다른 단계들로 구성된 다양한 연기의 교설을 제시했다. 괴로움의 발생과 소멸 과정을 상세히 알려줄 필요가 있는 사람들에게는 12단계의 연기를, 간략한 가르침만으로도 충분하다고 판단된 사람들에게는 2단계나 3단계 등의 축약적인 연기를 가르쳤던 것으로 보인다. 따라서 특정한 연기의 교설을 우월한 것으로 내세우기 곤란하며, 각각 방식은 나름의 의의와 쓰임을 지닌다고 할 수 있다.

연기설의 기본 구조는 다음과 같이 묘사된다. "이것이 있을 때 저것이 있고 이것이 없을 때 저것이 없다. 이것이 발생하므로 저것이 발생하고 이것이 소멸하므로 저것이 소멸한다.(SM. II. 70)" 12단계에 이르는 각 지분들은 바로 이러한 형식으로 엮이어 있다. 예컨대 태어남(生)이 있을 때 늙음·죽음(老死)이 있고 태어남이 없으면 늙음·죽음도 없다. 또한 태어남이 발생하므로 늙음·죽음이 발생하고 태어남이 소멸하면 늙음·죽음도 소멸한다. 이러한 방식으로 태어남은 있음〔有〕을 조건으로 하고, 있음은 집착〔取〕을, 집착은 갈애〔愛〕를 조건으로 한다. 그리하여 결국에는 최초의 무명(無明)을 조건으로 나머지 11가지 지분들이 발생하고 소멸한다.

후대에 이르면서 십이연기의 해석은 크게 두 갈래로 나뉜다. 각각의 지분들이 동시에 존재한다는 입장과 순차적으로 발생한다는 입장이 그것이다. 전자는 "이것이 있을 때 저것이 있고 이것이 없을 때 저것이 없다."라는 경구에 근거한다. 이러한 해석에 입각하면 이것과 저것 사이에는 시간적인 간격이 존재하지 않는다. 비유하자면 폭력 혹은 살생의 상황(老死)이 발생했을 때 그러한 행위를 발동시키는 어리석음은 무명(無明)이고, 그것을 저지르려는 의도는 지음〔行〕이며, 그러한 상황에서의 앎의 작용은 의식〔識〕이다. 이러한 방식으로 십이연기의 전체 지분이 동시적으로 작용한다.

한편 후자는 각각의 지분들이 순차적으로 발생하여 작용한다는 입장이다. "이것이 발생하므로 저것이 발생하고 이것이 소멸하므로 저것이 소멸한다."라는 내용이 이를 뒷받침한다. 이때의 이것과 저것 사이에는 시간적인 간격이 자리한다. 예컨대 과거의 삶에서 누적된 무명(無明)과 지음〔行〕이 현재의 삶에서 발현되는 의식〔識〕의 조건으로 작용한다. 이러한 방식으로 앞선 지분들은 이후의 지분들에 대해 인과적 조건으로 작용한다. 특히 이와 같은 해석은 윤회설과 결합하여 과거생에서 현재생, 그리고 미래생으로 이어지는 과정을 설명하는 논리가 되기도 한다.

후자의 순차적 해석은 다시 세 가지로 세분화된다. 먼저 12찰나에 걸쳐 각각의 지분들이 부단히 연달아 발생한다는 연박(蓮縛)연기설이 그것이다. 다음으로 아득히 먼 과거생에서부터 직전의 과거생에 걸쳐 누적된 무명과 지음이 현재생에 영향을 미치고 또한 현재생의 있음이 다음 혹은 그 다음의 미래생 등으로 연결된다는 원속(遠續)연기설이 있다. 마지막으로 각각의 지분들이 직전의 과거생과 직후의 미래생 그리고 현재생이라는 삼세에 걸친 인과적 관계로 엮인다는 분위(分位)연기설이 그것이다. 이들 중 맨 후자는 부파불교시대 이래로 가장 널리 인정되었으며, 삼세양중인과설(三世兩重因果說)이라는 명칭으로 일컬어지기도 하였다.

이상과 같이 십이연기에 대해서는 상이한 해석이 존재한다. 각각의 해석에는 나름의 장점이 존재한다. 예컨대 모든 지분이 동시적으로 작용한다는 입장에 따르면 어리석음에 빠지는 즉시 괴로움의 현실에 처하게 된다. 즉 누군가를 오해하는 순간 배신감이라는 괴로움에 노출되게 되는 이치가 잘 드러난다. 또한 이러한 해석은 어리석음을 제거하게 되면 그 즉시 괴로움으로부터 벗어나게 되는 원리를 용이하게 설명한다. 누군가에 대해 터무니없이 오해하고 있었다는 사실을 깨닫는 순간 배신감은 미안한 마음으로 바뀐다. 한편 후자의 순차적 해석은 괴로움이 전개되고 소멸하는 점진적 과정을 묘사한다고 할 수 있다. 이것은 지금 혹은 오늘을 살아가는 모습이 다음 순간 혹은 미래의 삶에 대해 조건으로 작용한다는 이치를 드러낸다. 이것은 미래의 괴로움을 차단하기 위해서는 현재를 바르게 살아야 한다는 교훈을 일깨운다. 따라서 상이한 해석들 가운데 어느 하나만을 전적으로 옳다고 단정할 수 없다.

80
늙음 · 죽음〔老死〕

늙음 · 죽음(老死, jarāmaraṇa)이란 무엇인가. 무명으로부터 시작되는 십이연기의 연쇄적 과정에서 마지막 항목에 해당한다. 늙음 · 죽음은 태어남〔生〕을 조건으로 발생하며, 생명을 지닌 존재라면 예외 없이 맞이하는 보편적인 괴로움이다. 이것이 가져오는 심리적 중압감은 다른 무엇과도 비교할 수 없다. 따라서 늙음 · 죽음은 슬픔 · 비탄 · 괴로움 · 불쾌 · 번민 따위의 수식어와 함께 묘사되곤 한다.(SN. II. 2) 늙음 · 죽음은 괴로움으로 뒤엉킨 인간의 실존을 대변한다. 십이연기의 가르침이 의도하는 궁극의 목적은 바로 이것을 극복하는 데 있다.

경전에 나타나는 십이연기의 정형구는 다음의 형식을 취한다. "무명(無明)을 조건으로 지음〔行〕이 있고, 지음을 조건으로 의식〔識〕이 있고, 의식을 조건으로 정신 · 물질현상〔名色〕이 있고, 정신 · 물질현상을 조건으로 여섯 장소〔六入〕가 있고, 여섯 장소를 조건으로 접촉〔觸〕이 있고, 접촉을 조건으로 느낌〔受〕이 있고, 느낌을 조건으로 갈애〔愛〕가 있고, 갈애를 조건으로 집착[取]이 있고, 집착을 조건으로 있음[有]이 있고, 있음을 조건으로 태어남[生]이 있고, 태어남을 조건으로 늙음·죽음[老死], 슬픔·비탄·괴로움·불쾌·번민 등이 있다.(SN. Ⅱ. 2)"

그런데 위의 정형구는 늙음·죽음으로부터 시작되는 것이 아니라 무명으로부터 출발한다. 또한 무명에 대해 꿰뚫고 있는 사람의 입장에서 선언적으로 제시되는 방식을 취한다. 따라서 무명에 대해 미리 꿰뚫지 못한 상태라면 이 가르침을 온전히 이해하기 어렵다. 그러나 이와 같은 순서는 무명 즉 '진리에 대해 모르는 상태'가 괴로움의 근본 원인이라는 사실만큼은 분명히 해준다. 나아가 무명을 제거하면 괴로움을 소멸시킬 수 있다는 교훈을 부각시킨다.(SN. Ⅱ. 4) 따라서 위의 정형구는 괴로움을 없애기 위한 처방으로서 십이연기의 취지를 밝히기 위한 것이라고 할 수 있다.

십이연기를 다루는 대부분의 경전들은 무명으로부터 시작하여 늙음·죽음에 이르는 순서로 기술된다. 그러나 각각의 지분들에 대한 구체적인 해설로 옮겨가면 이러한 순서가 뒤바뀌어 맨 마지막의 늙음·죽음부터 시작하여 최종적으로 무명을 다루는 형식이 된다. 이것은 십이연기에 대한 세부적 이해가 현실의 괴로움을 있는 그대로 인정하는 데서부터 시작됨을 의미한다. 갖가지 괴로움에 노출되어 하루하루 불안하게 연명해 나가는 바로 그러한 상태가 십이연기를 깨달아 나가는 첫 번째 관문이라는 의미이다. 슬픔·비탄·괴로움·불쾌·번민 등이야말로 십이연기의 자각을 위한 매개가 된다는 것이다.

늙음·죽음은 생명을 지니고 있는 한 언젠가는 맞닥뜨릴 수밖에 없는 것이다. 이것에 대해 경전에서는 다음과 같이 해설한다. "〔늙음이란〕 그렇고 그런 중생들의, 그렇고 그런 중생들의 무리에서의 늙음, 노쇠, 이빨 빠짐, 머리 희어짐, 주름짐, 수명의 감소, 감각기능의 쇠퇴이다. 이것을 늙음이라고 한다. 또한 〔죽음이란〕 그렇고 그런 중생들의, 그렇고 그런 중생들의 무리에서의 사라짐, 사라져 감, 파괴됨, 무너짐, 죽음의 신에 의한 죽음, 임종을 맞이함, 경험요소(蘊)의 무너짐, 시체로 놓여짐이다. 이것이 죽음이다. 비구들이여, 이것을 늙음·죽음이라고 한다.(SN. II. 2-3)"

인용문에 나타나는 늙음·죽음은 대체로 생리적인 측면에 초점을 맞추고 있다. 이것에 대해 제삼자의 시각으로 접근하면 그냥 무덤덤하게 여겨질 수 있다. 그러나 다른 누구도 아닌 '나' 자신에게 적용되는 가르침이라는 사실을 깨닫게 되면 다른 무게로 느껴질 수밖에 없다. 한 발짝 한 발짝 '나'에게 다가오는 늙음·죽음은 결코 후퇴하는 법이 없다. 이것은 '나'의 의지와 무관하게 '나'를 강제한다. 더욱 중요한 사실은 이것을 부정하면 부정할수록 괴로움의 강도는 커질 수밖에 없다는 것이다. 늙음·죽음은 아직 당면하지 않은 미래의 이야기임에도 현재를 지배하면서 온통 괴로움의 수렁에 빠지게 한다. 십이연기는 바로 이와 같은 '나' 자신의 현실에 대한 자각이 전제될 때 비로소 '나'를 위한 가르침이 될 수 있다.

81
태어남 〔生〕

태어남(生, jāti)이란 무엇인가. 무명으로부터 시작되는 십이연기의 지분들 가운데 열한 번째에 해당한다. 태어남은 늙음·죽음〔老死〕의 조건이 되며 또한 그 자체는 있음〔有〕을 조건으로 발생한다. 태어남이란 특정한 존재로 태어나는 것을 말한다. 거기에는 다양한 종류와 양상이 있을 수 있다. 예컨대 인간으로의 태어남, 동물로의 태어남, 천신으로의 태어남 등이 있다. 또한 인간으로 태어나더라도 국가라든가 시대·인종·성별 따위의 변수가 있을 수 있다.

십이연기의 태어남에 관한 일반적 설명은 다음과 같다. "태어남이란 무엇인가. 그렇고 그런 중생들의, 그렇고 그런 중생들의 무리 안에서의 태어남, 생겨남, 들어감, 자라남, 경험요소(蘊)의 나타남, 장소〔處〕의 획득이다. 이것을 태어남이라고 한다.(SN. II. 3)" 바로 이것으로 인해 12번째 지분에 해당하는 늙음·죽음이 발생하게 된다. 만약 애초부터 태어남이 존재하지 않았더라면 노쇠라든가 사라짐의 괴로움을 겪을 이유가 없다. 태어남이 있기 때문에 감각기능의 쇠퇴라든가 육체의 무너짐이라는 늙음·죽음의 괴로움을 걸머지게 된다.

십이연기의 연쇄적 과정을 윤회설(輪廻說)에 결부시키면 태어남이란 죽고 난 이후에 다시 태어나는 것이다. 즉 내세(來世)의 재생을 의미한다. 다음의 경문이 전형적인 사례이다. "어리석은 자는 몸이 무너져 죽은 뒤 다른 몸을 받는다. 그는 다른 몸을 받아 태어남으로부터 해탈하지 못하고, 늙음·죽음, 슬픔·비탄·괴로움·불쾌·번민이라는 괴로움으로부터 해탈하지 못한다고 나는 말한다.(SN. Ⅱ. 24)" 이 경우의 태어남은 전생(前生)에서 누적된 어리석음이 미래생(未來生)의 다른 존재로 이어지는 것을 가리킨다.

그런데 이러한 설명에 따르면 일단 태어나면 바로 그 생에서는 늙음·죽음을 벗어날 수 없다. 또한 한평생 받아야 하는 즐거움과 괴로움의 크기는 과거에 지은 업에 의해 미리 고정된다는 결론에 이르게 된다.(SN. Ⅲ. 212.) 이러한 사고는 현생에서 깨달음을 얻더라도 과거에 지은 업은 고스란히 받아야 하며, 그러한 이유에서 괴로움의 완전한 종식은 불가능하다는 생각으로 이어질 수 있다. 나아가 실천·수행의 목표가 현생에서 얻어지는 인격적 변화에 있는 것이 아니라 오로지 내세에 재생하지 않는 것으로 국한될 수 있다. 따라서 십이연기의 태어남을 죽음 이후의 재생에 한정하는 방식의 설명이나 해석은 재고의 여지가 많다. 태어남이란 새로운 국면으로 전개되는 괴로움의 유전(流轉) 양상을 포괄적으로 묘사하는 용어로 이해할 수 있다.

붓다는 실존의 차원에서 드러나는 태어남과 죽음에 관심을 가졌다. 이것이야말로 그가 이 세상에 출현한 이유로 설명된다. "태어남과 늙음과 죽음이 있다. 비구들이여, 이들 세 가지 법이 세상에 존재하지 않는다면 여래·아라한·정등각은 세상에 출현하지 않았을 것이고, 여래가 가르친 법과 율도 세상에 드러나지 않았을 것이다. 그러나 세상에는 이러한 세 가지 법이 존재한다. 그렇기 때문에 여래·아라한·정등각이 세상에 출현하였고, 여래가 가르친 법과 율도 세상에 드러난 것이다.(AN. V. 144)"

붓다는 전생 혹은 미래생에 압도되어 현생의 삶을 체념하라고 가르치지 않았다. 그는 어떠한 마음으로 지금을 살아가느냐가 더욱 중요하다고 보았다. 이 순간의 마음이 어떠한가에 따라 태어남과 늙음과 죽음을 극복할 수도 그렇지 못할 수도 있다고 가르쳤다. "세 가지 법을 제거하지 못하면 태어남도 제거할 수 없고 늙음도 제거할 수 없고 죽음도 제거할 수 없다. 무엇이 셋인가. 탐냄을 제거하지 못하고 성냄을 제거하지 못하고, 어리석음을 제거하지 못하는 것이다.(AN. V. 144)" 태어남과 늙음·죽음은 현재의 삶에 드리워져 있는 괴로움이며, 또한 지금 이 순간의 마음가짐에 의해 극복되어야 할 내용이라고 할 수 있다.

82
있음〔有〕

있음(有, bhava)이란 무엇인가. 무명으로부터 시작되는 십이연기의 지분들 가운데 열 번째에 해당하는 항목이다. 있음은 태어남〔生〕의 조건이 되며 또한 그 자체는 집착〔取〕을 조건으로 발생한다. 있음에 대한 경전의 설명은 다음과 같다. "비구들이여, 있음에는 이러한 세 가지가 있다. 감각적 욕망에 의한 있음(欲有), 물질현상에 의한 있음(色有), 물질현상을 지니지 않은 있음(無色有)이다. 비구들이여, 이것을 있음이라고 한다.(SN. II. 3)"

초기불교 경전에서 있음에 관한 자세한 해설은 찾아보기 힘들다. 따라서 있음은 십이연기의 지분들 가운데 가장 난해한 개념의 하나로 간주되곤 한다. 그러나 이것이 태어남의 조건이 된다는 사실은 그 의미를 추정해 볼 수 있는 중요한 단서를 제공한다. 있음이란 태어남을 가능하게 해주는 무엇이다. 이것은 태어남의 여건 혹은 배경으로 바꾸어 말할 수 있을 것이다.

세 가지 있음(三有)에 대한 이해를 위해 삼계(三界)의 가르침을 참고할 필요가 있다. 삼계란 감각적 욕망에 지배되는 세계(欲界), 물질현상에 지배되는 세계(色界), 물질현상을 벗어난 세계(無色界) 등을 가리킨다. 이들 삼계 가운데 욕망에 지배되는 세계는 다시 지옥계·아귀계·축생계·인간계·천상계 등의 윤회의 세계로 나뉜다. 이들 중에서 앞의 셋은 괴로움으로 점철된 세계이며 뒤의 둘은 즐거움과 괴로움이 뒤섞인 세계이다. 특히 인간계는 우리와 같은 인간들이 어울려 살아가는 세계를 가리킨다. 한편 천상계는 신(神)들의 영역으로서 물질현상을 벗어난 차원(無色界)까지를 포함한다.

삼계는 태어남과 늙음·죽음이 반복되는 장소이다. 인간계에 속한 중생들은 어머니의 모태를 통한 태생(胎生)의 방식으로 태어난다. 그리고 축생계의 중생들은 태생과 난생(卵生) 등으로, 지옥계·아귀계·천상계에 속한 중생들은 홀연히 마음으로 그 모습을 나타내는 화생(化生)의 방식을 취한다. 한편 인간계의 일부 수행자들은 현재의 상태 그대로 홀연히 천상계를 경험할 수 있는 것으로 언급되기도 한다.(DN. I. 215) 십이연기의 11번째, 12번째 지분에 해당하는 태어남과 늙음·죽음은 바로 이러한 양상에 대한 묘사라고 할 수 있다. 세 가지 있음이란 삼계에 해당하는 것으로 이해할 수 있다.

한편 후대의 주석가들은 있음에 대해 '업에 의한 있음(業有, kammabhava)'과 '재생의 있음(生有, upapattibhava)'으로 풀이한다. 전자는 새로운 몸으로 재생하도록 이끄는 '업 지음'에 해당하고 후자는 그 결과로서 받게 되는 과보(果報)를 가리킨다. 이러한 설명대로라면 있음이란 내생(來生)의 태어남으로 연결되는 현생(現生)의 업일 수도 있고 혹은 전생(前生)의 업을 조건으로 한 현생의 모습일 수도 있다. 이것은 새로운 태어남으로 이어지는 씨앗과 열매에 비유할 수 있다. 이러한 방식으로 있음은 윤회(輪廻)와 전생(轉生)의 과정을 규명하기 위한 원리로 활용되기도 한다.

있음은 갖가지 모습의 태어남과 늙음·죽음이 펼쳐지는 연극무대에 해당한다. 무대의 배우들은 각자 자신의 대본을 지닌다. 그러하듯이 각각의 중생들은 자신이 속한 특정한 무대에서 자신만의 각본대로 살아간다. 그들을 위한 무대장치와 각본은 전생과 현생에 걸쳐 지은 업들로 구성된다. '업의 있음'이 곧 그것이다. 이러한 방식으로 새로운 존재로의 태어남과 늙음·죽음이 전개된다. '업의 있음'이 존속하는 한 삶의 수레바퀴 즉 윤회의 과정은 멈추지 않는다.

그런데 있음의 의미를 이러한 방식으로 확정하고 나면 재생(rebirth)을 위한 육체적 죽음이 불가피해진다. 일단 죽고 난 연후라야 새로운 존재로의 태어남이 가능하기 때문이다. 이것은 윤회의 원리는 용이하게 설명하지만 현재 당면해 있는 삶에서 괴로움을 극복하기 위한 논리로는 활용되기 힘들다. 고작 내생에 새로운 몸을 받지 않도록 하는 것이 늙음·죽음을 극복하고 슬픔·비탄 따위로부터 벗어나는 방법이라고 가르칠 수 있을 뿐이다. 그러나 이것은 현재의 삶에서 얻어지는 괴로움의 종식이 아니다. 붓다의 가르침이 이 정도에서 그친다고 생각한다면 오산이다.

붓다는 현재의 삶에서 괴로움을 끝낼 수 있다고 말한다. 심지어 바로 이 순간에도 괴로움의 종식이 가능하다고 가르친다. 다음의 경문이 그것이다. "말룽끼야뿟따여, 그대가 여기에서 보게 되었을 때는 본 것만 있고, 듣게 되었을 때는 들은 것만 있고, 생각하게 되었을 때는 생각한 것만 있고, 의식하게 되었을 때는 의식한 것만 있어야 한다. 말룽끼야뿟따여, 그렇게 된다면 그대는 그것에 의하지 않는다(na tena). 말룽끼야뿟따여, 그대가 그것에 의하지 않는다면 그대는 거기에 없다(na tattha). 말룽끼야뿟따여, 그대가 거기에 없다면 그대는 이 세상에도 없고 저 세상에도 없고 양쪽의 중간에도 없다. 바로 이것이 괴로움의 끝이다.(esevanto dukkhassa)(SN. IV. 73)"

붓다는 현재에 머물라고 가르친다. 이것을 벗어나는 순간 이 세상(idha) 혹은 저 세상(huraṁ)에 얽매이게 된다는 사실을 일깨운다. 위에서 인용한 경문에 따르면 인간이 겪는 괴로움이란 있는 그대로(yathābhūtaṁ)를 분별하고 재구성한 결과에 지나지 않는다. 현재에 만족하지 못한 채 부단히 덧칠하고 재단하는 까닭에 특정한 모습으로 굳어진 있음(bhava)의 양상이 발생한다. 또한 그렇게 해서 거기에 종속된 '나'가 출현하게 된다. 붓다는 그러한 일체의 분별을 내려놓을 때 있음이 해소된다고 가르친다. 이점에서 이 세상과 저 세상 그리고 삶과 죽음을 둘러싼 갖가지 괴로움은 관념적 구성의 산물에 불과한 것일 수 있다. 붓다는 생동하는 현재의 순간에 충실함으로써 일체의 짐을 내려놓는 방법을 일깨운다. 이러한 방식으로 현재의 삶 안에서 태어남과 늙음·죽음, 그리고 이들이 야기하는 슬픔·비탄·괴로움·불쾌·번민 따위로부터 벗어나는 길을 제시한다.

83
집착〔取〕

집착(取, upādāna)이란 무엇인가. 무명으로부터 시작되는 십이연기의 지분들 가운데 아홉 번째에 해당하는 항목이다. 집착은 있음〔有〕의 조건이 되며 또한 그 자체는 갈애〔愛〕를 조건으로 발생한다. 집착이란 특정한 대상을 자신의 소유로 움켜쥐거나 붙잡으려는 정신적 작용을 가리킨다. 이것을 통해 태어남과 늙음·죽음이 펼쳐지는 있음의 무대가 뒤따르게 된다. "집착에는 이러한 네 가지가 있다. 감각적 욕망에 대한 집착(慾取), 견해에 대한 집착(見取), 계율과 서원에 대한 집착(戒禁取), 자아의 교리에 대한 집착(我語取)이다. 비구들이여, 이것을 집착이라고 한다.(SN. II. 3)"

감각적 욕망이란 감각을 만족시키려는 욕구를 가리킨다. 이것은 대개 유혹적인 대상과 마주하였을 때 발생한다. 농토, 대지, 황금, 소나 말, 노비나 하인, 여자나 친척 따위가 그것이다.(Stn. 769게송) 특히 이것은 본능적 쾌락 가운데서도 두드러진 것에 속하는 성적(性的) 행위와 밀접한 용례로 나타난다.(AN. V. 264) 감각적 욕망은 대체로 부정적인 뉘앙스를 지닌다. 그러나 이것에 대해 반드시 부정적인 것으로는 볼 수 없다. 예컨대 감각적 욕망은 건전한 경제생활의 동기가 될 수도 있고, 재가자의 경우 원만한 가정생활을 위한 에너지가 될 수도 있다.

한편 견해는 어떠한가. 이것 또한 필수불가결한 삶의 요소이다. 특히 인간과 동물을 구분하는 중요한 기준의 하나가 견해의 유무에 있다. 인간은 바른 견해를 통해 그릇된 방향으로 나아갈 여지를 미리 차단한다. 그러나 견해란 양날의 칼과 같이 때로는 치명적인 위험이 될 수 있다. 많은 사람들이 스스로의 견해에 갇혀 자신을 경직되게 하고 타인을 억압한다. 또한 이것으로 인해 동물에게는 존재하는 않는 죄의식이나 자학 혹은 자살 따위의 비극이 발생한다. 대규모 살육이나 전쟁 혹은 종교적·이데올로기적 박해 등에도 항상 견해의 문제가 수반된다.

계율과 서원에 대한 집착은 대체로 종교생활에 심취해 있는 사람들에게 해당된다. 계율을 준수하고 서원을 세우는 것은 종교적 삶을 유지하는 데 반드시 필요하다. 이들은 보이지 않는 힘이 되어 그 사람의 인격을 다듬고 고양시키는 역할을 한다. 그러나 이것 또한 지나치면 해로운 독약으로 바뀔 수 있다. 예컨대 모든 젊은이가 불살생(不殺生)이라는 계율에 얽매여 군 입대를 거부한다면 국가의 존립이 위태로워질 것이다. 종교적 신념으로 수혈을 거부하다가 목숨을 잃는다거나 상식에 반하는 행위를 일삼는 경우도 여기에 해당한다.

자아의 교리에 대한 집착이란 무엇인가. '나'로 여겨지는 현상들에 붙들려 있는 경우를 말한다. 이것은 다름아닌 '현재의 몸에 매인 견해(有身見)'로 바꾸어 말할 수 있다.(Dhs. 212-213) 예컨대 육체를 구성하는 물질현상(色)에 집착하여 바로 그것만을 참된 자아(我, attan)라고 고집하는 경우가 그러하다. 혹은 느낌(受)이나 지각(想), 지음(行), 의식(識) 따위에 매달려 그러한 현상들 하나하나에 일희일비하는 경우도 마찬가지이다. 자아의 교리에 대한 집착은 스스로를 허구적인 자아관념 안에 고립시키는 결과를 초래한다.

이상에서 언급한 네 가지 집착의 대상이 반드시 부정적인 것은 아니다. 이들은 적극적인 삶으로 이끄는 동력이 될 수도 있다. 문제는 이들에 대해 움켜쥐거나 붙잡으려는 마음이 발생하면서부터이다. 집착과 더불어 이들은 스스로를 포박하는 사슬로 바뀌게 된다. 이렇게 해서 갖가지 괴로움의 실존이 전개되는 있음(有)의 무대가 펼쳐진다. "비구들이여, 집착하기 마련인 현상들에서 달콤함을 즐기며 머무는 자에게 갈애는 증가한다. 갈애를 조건으로 집착이, 집착을 조건으로 있음이, 있음을 조건으로 태어남이, 태어남을 조건으로 늙음·죽음, 슬픔·비탄·괴로움·불쾌·번민 등이 발생한다.(SN. II. 84-85)"

84
갈애〔愛〕

갈애(愛, taṇhā)란 무엇인가. 무명으로부터 시작되는 십이연기의 지분들 가운데 여덟 번째에 해당하는 항목이다. 갈애는 집착〔取〕의 조건이 되며 또한 그 자체는 느낌〔受〕을 조건으로 발생한다. 갈애란 타는 목마름으로 물을 구하듯 특정한 대상에 온통 쏠려 있는 경우를 가리킨다. 이것으로 인해 집착에 빠져 온갖 실존의 괴로움을 걸머지게 된다. "갈애를 기르는 자들은 집착의 대상을 기르는 자들이고, 집착의 대상을 기르는 자들은 괴로움을 기르는 자들이며, 괴로움을 기르는 자들은 태어남과 늙음·죽음, 슬픔·비탄·괴로움·불쾌·번민 따위로부터 벗어나지 못한다.(SN. II. 109)"

갈애는 눈·귀·코 따위의 여섯 감각기능을 통해 발생한다. "갈애에는 여섯 가지가 있다. 보이는 것에 대한 갈애, 소리에 대한 갈애, 냄새에 대한 갈애, 맛에 대한 갈애, 감촉에 대한 갈애, 마음현상에 대한 갈애이다.(SN. II. 3)" 이러한 여섯 종류의 갈애와 관련하여 거북의 사지를 노리는 재칼의 재미있는 비유가 있다. "이 거북이 사지와 목 가운데 어느 하나를 내밀면 바로 그것을 붙잡아 끄집어 내먹어야지.… (SN. IV. 178)" 이와 같이 여섯 감관 가운데 어느 하나만 내밀어도 바로 그 순간 갈애라는 재칼에게 붙잡혀 괴로움의 나락에 떨어지게 된다.

갈애는 십이연기에서만이 아니라 다른 교리적 가르침에서도 중요한 위상을 차지한다. 특히 이것은 사성제(四聖諦)에서 괴로움의 원인(集聖諦)으로 거론된다. 감각적 욕망에 대한 갈애(慾愛), 있음에 대한 갈애(有愛), 있지 않음에 대한 갈애(非有愛) 등이 그것이다.(SN. V. 421) 이러한 사성제에 대해 십이연기가 지니는 차별성은 무명(無明)에서부터 느낌(受)에 이르는 연쇄적 조건들을 통해 갈애가 발생하는 경로를 밝힌다는 점이다. 즉 갈애란 진리에 대한 통찰이 결핍된 상태인 무명으로부터 발생한 것이며, 또한 이것에 뒤이어 집착과 있음 따위가 뒤따른다는 것이다.

'감각적 욕망에 대한 갈애'란 생리적 욕구와 밀접한 관련을 지닌다. 예컨대 식욕(食慾)이라든가 성욕(性慾) 따위가 그것이다. 물론 적절한 생리적 욕구는 삶을 건강하게 유지시켜주는 요인이 된다. 그러나 이러한 건전한 생리적 욕구에 갈애의 불길이 옮겨 붙으면 문제는 달라진다. 욕망의 불구덩이에 빠지게 되면 통제 불능의 상황이 발생한다. 이것은 그 사람의 모든 것을 한순간에 잿더미로 만들어버릴 수 있다. 십이연기의 마지막 지분에 해당하는 늙음·죽음은 바로 그러한 상황에 대한 은유라고 할 수 있다.

한편 '있음에 대한 갈애'와 '있지 않음에 대한 갈애'는 견해(見)의 문제와 관련된다. 전자는 죽고 난 이후에도 사라지지 않는 영원한 무엇에 대한 견해(常住論)와 연관되어 있다. 후자는 죽고 나면 모든 것이 끝이라는 허무주의(斷滅論)와 맞닿아 있다. 이들은 현재의 자기를 영속화하려는 심리를 반영하거나 혹은 현실의 불만에 대한 자포자기적 경향과 통해 있다. 이들로 대변되는 견해들 간의 갈등은 끊임없이 다툼·싸움·논쟁·상호비방·중상모략·거짓말 따위를 조장해 왔다.(Stn. 862-877게송)

그렇다면 갈애로부터 벗어나는 방법은 과연 무엇일까. 갈애란 감관에 와 닿는 현상들에 대해 즐겁거나 기분 좋은 것으로 간주하여 탐닉할 때 생겨난다. 따라서 갈애를 제거하는 방법은 이와 다르게 관찰하고 실천하는 것이다. "어떤 사문이나 바라문이든 세상에서 즐겁고 기분 좋은 것을 무상으로 보고, 괴로움으로 보고, 무아로 보고, 질병과 같은 것으로 보고, 두려움으로 본다면 그들은 갈애를 제거한다.(SN. II. 110-111)" 경전에서는 갈애를 부수어 해탈한 사람이야말로 더 이상 존재의 흐름(流轉, vaṭṭaṁ)에 매이지 않는다고 말한다.(SN. VI. 391)

85
느낌〔受〕

느낌(受, vedanā)이란 무엇인가. 여기에서의 느낌이란 무명으로부터 시작되는 십이연기의 지분들 가운데 일곱 번째에 해당하는 항목을 가리킨다. 느낌은 갈애〔愛〕의 조건이 되며 또한 그 자체는 접촉〔觸〕을 조건으로 발생한다. 느낌이란 즐겁거나 괴롭거나 괴롭지도 즐겁지도 않은 일체의 감정을 망라한다. 십이연기의 느낌은 발생 경로에 따라 여섯으로 분류된다. "느낌에는 이러한 여섯 가지가 있다. 눈의 접촉에서 생겨난 느낌, 귀의 접촉에서 생겨난 느낌, 코의 접촉에서 생겨난 느낌, 혀의 접촉에서 생겨난 느낌, 몸의 접촉에서 생겨난 느낌, 마음기능에 의한 접촉에서 생겨난 느낌이다.(SN. Ⅱ. 3)"

느낌은 다섯의 경험적 요인 즉 오온(五蘊)의 하나로 언급되기도 한다. 즉 물질현상〔色〕· 느낌〔受〕· 지각〔想〕· 지음〔行〕· 의식〔識〕 가운데 두 번째에 해당하는 그것이기도 하다. 오온은 인간의 실존을 다섯 가지 경험의 갈래들로 엮어 놓은 것이다. 그런데 오온의 가르침에서는 이들이 발생하게 된 원인이라든가 경과에 대해 구체적인 언급을 하지 않는다. 다만 순간순간 경험하게 되는 이들 현상을 자기 자신과 동일시할 때 괴로움이 증폭된다고 가르칠 뿐이다. 오온설은 이들 각각에 대해 '나의 것'이 아니며, 또한 이들을 매개로 '나'를 내세울 수도 없다는 사실을 일깨우는 데 주력한다.

오온에 귀속되는 느낌은 즐겁거나 괴로운 감정 자체만을 가리킨다. 그러나 십이연기에서의 느낌은 첫 번째 지분인 무명으로부터 시작하여 마지막 지분인 늙음·죽음이 구체화되는 과정에 대한 묘사와 더불어 등장한다. 따라서 각각의 느낌은 동일한 개념이지만 전달하는 메시지가 다르다. 오온과 달리 십이연기의 느낌은 이것이 발생하는 인과적 조건과 함께 그 이후의 경과에 대해서도 자세하게 밝힌다. 이것은 각자가 경험하는 즐겁거나 괴로운 느낌이 도대체 어떠한 의미를 지니는지에 대해 더욱 깊이 있는 사색이 가능하도록 해준다.

십이연기의 연쇄적 과정에 입각할 때 무명이라든가 지음〔行〕 따위가 존재하는 한에서 느낌의 발생은 불가항력적이다. 전생에 지은 것이든 혹은 현생에 뿌린 것이든 이전에 지녔던 인식과 행위는 어떠한 방식으로든 지금의 상황에 영향을 미친다. 바로 이것이 여섯 가지 방식의 감각적 접촉을 통해 드러나는 느낌의 양상이다. 예컨대 누군가에게 해로움을 끼쳤다면 어떠한 형태로든 그 앙갚음이 되돌아온다고 보아야 한다. 바로 그 결과가 지금 이렇게 눈이나 귀나 몸을 통해 경험하는 괴롭거나 쓰라린 느낌이다.

이러한 느낌의 발생을 억지로 거스르거나 부정할 수는 없다. 사실 즐겁거나 괴로운 느낌 자체는 긍정적이지도 부정적이지도 않다. 설령 나쁜 행위의 과보로 괴로운 느낌을 겪는다손 치자. 마땅히 받아들이고 감당해야 하지 않겠는가. 삶의 과정에서 겪게 되는 이러한 부류의 느낌들은 어느 누구도 대신 겪어줄 수 없다. 어쩌면 각자만의 고유한 인생은 감당하기 힘든 괴롭고 쓰라린 느낌에 직면했을 때라야 비로소 시작되는 것인지도 모른다.

12연기의 느낌이라는 항목에서 가장 깊이 새겨두어야 할 교훈은 바로 이것이다. 느낌에 지배되면 본능의 노예로 살아가게 된다. 바로 그 순간 탐욕과 분노의 사슬에 매이게 된다. 갈애〔愛〕와 집착〔取〕과 있음〔有〕으로 이어지는 십이연기의 나머지 지분들은 그러한 과정에 대한 순차적 묘사라고 할 수 있다. 또한 늙음·죽음〔老死〕으로 대변되는 괴로움의 실존은 그것의 최종 귀결에 해당한다. 따라서 느낌이란 거룩한 삶과 저속한 삶으로 갈라지는 갈림길에 해당한다고 할 수 있다. "즐거운 느낌을 느낄 때 매이지 않고 느끼고, 괴로운 느낌을 느낄 때에 매이지 않고 느낀다.… 비구들이여, 이러한 사람이 잘 배운 거룩한 제자이다. 그는 태어남과 늙음·죽음, 슬픔·비탄·괴로움·불쾌·번민에도 매이지 않는다.(SN. IV. 209-210)"

86
접촉〔觸〕

접촉(觸, phassa)이란 무엇인가. 여기에서의 접촉이란 무명으로부터 시작되는 십이연기의 지분들 가운데 여섯 번째에 해당하는 항목을 가리킨다. 접촉은 느낌〔受〕의 조건이 되며 또한 그 자체는 여섯 장소〔六入〕를 조건으로 발생한다. 일반적으로 접촉이란 눈 따위의 여섯 감각기능(根)과 그들에 대응하는 감각대상(境) 그리고 그들 각각을 식별하는 의식〔識〕이 만나 이루어지는 것으로 풀이된다. 따라서 접촉은 다음의 여섯으로 분류된다. "접촉에는 여섯 가지가 있다. 눈의 접촉(眼觸), 귀의 접촉(耳觸), 코의 접촉(鼻觸), 혀의 접촉(舌觸), 몸의 접촉(身觸), 마음기능의 접촉(意觸)이다.(SN. II. 3)"

접촉이란 말 그대로 안팎의 대상과의 접촉을 의미한다. 이것은 단순히 신체적인 접촉에 국한되지 않으며 여섯의 감각장소 전체에 걸쳐 발생한다. 이것을 조건으로 즐겁거나 괴로운 느낌〔受〕을 비롯하여 갈애〔愛〕와 집착〔取〕 따위로 이어지는 일련의 정서적 과정이 뒤따른다. 따라서 이것은 경험세계가 전개되는 실제적 관문에 해당한다. 인간사의 희로애락이 그때그때 발생하는 접촉을 통해 펼쳐지게 된다. "괴로움〔의 세계〕란 조건적으로 발생한 것이라고 세존께서 말씀하셨다. 무엇을 조건으로 하는가. 접촉이다.(SN. Ⅱ. 33)"

그런데 접촉이란 감각기관과 감각대상 사이의 기계적인 만남이 아니라는 사실에 유념할 필요가 있다. "접촉이란 번뇌를 지닌 것으로 집착을 낳는다.(Psm. I. 22)"라는 가르침이 그것이다. 이것은 이미 접촉의 단계에서부터 주관적인 편견과 왜곡이 개입될 수 있다는 것을 시사한다. 이와 관련하여 다음을 그 사례로 들 수 있다. 인간을 비롯한 영장류 동물들은 뱀 따위의 파충류 동물을 본능적으로 혐오한다고 한다. 덩치 큰 고릴라도 갑자기 뱀을 만나게 되면 소스라치게 놀란다고 한다. 이것은 수백만 년 전부터 누적시켜 온 영장류 고유의 성향에 따른 것이다.

이렇듯 눈이나 귀로 안팎의 현상을 접촉하는 최초의 순간부터 알게 모르게 누적시켜온 습관과 성향이 작동한다. 눈으로 보든 귀로 듣든 무언가를 마주하는 그 순간부터 저마다의 성향에 따른 고유의 반응들이 작용한다. 이미 자신들만의 색안경을 쓰고 있기 때문에 각자가 경험하는 색감은 다를 수밖에 없다. 동일한 현상에 대해 서로 다른 감정을 갖게 되는 이유가 여기에 있다. 이러한 사실에 비추어 경험세계 안에서 완전무결하게 객관적인 무엇을 기대하기란 힘들다고 할 수 있다.

한편 접촉은 여섯 장소〔六入〕라는 단계를 걸치지 않고 곧바로 정신·물질현상(名色)으로부터 발생한다고 언급되는 경우도 있다.(Stn. 872게송) 특히 그때의 접촉은 언어적 접촉(命名觸, adhivacana-samphassa)과 신체적 접촉(有對觸, paṭigha-samphassa)으로 나뉜다. 전자는 개념을 통한 정신적 접촉을 가리키고 후자는 눈·귀·코·혀·몸이라는 감각기능에 의한 물질적 접촉을 가리킨다. 이들은 경험세계가 정신과 물질이라는 두 차원에 걸친다는 사실을 환기시킨다. 이것은 인간이라는 존재에 대해 정신과 육체 중 어느 한쪽만을 일방적으로 강조할 수 없다는 것을 의미한다.

또한 경전에는 무명과의 접촉(無明觸)이라는 용례도 나타난다.(SN. Ⅲ. 46) 이것은 무지로 인해 그릇된 견해를 품게 되거나 혹은 잘못된 세계관에 빠지는 경우를 묘사한다. 예컨대 "무명과의 접촉으로 느껴지는 것을 통해 '나는 존재한다(asmīti)'라는 따위의 [그릇된 견해가] 있게 된다.(SN. Ⅲ. 46)"라는 경문이 그것이다. 이 언급은 접촉이라는 것이 형이상학적 견해의 발생과도 긴밀한 상관관계에 있음을 드러낸다. 감정적 차원이든 정신적 차원이든 혹은 형이상학적 견해의 차원이든 경험세계의 다양성만큼이나 접촉의 방식 또한 다양하다는 것을 알 수 있다.

이상의 용례들은 경험세계 전반에 걸쳐 접촉이라는 것이 지니는 중요성과 의의를 나타낸다. 특히 십이연기에서의 접촉은 느낌과 갈애와 집착과 있음이라는 나머지 지분들을 길러내는 자양분에 해당한다. 따라서 접촉은 괴로움의 실존으로부터 벗어나는 실천의 과정에서 매우 중요한 의미를 지니게 된다. "비구들이여, 접촉이라는 자양분을 두루 알게 되면 즐겁거나 괴롭거나 괴롭지도 즐겁지도 않은 세 가지 느낌에 대해서도 두루 알게 된다. 거룩한 제자가 세 가지 느낌에 대해 두루 알게 되면 그에게는 더 이상 해야 할 일이 없다고 나는 말한다.(SN. Ⅱ. 99)"

87
여섯 장소〔六入〕

여섯 장소(六入, saḷāyatana)란 무엇인가. 여기에서의 여섯 장소란 무명으로부터 시작되는 십이연기의 지분들 가운데 다섯 번째에 해당하는 항목을 가리킨다. 여섯 장소는 접촉〔觸〕의 조건이 되며 또한 그들 자체는 정신·물질현상〔名色〕을 조건으로 발생한다. 여섯 장소란 눈이나 귀 따위가 중심이 되어 인식이 구체화되는 공간〔場〕을 가리킨다. "여섯 장소란 무엇인가? 눈의 장소(眼處), 귀의 장소(耳處), 코의 장소(鼻處), 혀의 장소(舌處), 몸의 장소(身處), 마음기능의 장소(意處)이다. 비구들이여, 이것을 여섯 장소라고 한다.(SN. II. 3)"

여섯 장소는 십이처(十二處)의 가르침과 중첩된다고 할 수 있다. 십이처란 눈〔眼〕과 시각대상〔色〕, 귀〔耳〕와 소리〔聲〕, 코〔鼻〕와 냄새〔香〕, 혀〔舌〕와 맛〔味〕, 몸〔身〕과 감촉〔觸〕, 마음기능〔意〕과 마음현상〔法〕을 가리킨다. 이들은 인간의 경험내용을 여섯 쌍의 열두 가지로 단순 분류한 것이다. 이들 각각은 경험이 성립하는 토대로서의 의미를 지니는 동시에 인식의 한계를 일깨운다고 할 수 있다. 여기에 무지하면 경험하는 모든 것이 스스로의 인식능력과 맞물려 발생한다는 사실을 놓치게 된다. 그런데 십이처에서는 각각의 세부 항목들이 어떻게 해서 구체화되는지에 관해 언급하지 않는다.

　십이연기의 여섯 장소는 바로 이 부분을 보완하는 가르침이다. 여섯 장소는 무명(無明)에서부터 늙음·죽음(老死)으로 귀결되는 일련의 과정에 대한 묘사와 더불어 등장한다. 특히 다섯 번째 지분인 여섯 장소는 네 번째 지분인 정신·물질현상(名色)과 차별적이며 바로 그들을 조건으로 발생한다. 따라서 물질현상에 배속될 수 있는 눈·귀·코 따위의 감각기능 자체와 여기에서 언급하는 여섯 장소의 세부 항목들을 동일시해서는 안 된다. 여섯 장소란 정신·물질현상이 여섯 가지 감각적 채널의 방식으로 분화되어 드러난 양상에 해당한다.

　여섯 장소는 눈·귀·코 따위의 감각기능(六根)을 가리키지 않는다. 이들은 보거나 듣거나 맡는 따위의 여섯 감각대상(六境)과 함께, 눈의 의식이나 귀의 의식 등 여섯 의식(六識)까지를 망라한다고 할 수 있다. 즉 감각기능(根)과 감각대상(境)과 의식(識)이 여섯 가지 패턴으로 어우러지는 공간이 곧 여섯 장소이다. 이것에 앞선 지분들로는 네 번째의 정신·물질현상(名色)과 세 번째의 의식(識) 따위가 있다. 이러한 개별적 요인들이 여섯 장소에 이르러 비로소 통합적으로 엮이게 된다. 이렇게 해서 그 이후의 지분인 접촉(觸)의 발생 조건이 형성되는 것이다.

　초기불교에서는 눈·귀·코 따위에 대해 무상하고(無常) 괴롭고(苦)

무아(無我)라고 누누이 강조한다.(SN. I. 1이하) 또한 이들의 달콤함(味)과 위험함(患)을 바른 지혜로 알아차려야 한다고 되풀이한다. 그러나 생리적 기능으로서의 눈 따위가 괴로움일 수 없다. 또한 이들 자체가 달콤하거나 위험한 것일 수도 없다. 그렇지만 바로 이들이 여섯 장소에 배속되는 감각기능을 가리키는 것이라면 문제는 달라진다. 이들 각각에는 무명(無明)에서부터 지음(行)을 걸쳐 의식과 정신·물질현상으로 이어지는 일련의 계기들이 전제된다. 이러한 계기들이 영향을 미치는 까닭에 눈·귀·코 따위는 있는 그대로의 사실을 왜곡되게 인식하도록 만드는 요인으로 작용하게 된다.

88
정신·물질현상〔名色〕

정신·물질현상(名色, nāmarūpa)이란 무엇인가. 무명으로부터 시작되는 십이연기의 지분들 가운데 네 번째에 해당하는 항목이다. 정신·물질현상은 여섯 장소(六入)의 조건이 되며 또한 그들 자체는 의식〔識〕을 조건으로 발생한다. 정신이란 빨리어(Pāli)로 나마(nāma)라고 부르며 '이름' 혹은 '명칭' 이라는 의미로도 사용된다. 한편 이것과 짝을 이루는 물질현상이란 루빠(rūpa)를 번역한 것으로 '명칭에 의해 지시되는 형태' 를 가리킨다.

정신·물질현상에 대한 초기불교의 일반적인 해설은 다음과 같다. "정신·물질현상이란 무엇인가. 느낌〔受〕·지각〔想〕·의도〔思〕·접촉〔觸〕·마음냄〔作意〕이 있다. 이것을 정신〔名〕이라고 한다. 〔땅(地)·물(水)·불(火)·바람(風)의〕 네 가지 요소(四大)와 네 가지 요소에 의존한 물질현상(四大所造色)이 있다. 이것을 물질현상〔色〕이라고 한다.(SN. II. 3-4)" 이러한 정신·물질현상은 별개의 것으로 존재하는 것이 아니며,

서로 맞물리는 방식으로 작용하면서 이후 전개되는 나머지 지분들의 조건이 된다.

정신·물질현상은 간혹 '식별하여 아는 작용'으로서의 의식[識]을 발생시키는 것으로 기술되기도 한다. 그런데 그렇게 되면 세 번째 지분인 의식을 조건으로 네 번째 지분인 정신·물질현상이 발생한다는 십이연기의 순서가 달라지고 만다. 실제로 일부 경전에서는 "정신·물질현상을 조건으로 의식이 있고 또한 의식을 조건으로 정신·물질현상이 있다.(SN. II. 104)"라고 언급하기도 한다. 이와 같이 정신·물질현상과 의식이 발생하는 순서는 고정적이지 않으며 서로 뒤바뀔 수 있다. 특히 이러한 설명 방식은 괴로움의 발생을 열 단계로 설명하는 십지연기(十支緣起)에서 두드러진다. 이 경우의 의식과 정신·물질현상은 경험세계 안에서 찾아질 수 있는 경험 유발의 최초 요인들에 해당한다고 할 수 있다.

십이연기에서의 정신[名]이란 물질현상과 무관한 정신적 실체가 아니며 그것에 대한 반응으로서의 의미를 지닌다. 후대의 해설가들은 앞서 인용했던 정신의 세부 항목인 느낌·지각·의도·접촉·마음냄 따위의 다섯을 인식의 발생에서 전제되어야 할 최소한의 마음요소(遍行心所, sarvatragata-caitta)들로 규정한다. 한편 물질현상[色]이란 땅·물·불·바람의 네 가지 요소(四大)와 이들로 이루어진 복합체(四大所造色)를 가리킨다. 그런데 이들 또한 차가움이라든가 뜨거움 따위로 경험된다고 언급되듯이 정신과 무관한 물리적 실체가 아니다.(SN. III. 86) 물질현상 역시 순수한 객관적 사물이 아니며 인식의 능력과 불가분의 관계에 있다.

정신·물질현상이란 현실의 경험을 위해 요구되는 정신적·육체적 능력에 다름 아니다. 이들이 작용하는 한에서 여섯 장소〔六入〕를 통한 정서적·인지적 내용들이 구체화하게 된다. 이렇게 해서 드러나는 경험세계란 정신적·육체적 작용의 결과에 해당한다. 그러나 정신·물질현상은 십이연기의 최초 지분이 아니라는 사실을 떠올릴 필요가 있다. 다시 이들 너머에는 무명(無明)과 지음〔行〕과 의식〔識〕이라는 더욱 근원적인 조건들이 자리하고 있다. 이러한 방식으로 십이연기는 내면의 조건들로부터 실존의 괴로움이 뒤따르게 되는 원리를 규명한다.

한편 정신·물질현상의 세부 항목으로 묘사되는 접촉과 느낌은 십이연기의 정식 지분들 가운데 여섯 번째와 일곱 번째에 해당하는 것들이기도 하다. 이들은 동일한 용어이지만 차별성을 지닌다. 독립된 지분으로서의 느낌과 접촉은 여섯 장소〔六處〕라는 감각채널을 거친 이후의 것들로 실제적이다. 그러나 정신·물질현상의 단계에 속한 느낌과 접촉은 꿈속에서와 같이 실재성을 지니지 않는다. 전자의 둘은 감각기관을 통해 포착된 현상들을 매개로 발생하지만, 후자의 둘은 그러한 과정을 거치지 않고 오직 마음속으로만 발생하여 작동한다는 점에서 다르다.

후대의 해설가들은 정신·물질현상의 단계에서 이후의 지분들로 넘어가는 과정을 실재론적(實在論的) 분화(分化)의 방식으로 설명하기도 한다. 예컨대 어머니 모태에서 수태(受胎)와 더불어 시작된 현재생의 의식(識)이 정신·물질현상으로 분화되고, 다시 이것이 눈이나 귀 따위의 감각기능으로 분열·증식하여 마침내 접촉이라든가 느낌 따위를 발생시킨다고 풀이한다. 이러한 해석은 십이연기의 지분들이 삼세(三世)에 걸친 인과적 관계로 엮인다는 삼세양중인과설(三世兩重因果說)과 맥락을 같이한다. 이것에 따르면 무명(無明)과 지음(行)이라는 두 지분은 과거생에, 의식(識)에서부터 정신·물질현상을 걸쳐 있음(有)에 이르는 여덟 지분은 현재생의 전개 양상에, 태어남(生)과 늙음·죽음(老死)이라는 두 지분은 미래생의 결과에 해당한다.

그러나 이러한 방식으로 십이연기를 윤회설에 결부시키게 되면 이것에 대한 해석의 폭이 매우 협소해지는 문제가 발생한다. 즉 의식에서 정신·물질현상으로 분화되는 과정이 오로지 태아(胎兒)의 발육 과정에 한정되게 된다. 더욱이 과거생의 특정한 누군가가 현재생의 누군가에게로 전생(轉生)하는 과정을 객관적으로 규명해 내기란 거의 불가능하다. 설령 윤회와 전생이 실재한다손 치더라도 그러한 현상은 일상의 인식 범위를 넘어선다. 이점을 감안한다면 이 문제에 대해서는 차라리 침묵을 하는 것이 나을 듯하다. 애초부터 입증하기 곤란한 문제라면 굳이 그것에 관련하여 논쟁이나 분란을 일으킬 필요가 없기 때문이다. 정신·물질현상에서 여섯 장소(六入)로 넘어가는 과정에 대해서는 인식과 경험이 구체화되는 계기적 양상 정도로만 보는 것이 타당할 듯하다.

89
의식〔識〕

의식(識, viññāṇa)이란 무엇인가. 여기에서의 의식이란 무명으로부터 시작되는 십이연기의 지분들 가운데 세 번째에 해당하는 항목을 가리킨다. 의식은 정신·물질현상〔名色〕의 조건이 되며 또한 그것 자체는 지음〔行〕을 조건으로 발생한다. 일반적으로 의식이란 어떠한 현상을 '의식하거나 식별하여 아는 것'을 가리킨다. 예컨대 시거나 맵거나 쓰거나 달거나 쏘거나 짠 것 따위를 알게 해주는 것으로 설명된다.(SN. Ⅲ. 87) 이와 같은 의식의 작용은 눈〔眼〕이나 귀〔耳〕 따위의 방식으로도 진행된다.

의식은 감각기능〔根〕에 따라 다음과 같이 구분된다. "눈의 의식(眼識), 귀의 의식(耳識), 코의 의식(鼻識), 혀의 의식(舌識), 몸의 의식(身識), 마음기능의 의식(意識)이 있다. 비구들이여, 이것을 '의식'이라고 한다.(SN. Ⅱ. 4)" 이와 같이 의식은 감각기능에 따라 여섯 갈래로 나뉜다. 그러나 십이연기에 배속된 의식은 실제의 여섯 감각기능을 매개로 하지 않는다는 사실에 유념할 필요가 있다. 십이연기에서의 의식은 여섯 장소(六入)로 분화되기 이전의 것으로 과거의 삶에서 누적된 지음(行)을 조건으로 발생한다. 이들은 꿈에서처럼 감각기관에 직접적으로 의존하지 않고서 마음으로만 작동하는 여섯 갈래의 정신적 흐름들이다.

의식이라는 용어의 또 다른 대표적인 쓰임은 다섯의 경험적 요인들 즉 오온(五蘊)의 하나라는 것이다. 오온의 의식이란 물질현상(色)·느낌(受)·지각(想)·지음(行)·의식(識) 가운데 마지막의 그것을 가리킨다. 그런데 오온의 가르침에서는 의식의 발생 조건에 대해 자세히 언급하지 않는다. 다만 인간의 실존을 구성하는 주요 내용의 하나로서 의식이 존재하며, 바로 그것을 자기 자신과 동일시하면 괴로움이 증폭된다는 사실을 알리는 데 초점을 모은다.

또한 의식은 십팔계(十八界) 관련 교설에서도 등장한다. 이때의 의식이란 눈(眼)·귀(耳)·코(鼻) 등의 감각기능(根)이 시각대상(色)·소리(聲)·냄새(香) 따위의 감각대상(境)에 대해 일으키는 여섯 종류의 인식적 반응이다.(MN. I. 111-112) 그런데 이 경우의 의식(六識) 역시 오온에서와 마찬가지로 경험 내용으로서의 의미만을 지닌다. 즉 경험세계 안에서 경험세계의 발생과 진행을 설명하기 위해 상정된 요소들에 불과하다. 이들 여섯 의식은 인간이 품는 모든 유형의 지각(想, saññā)과 관념(思量, saṅkhā)에 대해 그 출발점으로서의 의미를 지닌다. 그러나 십팔계의 의식 역시 경험적 현실 너머의 원인에 대한 규명으로까지는 나아가지 못한다.

십이연기의 의식은 바로 이 부분을 담당한다고 할 수 있다. 십이연기에서의 여섯 의식은 정신·물질현상(名色)과 여섯 장소(六入)가 구체화되기 이전부터 작동한다. 이때의 의식은 과거생 혹은 현재생에서 누적시켜 온 신체(身)와 언어(口)와 마음(心)을 통한 잠재적 성향(行, saṅkhāra)을 조건으로 발생한다. 이들은 비록 여섯 가지 감각적 형식을 취하지만 이전의 삶을 통해 형성된 잠재적 성향을 조건으로 한다. 따라서 현재의 감각기능 및 감각대상과는 직접적인 관련을 맺지 않으며 현재의 경험에 일방적으로 영향을 미칠 뿐이다. 바로 이점에서 십이연기의 의식은 경험적 현실 너머에 존재한다고 할 수 있다.

　후대의 주석가들은 바로 이것을 윤회의 와중에 새로운 생명체로 이어지는 '재생연결의식(結生識)'으로 설명하기도 한다. 그런데 이러한 방식으로 이해된 의식은 과거생과 현재생을 관통하는 윤회의 주체로 여겨질 수 있다. 실제로 초기불교의 경전에는 의식을 이와 같이 오인한 사례들이 나타난다.(SN. I. 120-122) 그러나 윤회의 주체가 되는 의식에 대해서는 경험적 사실로서 그 존재 여부를 입증하기 곤란하다는 문제가 발생한다. 이것을 감안하면 의식에 대해서는 '의식하거나 식별하여 아는 것'이라는 원래의 의미만을 고수할 필요가 있다. 곧 마음속으로 이루어지는 갖가지 앎의 작용에 국한시켜야 한다.

　십이연기에 따르면 무명이 소멸하면 지음(行)이 소멸하고 지음이 소멸하면 의식도 소멸한다.(SN. II. 1-2) 따라서 십이연기의 의식이란 무명이 존속하는 한에서만 작용하는 제한적인 것이다. 지음을 조건으로 하는 이것은 "지음이라는 색안경을 통해 왜곡되게 의식하거나 식별하여 아는 것" 정도로 풀이할 수 있다. 바로 이 의식에 의존하여 십이연기의 나머지 지분들이 순차적으로 뒤따르게 된다. 이러한 의식은 결코 고정된 실체가 아니며, 무명과 지음이 소멸하면 이것 또한 소멸한다. 더불어 슬픔·비탄·괴로움·불쾌·번민 따위로 귀결되는 나머지 지분들 역시 소멸하게 된다.(SN. Ⅱ. 2)

의식이 지니는 의존적인 성격을 망각하면 무명과 지음이 소멸하더라도 의식은 계속될 수 있다는 그릇된 견해를 품을 수 있다. 이것은 십이연기의 과정에 육체적인 죽음과 탄생을 개입시키는 결과로 이어진다. 그리하여 무명이 제거되더라도 현재의 의식은 소멸하지 않으며 다만 '죽고 나서 다시 태어나게 될 의식' 즉 재생연결의식만이 더 이상 발생하지 않게 된다고 추리하게 된다. 그러나 이렇게 되면 십이연기의 연쇄적 과정은 다음과 같이 보완되어야 한다. "무명이 소멸하면 지음이 소멸하고 지음이 소멸하면 '죽고 나서 다시 태어나게 될' 의식이 소멸한다."

90
지음〔行〕

지음(行, saṅkhāra)이란 무엇인가. 여기에서의 지음이란 무명으로부터 시작되는 십이연기의 지분들 가운데 두 번째에 해당하는 항목을 가리킨다. 지음은 의식(識)의 조건이 되며 또한 그것 자체는 무명을 조건으로 발생한다. 지음이라는 용어는 맥락에 따라 다양한 쓰임으로 나타난다. 그러나 무엇보다 의식의 조건으로 설명되는 경우가 압도적이다. "이것은 어떤 것을 의도하고 어떤 것을 계획하고 어떤 것에 대해 습관적으로 생각하는 것으로 의식을 확립시키는 바탕이 된다.(SN. II. 65)" 이와 같이 지음이란 내면으로 짓는 의도와 계획과 잠재적 성향 따위를 가리킨다. 이것의 누적을 통해 의식이라는 앎의 작용이 특정한 방식으로 굳어지게 된다.

십이연기를 해설하는 대부분의 경전에서는 지음을 다음과 같이 분류한다. "지음에는 이러한 세 가지가 있다. 신체에 의한 지음(身行), 언어에 의한 지음(口行), 마음에 의한 지음(心行)이다. 비구들이여, 이것을 지음이라고 한다.(SN. Ⅱ. 4)" 이것을 통해 지음의 작용이 몸과 말과 마음이라는 세 영역에 걸쳐 진행된다는 사실을 알 수 있다. 몸으로 드러나는 습관적 성향이라든가, 말로써 드러나는 은밀한 욕구라든가, 마음으로 꿈틀대는 의도 따위가 그것이다. 이들을 조건으로 발생하는 의식이란 '세 겹으로 이루어진 지음'이라는 색안경을 통해 '의식하거나 식별하여 아는 것'으로 묘사할 수 있다.

지음이란 무명에 기생하여 자라난다. 이것은 진리에 어두운 까닭에 품게 되는 갖가지 내면의 의도와 정서와 감정을 망라한다. 예컨대 어떤 이유로 이웃 간에 다툼이 벌어졌다고 치자. 한번 뒤틀린 관계는 좀처럼 회복되지 않고 앙금은 깊어만 간다. 마주칠 때마다 불쾌함이 더해 간다. 심지어는 이웃으로 산다는 자체가 괴로움으로 여겨진다. 제발 이사라도 가 주었으면 하는 바람이 절실해진다. 그런데 바로 그 이웃집 아줌마가 어렸을 적 헤어졌던 친누나라는 사실을 알게 된다면 어떻게 될까. 그 동안 품었던 불쾌한 감정과 생각들이 한순간에 사라지지 않을까 싶다. 이렇듯 지음이란 진리에 눈을 뜨게 되는 순간 화로에 떨어지는 눈처럼 녹아 없어진다.

한편 십이연기의 지음은 후대의 해석가들에 의해 전생의 업(業)과 동일시되기도 하였다. 이것은 과거생에서 몸과 입과 마음으로 지은 행위로서 현재생이나 미래생에서 응보적 작용력을 지닌다. 바로 그 결과가 어머니 모태에서 현재의 몸이 이루어지는 첫 순간 작동하는 재생연결의식(結生識)이다. 이러한 의식은 미래생에 또 다른 여인이 '나'를 잉태하는 순간 현재생에서 지은 '나'의 업을 떠안고서 작동하게 될 그것이기도 하다. 이와 같은 연기(緣起) 해석이 곧 삼세양중인과론(三世兩重因果論)이다. 이러한 설명은 업과 윤회의 관념을 십이연기의 가르침에 자연스럽게 연결시켜 낸다는 점에서 나름의 설득력을 지닌다.

그러나 삼세양중인과론은 지음과 의식 사이에 과거생과 현재생 혹은 현재생과 미래생이라는 건너기 힘든 간극을 전제로 한다. 즉 현재생의 지음에 영향을 받는 의식이란 미래생의 그것에 국한된다. 따라서 현재의 삶에서 무명의 제거를 통해 괴로움이 사라진 경지에 이르게 하기 위한 가르침으로는 적합하지 않다. 그러한 해석대로라면 설령 지음이 제거된다손 치더라도 그것의 결과는 미래생의 의식이 다시 결생(結生)하지 않는다는 것을 통해서만 확정될 수 있다. 윤회의 관념과 결부된 삼세양중인과론은 태어남(生)과 늙음·죽음(老死)이라는 괴로움의 현실마저 미래생의 그것으로 유예시키고 만다. 그렇지만 어떠한 해석을 따르든 십이연기에서의 지음이란 의식이 형성되기 이전의 것임에 분명하다. 따라서 내부적·잠재적 성향으로서의 의미는 달라지지 않는다.

한편 지음이라는 용어의 의미와 쓰임은 이상에서 언급한 내용에 국한되지 않는다는 사실에 유념할 필요가 있다. 이것은 외부적 현상 일반을 지칭하는 용도로까지 그 의미가 확대된다. 예컨대 제행무상(諸行無常) 즉 "모든 현상은 무상하다(sabbe saṅkhārā aniccā)"라고 할 때의 지음이 그것이다. 이 경우의 지음은 십이연기의 범위를 벗어난 것으로,

잠재된 성향에 의해 굴절된 형태로 포착되는 경험적 현상 일반을 지칭한다고 할 수 있다. 이점에서 지음이라는 개념은 잠재적 성향이라는 측면과 함께 구체화된 경험적 현상까지를 망라하는 포괄성을 지닌다. 이러한 지음의 쓰임에 비추어 '세상은 내면에서 지어가는 방식대로 드러나는 것'임을 생각해 보게 된다.

91
무명(無明)

무명(無明, avijjā)이란 무엇인가. 여기에서의 무명이란 늙음·죽음〔老死〕으로 귀결되는 십이연기의 지분들 가운데 맨 처음 등장하는 항목을 가리킨다. 이것을 조건으로 지음〔行〕 이하 의식〔識〕이라든가 정신·물질현상〔名色〕 따위로 이어지는 십이연기의 연쇄적 과정이 뒤따르게 된다. 나머지 십이연기의 모든 지분들은 바로 이 무명에 의존하여 존재한다. 따라서 다음과 같이 말할 수 있다. "무명이 있을 때 나머지 지분들이 있고 무명이 없으면 나머지 모든 지분들도 없다. 무명이 발생하므로 나머지 지분들이 발생하고 무명이 소멸하면 나머지 모든 지분들도 소멸한다."

결국 늙음·죽음〔老死〕이라는 괴로움의 실존은 무명이라는 장막에 갇힌 까닭에 맞이하게 되는 바람직하지 않은 결과이다. 십이연기의 가르침은 이러한 무명을 제거하는 것을 본래의 취지로 한다. 무명이란 빨리어(Pali)로 아빗자(avijjā)이며 '지식의 결핍(nescience)'으로 옮길 수 있다. 그런데 이것은 자연과학적 지식의 부재가 아니라는 사실에 유념할 필요가 있다. 십이연기의 무명이란 괴로움을 불러일으키는 능동적인 힘을 지닌다. 이것은 어떠한 사실에 대해 순박하게 모르는 차원에 머무는 것을 의미하지 않는다. 무명이란 오해와 편견에 사로잡혀 부적절한 사고와 정서를 불러일으키는 경우를 가리킨다.

무명의 의미는 뒤따라 발생하는 지음(行)에 비추어 볼 때 더욱 분명해진다. 예컨대 누군가를 오해하여 그 사람을 마주하는 것이 불편해졌다고 치자. 그러한 불편한 심경은 신체(身)나 언어(口)나 마음(心)의 방식으로 작용하면서 서로의 관계를 알게 모르게 더욱 뒤틀리게 한다. 거기에서 그 상황을 야기한 최초의 오해를 무명에 비유할 수 있다면 그로 인해 발생한 불편하고 부적절한 정서와 행위는 지음 이하의 지분들에 해당한다고 할 수 있다. 십이연기는 무명의 타파를 통해 이러한 왜곡의 과정으로부터 벗어나게 하려는 가르침으로 이해할 수 있다.

초기불교에서 무명이란 사성제(四聖諦)에 대한 무지로 일관되게 설명된다.(SN. II. 4 등) 즉 인간 존재가 괴로움에 노출되어 있다는 것(苦聖諦), 그것의 원인은 내면의 갈애에 있다는 것(集聖諦), 그러한 괴로움은 극복될 수 있다는 것(滅聖諦), 그것을 극복하는 길이 존재한다는 것(道聖諦)이라는 사성제의 가르침에 대해 모르는 것을 가리킨다. 결국 무명이란 사성제에 대해 무지한 까닭에 바람직하지 않은 정신적·육체적 과정들에 휩쓸리게 되는 경우를 가리킨다. 따라서 일부 경전에서는 십이연기를 사성제의 구조에 편입시켜 설명하기도 한다.(AN. I. 177) 즉 괴로움이 발생하는 열두 단계의 과정을 집성제에, 괴로움이 소멸하는 열두 단계 과정을 멸성제에 배대한다.

십이연기에 대한 통찰이 단순한 두뇌게임이 아니다. 무명의 해소에는 괴로움의 현실에 대한 완전한 이해(pariññata), 갈애의 끊음(pahīna), 소멸의 실현(sacchikata), 팔정도의 닦음(bhāvita)이라는 과정이 포함된다고 할 수 있다. 즉 사성제의 실현이 전제되어야만 지음〔行〕이라든가 의식〔識〕을 거쳐 늙음·죽음〔老死〕으로 이어지는 연쇄적 과정에 휘말리지 않게 된다. 비로소 초연한 관찰자로 남아 괴로움이 증폭되고 사라지는 양상을 꿰뚫는 것이 가능해진다. 따라서 십이연기는 깨달음을 이미 실현한 상태에서 얻는 통찰의 내용이라고 할 수 있다. 실제로 이 가르침에 대한 묘사는 깨달음을 얻고 난 이후의 붓다가 스스로의 깨달음을 반조하는 과정에서 최초로 등장한다.(Vin. I. 1; Ud. 1)

92
법(法)의 이해
|

　　법(法, dhamma)이란 무엇인가. 불(佛)·법(法)·승(僧)이라는 삼보(三寶)의 하나로서 불교라는 종교의 구심점이 된다. "법을 귀의처로 삼아 의지합니다(dhammaṃ saraṇaṃ gacchāmi)"라는 경문이 그것이다. 이처럼 법이란 귀의의 대상으로서 현실 삶에 지대한 영향을 미친다. 그러한 이유에서 법이란 반드시 실재해야 한다. "목숨을 다하여 귀의합니다(pāṇupetaṃ saraṇaṃ gataṃ)"라고 하는 믿음의 맹세 또한 바로 이 법에 근거해 있다고 할 수 있다.

　　그렇다면 다시, 귀의의 대상이 되는 법이란 무엇인가. 불교라는 종교는 붓다의 가르침에 따라 그와 동일한 인격을 실현하고자 하는 사람들에 의해 이루어진다. 바로 그들을 이끌어주는 붓다의 가르침을 곧 법으로 일컫는다. 이러한 의미의 법에 대해서는 '세존에 의해 잘 설해진 것(svākkhāto bhagavatā)'이라는 수식이 따라 붙곤 한다.(DN. Ⅲ. 227) 이후 붓다의 가르침은 경전으로 집성되어 후대 사람들에게도 전해진다. 또한 경전에 기술된 내용은 붓다의 말씀과 동일한 의미로 받아들여진다. 따라서 경전은 그 자체로서 법과 동일시되기도 한다.

사성제(四聖諦)와 십이연기(十二緣起)는 경전의 가르침 가운데서도 가장 중요한 것으로 인정된다. 이들은 괴로움에 대한 인식으로부터 출발하여 그것의 원인과 소멸에 이르는 과정을 밝힌다는 점에서 공통적이다. 즉 귀의의 대상이 되는 법이란 '괴로움을 극복하고 즐거움을 얻도록 하는 것(離苦得樂)'이다. 붓다는 바로 이것을 통해 스스로의 괴로움을 해소했고 또한 이것을 다른 사람들과 나누고자 하였던 것이다. 사실 이점에서 나머지 모든 가르침 역시 마찬가지라고 할 수 있다. 이러한 의미의 법에 대해서는 '직접 볼 수 있는 것(ehipassiko)' 혹은 '스스로 경험해야 하는 것(paccattaṃ veditabbo)'이라는 표현이 적용될 수 있다.(DN. Ⅲ. 227)

그런데 법이란 붓다에 의해 고안된 것이 아니며 본래부터 있었던 것이다. 이와 관련하여 붓다는 먼 옛적부터 깨달은 분들이 걸었던 길을 발견했을 뿐이라고 한다.(SN. Ⅱ. 106) 즉 괴로움의 발생과 소멸에는 일정한 양상과 패턴이 존재한다. 또한 모든 현상은 나름의 인과적(因果的) 절차에 따라 생겨나고 사라진다. 붓다는 바로 이러한 사실에 대한 바른 인식을 통해 괴로움을 차단하고 제거할 수 있었다. 이점에서 법이란 붓다가 발견해 낸 인과적 절차에 해당하는 것이라고 할 수 있다. 나아가 사물이 발생하고 사라지는 원리 혹은 법칙으로도 이해할 수도 있다. 이것에 대해서는 '시간에 제한되지 않는 것(akāliko)'이라는 표현을

적용해 볼 수 있다.(DN. Ⅲ. 227)

특히 이러한 용도로 사용되는 법에 대해 후대의 해석가들은 '실체(實體)로서 있는 것(dravyaḥ sat)' 혹은 '자신의 특성을 유지하는 것(svalakṣanadhāraṇa)' 등으로 정의하기도 한다. 그러나 초기불교에서의 법이란 물리적인 법칙을 의미하지 않는다는 사실에 유념할 필요가 있다. 무명(無明)으로부터 시작하여 늙음·죽음[老死]으로 귀결되는 십이연기의 전개 과정은 기계적 법칙을 가리키는 것이 아니다. 즉 일곱 번째 지분인 느낌[受]이 발생했다고 하더라도 여덟 번째 지분인 갈애[愛]가 반드시 일어나야 할 이유는 없다. 실천·수행을 통해 느낌의 실체를 꿰뚫음으로써 갈애의 발생을 차단할 수 있다. 따라서 이러한 의미에서의 법이란 조건에 의한 가능성을 나타낸다고 할 수 있다.

한편 법이란 논의의 대상이 되는 모든 것을 가리키기도 한다. 이때의 법에는 긍정적이거나 부정적인 뉘앙스가 망라된다. 따라서 바람직하지 않은 사고와 행위를 표현하는 용어들에도 법이라는 수식이 적용되는 경우가 있다. 예컨대 "비구들이여, 이러한 열 가지 법을 갖춘 자는 저절로 지옥에 떨어진다.(AN. V. 303)"라는 문구가 그것이다. 이 경우의 법이란 옳지 않은 불건전한 사고와 행위를 가리킨다. 이렇듯 법의 의미는 긍정적인 측면에만 제한되지 않으며 일체의 대상을 지칭하는 용도로 확대되기도 한다.

이러한 용례들에 근거하여 아비담마불교(Abhidhamma)에서는 실재한다고 여겨지는 모든 유형의 정신적·물질적 현상을 법(法, dhamma)

으로 개념화한다. 또한 그렇게 해서 얻어진 개념들을 통해 법의 목록을 작성한다. 예컨대 믿음(信)이라든가 마음지킴(念) 따위의 바람직한 마음요소(心所, cetasika)들은 물론 자만(慢)이라든가 질투(嫉) 따위의 부정적인 마음요소들까지도 한데 엮어 82가지 혹은 75가지에 이르는 법의 항목들을 나열한다. 그들에 따르면 법이란 실재하는 육체적·정신적 현상에 대한 개념화된 명칭이며, 또한 개념으로서의 법은 반드시 구체적인 지시 대상을 지닌다.

아비담마불교에 따르면 중생들이 겪는 대부분의 괴로움은 허구적 관념들에 휘둘린 결과이다. 자아(attan)니 영혼(jīva)이니 하는 것들이 대표적인 사례이다. 전통적인 형이상학에서 내세우는 이러한 실체 관념은 인습(saṁvṛti)이나 명칭(paññatti)이 빚어낸 허상에 불과하다. 이들은 아무런 실재성을 지니지 않음에도 집착과 갈등의 원인이 되곤 한다. 아비담마에서는 이러한 허구적 관념들을 제거하고자 오직 경험적 사실에 직접적으로 대응하는 개념적 요소들만을 법의 항목으로 내세웠다. 마음(心), 마음요소(心所), 물질현상(色) 따위의 법의 목록을 구성하는 세부 개념들이 그것이다.

아비담마의 법 해석은 있는 그대로(yathābhūtaṁ)의 실재만을 다루었던 붓다의 가르침을 계승하려는 취지에서 시도되었다. 그러나 이러한 시도는 개념으로서의 법 또한 인위적 약정에 불과하며 아무런 실재성도 없다고 보았던 대승불교와 부딪히면서 뜨거운 논란거리가 되었다. 아비담마에 따르면 법이란 단순·명확하고 동질적이며 경험적 사실에 직접 대응한다. 그러나 대승불교에서는 법 또한 분별(分別, vikalpa)의 산물이며 그것에 대한 지나친 추구는 개념적 사물을 실재(reality) 자체와 혼동하게 만들 위험이 있다고 비판하였다. 대승불교에서 볼 때 아비담마의 법 해석은 관념적 유희의 또 다른 양상에 불과한 것일 수 있다.

93
유위(有爲)와
무위(無爲)
|

유위(有爲)는 무엇이고 무위(無爲)는 무엇인가. 유위란 빨리어로 상카따(saṅkhata)이며 글자 그대로의 의미는 '지어낸', '만들어낸', '조작된' 따위로 옮길 수 있다. 한편 무위란 부정형 접두사가 첨가된 아상카따(asaṅkhata)로 '지어내지 않은', '만들어내지 않은', '조작되지 않은' 따위의 의미를 지닌다. 유위란 '만들거나 지어낸 인위적인 것'을, 무위란 '지어내지도 조작되지도 않은 본래적인 것'을 가리킨다고 할 수 있다.

깨달음을 얻지 못한 범부들은 스스로의 눈높이가 허락하는 범위에서만 인식한다. 이것은 개구리가 움직이는 물체만을 식별할 수 있는 것에 비유할 수 있다. 이렇듯 중생들은 자신의 눈 위에 덧씌워진 색안경을 통해 본 색깔만을 진실한 것으로 오인하고 고집한다. 그러나 그렇게 포착된 색깔이란 사실 색안경을 통해 '조작된 것'에 불과하다. 경험세계를 구성하는 다섯의 구성요소들 즉 오온(五蘊)이 이러한 방식으로 드러난다. 오온으로 이루어진 경험세계는 결국 스스로 '지어낸 것'이고 '조작해낸 것'이다. 유위란 경험세계를 구성하는 일체의 대상(dhamma)을 일컫는다.

그렇다면 무위란 어떻게 설명될 수 있을까. 색안경을 벗고 있는 그대로(yathābhūtaṁ)를 마주할 때 드러나는 세계로 설명할 수 있다. 경전에서는 이것에 대해 다음과 같이 정의한다. "비구들이여, 무위란 무엇인가. 탐냄의 소멸, 성냄의 소멸, 어리석음의 소멸이다. 비구들이여, 바로 이것이 무위이다.(SN. IV. 359)" 이러한 설명에 비추어 '지어낸 것'도 아니고 '조작된 것'도 아닌 무위란 탐냄과 성냄과 어리석음이 가라앉았을 때 나타나는 경지임을 알 수 있다. 무위란 초기불교 이래로 피안(彼岸)의 세계로 일컬어지며, 번뇌에 물든 차안(此岸)의 중생들이 떨치고 건너가야 할 이상향으로 묘사되곤 한다.(SN. IV. 373.)

한편 초기불교의 여러 경전에서 탐냄·성냄·어리석음이 소멸된 경지는 열반(涅槃)으로 풀이되곤 한다.(SN. IV. 251) 따라서 무위란 열반과 동일한 의미임을 알 수 있다. 열반과 무위의 실현은 초기불교의 궁극 목적에 해당한다. 결국 실천·수행이란 유위로부터 무위로 넘어가는 과정이라고 바꾸어 말할 수 있다. 사마타와 위빠사나도, 삼매의 닦음도, 사념처와 팔정도도 무위에 이르는 길로 설명된다.(SN. IV. 360) 이들을 닦음으로써 스스로 지어낸 경험세계의 속박으로부터 벗어난다면 그것으로 무위에 도달하는 셈이다.

그러나 무위란 마음먹은 대로 얻어지는 것이 아니다. 인간이 살아가는 세계 자체가 유위에 속하며, 또한 인간이 생각하거나 구사하는 개념들마저 유위의 차원을 벗어나지 못하기 때문이다. 심지어 지금 언급하고 있는 '무위'라는 명칭마저 언어적 관습을 통해 '지어낸 것'에 불과하다. 바로 여기에도 탐냄과 성냄과 어리석음이라는 유위의 그림자가 드리워질 수 있다. 예컨대 어떤 사람이 열반 혹은 무위를 얻었노라고 선언했다손 치자. 대부분의 경우 그러한 선언의 이면에는 얼마간의 과시욕과 함께 바로 그러한 과시적 심리를 알아차리지 못하는 어리석음이 전제되기 마련이다.

무위 혹은 열반이란 손안에 거머쥘 수 있는 전리품이 아니다. 이것은 만질 수도 잡을 수도 없다. 무위를 붙잡으려는 시도는 물속에 비친 달을 잡으려는 어리석음에 비유할 수 있다. 개념적 사고의 틀 안에서 획득되는 무위는 착각의 산물에 불과하다. 무위란 그와 같은 일체의 시도를 내려놓았을 때 비로소 드러나는 것이다. 이점에서 무위의 성취는 의지적인 결과일 수 없다. 이것은 오로지 비우고 버리는 것을 통해서만 드러난다. 무위에 이르는 길로 언급되곤 하는 사마타와 위빠사나, 삼매의 닦음, 사념처와 팔정도 따위도 이러한 맥락으로 받아들여야 한다. 이들이 무위에 도달하는 길일 수 있는 이유는 오직 스스로를 비우기 위한 수단이기 때문이다.

94
무아·윤회 논쟁

|

무아(無我, anatta)란 무엇이고 윤회(輪廻, saṁsāra)란 무엇인가. 무아란 '나'에 대한 부정을 의미하고 윤회란 그러한 '내'가 지속됨을 의미한다. 따라서 서로는 모순적이라고 할 수 있다. 많은 학자들이 이러한 모순에 당혹감을 느끼는 듯하다. 만일 '내'가 존재하지 않는다면 어떻게 윤회가 가능하겠는가. 이러한 당혹감은 초기불교의 가르침에 중대한 모순이 내포된 것이 아닌가 하는 조바심으로 연결되는 듯하다. 한국 불교학계를 뜨겁게 달구었던 '무아·윤회 논쟁'이 바로 이러한 당혹감과 문제의식으로부터 시작되었다. 많은 학자들이 이러한 모순을 해결하고자 나름의 논지를 펼쳤다.

붓다는 오온(五蘊)으로 드러나는 '나'를 인정하지 않았다. 물질현상(色)이든 느낌(受)이든 경험세계의 모든 것은 '나'의 바람이나 소망과 상관없이 발생했다가 사라진다. 오온의 일어남과 사라짐에 대해 '내'가 할 수 있는 일이란 도무지 없다. 요컨대 오온이란 '나의 것'이 아니며 또한 그들을 매개로 '나'라든가 '나의 자아'를 내세울 수 없다. 그렇다고 오온 밖의 또 다른 '나'를 설정할 수도 없는 문제이다. 설령 그러한 '나'가 있다손 치더라도 그것은 지음(行)이나 의식(識) 따위의 오온이 빚어낸 허구적·가변적 존재에 불과하다. 그러한 이유에서 무아이다.

윤회(輪廻)란 삶과 죽음이 반복되는 괴로움의 현실을 표현하는 용어이다. 꼬리에 꼬리를 무는 괴로움의 지속됨을 벗어나지 못하는 경우를 일컬어 윤회라고 한다. 이것은 무아를 망각한 상태로 바꾸어 말할 수 있다. 거짓된 '나'를 내려놓지 못한 까닭에 초래되는 바람직하지 못한 상황의 연속이 곧 윤회이다. 초기불교의 궁극 목적인 열반(涅槃) 혹은 해탈(解脫)이란 바로 이 윤회로부터 벗어난 경지에 다름이 아니다. 열반과 해탈의 가르침은 거짓된 '나'에 붙잡힌 상태로부터 벗어난 경지가 있다는 메시지로 이해할 수 있다.

그렇다면 윤회란 무아에 의해 극복되어야 할 대상이 된다. 즉 무아와 윤회는 본래부터 모순적이다. 무아의 실현은 곧 윤회가 없는 상태이다. 혹은 반대로 윤회에 매여 있다는 것은 무아를 모른다는 의미이다. 따라서 무아와 윤회가 모순된다고 해서 당혹감을 느껴야 할 이유는 전혀 없다. 만약 이들의 관계에 당혹감을 느꼈다면 그것은 곧 이상과 같은 교리적 맥락을 놓치고 있기 때문일 것이다. '나'라는 착각적 주체를 고집하지 않는다면 당연히 윤회 또한 사라지게 된다. 바로 이것이 윤회를 벗어난 상태이며 초기불교에서 지향했던 이상향이다.

후대의 아비담마불교(Abhidhamma)는 윤회의 양상에 대해 상세하게 분석한다. 그들은 극복해야 할 타깃을 명확히 하려는 취지에서 그러한 작업을 행했다고 할 수 있다. 그러나 유감스럽게도 아비담마의 정교한 윤회 해석은 윤회 자체를 옹호하려는 취지로 오인되는 듯하다. 그 결과 아비담마적 분석을 통해 무아와 윤회를 짜깁기하려는 시도들이 나타나고 있다. 특히 연기설(緣起說)을 바탕으로 무아와 윤회를 회통시키려는 일부의 견해들이 그러하다. '무아·윤회 논쟁'의 배경에는 이러한 억지스러운 견해들이 자리하고 있다.

초기불교의 연기설은 어디까지나 괴로움이 발생하고 소멸하는 과정을 드러내기 위한 것이다. 붓다는 늙음·죽음이라는 괴로움의 실존을 드러내기 위해 연기의 가르침을 펼쳤다. 이것은 초기불교의 경전 전체를 통해 일관되게 나타나는 사실이다. 연기설을 바탕으로 윤회에 접근해 들어간 아비담마의 교리체계 또한 괴로움이 이어지는 과정을 밝히는데 초점을 모을 뿐이다. 즉 무아를 망각한 까닭에 벌어지는 바람직하지 못한 상태의 악순환을 조명한다고 할 수 있다. 초기불교의 경전 어디에서도 연기를 통해 무아를 해명해 들어간 직접적인 사례는 발견되지 않는다.

무아의 가르침은 연기설이 아닌 오온설과 상관하여 나타날 뿐이다. 붓다는 오온으로 드러나는 경험세계에 속지 말라는 취지에서 무아를 가르쳤다. 혹은 자기중심적 편견으로 있는 그대로를 왜곡하지 말라는 뜻에서 오온의 무아를 일깨웠다. 이와 같이 무아설은 오온설과 관련될 뿐 연기설과는 그 배경이 다르다. 무아설과 연기설을 통합시키려는 시도는 초기불교의 테두리 안에서는 용인되기 힘들다. 이점에서 그간의 '무아·윤회 논쟁'은 각각의 교설들이 지니는 차별성을 간과했다고 할 수 있다. 한국불교학계에서 '무아·윤회 논쟁'의 파장은 적지 않다. 그럼에도 이 논쟁 자체에 내포된 문제점에 대한 지적은 그다지 주목을 받지 못하는 듯하다. 그간의 논의가 온전하게 결실을 맺기 위해서는 초기불교 본래의 가르침에 좀더 충실해질 필요가 있다.

【 인용 경전 】

이 책은 빨리어 경전협회(Pali Text Society)에서 출간한 니까야 시리즈에 입각해서 쓰였다. 여기에서 인용한 경전들은 편의상 아래와 같은 괄호 안의 약호로 표기하였으며, 사용된 권수와 쪽수 또한 빨리어 경전협회본의 권수와 쪽수를 뜻한다. (일부 산스끄리뜨 문헌은 별도의 방식으로 표기함)

Aṅguttaranikāya (AN) : 5 vols., edited by M. A. Morris and E. Hardy, London: Pali Text Society, 1961, 1976, 1976, 1958, 1958 (respectively reprints); 대림스님 옮김, 『앙굿따라니까야』전6권, 울산: 초기불전연구원, 2006; 전재성 옮김, 『앙굿따라니까야』전11권, 서울: 한국빠알리성전협회, 2008.

Bhagavadgītā (Bhg) : Translated by S. Radhakrishan, *The Bhagavadgītā With an Introductory Essay Sanskrit Text, English Translation and Notes,* London: George Allen & Unwin Ltd, 1976 (eleventh impression); 임승택 지음, 『바가바드기타 강독』, 서울: 경서원, 2003 (수정본).

Chāndogya-Upaniṣad (ChU) : edited with Introduction, Text, Translation and Notes by S. Radhakrishnan, *The Principal Upaniṣad,* London: George Allen & Unwin Ltd, 1968 (second impression); 이재숙 옮김, 『우파니샤드』전2권, 서울: 한길사, 2005.

Dhammapada (Dhp) : edited by O. von Hinuber and K. R. Norman, London: Pali Text Society, 1994; 전재성 역주, 『법구경-담마파다』, 서울: 한국빠알리성전협회, 2008.

Dhammasaṅgaṇī (Dhs) : edited by Edward Muller, London: Pali Text Society, 1978 (reprints).

Dīghanikāya (DN) : 3 vols., edited by T. W. Rhys Davids and J. Estlin Carpenter, London: Pali Text Society, 1890, 1903, 1911 (respectively); 각묵스님 옮김, 『디가니까야』전3권, 울산: 초기불전연구원, 2005; 전재성 옮김, 『디가니까야 전집』, 서울: 한국빠알리성전협회, 2011.

Itivuttaka (Iti) : edited by Ernst Windisch, London: Pali Text Society 1975 (reprints). ; 전재성 옮김, 『이띠붓따까-여시어경』전2권, 서울: 한국빠알리성전협회, 2009.

Kaṭha-Upaniṣad (KU) : edited with Introduction, Text, Translation and Notes by S. Radhakrishnan, *The Principal Upaniṣad*, London: George Allen & Unwin Ltd, 1968 (second impression); 이재숙 옮김,『우파니샤드』전2권, 서울: 한길사, 2005.

Khuddakapāṭha (Khud) : edited by Helmer Smith, *The Khuddaka-pāṭha together with Its Commentary Paramatthajotikā I*, London: Pāli Text Society 1978 (reprints).

Majjhimanikāya (MN) : 3 vols., edited by V. Trenckner and R. Chelmers, London: Pāli Text Society, 1979, 1925, 1951 (respectively reprints); 전재성 옮김,『맛지마 니까야』전5권, 서울: 한국빠알리성전협회, 2003; 대림스님 옮김,『맛지마 니까야』전4권, 울산: 초기불전연구원, 2012.

Paṭisambhidāmagga (Psm) : 2 vols., edited by Arnold. C. Taylor, London: Pāli Text Society, 1979; 임승택 옮김,『초기불교 수행론의 집성 빠띠삼비다막가 역주』, 서울: 가산불교문화연구원, 2001.

Saṁyuttanikāya (SN) : 5 vols., edited by M. Leon Feer, London: Pāli Text Society, 1884, 1888, 1890, 1894, 1898 (respectively); 전재성 옮김,『쌍윳따니까야』전11권, 서울: 한국빠알리성전협회, 1999; 각묵스님 옮김,『상윳따니까야』전6권, 울산: 초기불전연구원, 2009.

Suttanipāta (Stn) : new edition by Dines Andersen and Helmer Smith, London: Pāli Text Society 1984 (reprints); 전재성 옮김,『숫타니파타』, 서울: 한국빠알리성전협회, 2005 (개정본).

Theragāthā (Thag) : edited by Herman Oldenberg and Richard Pischel, *The Thera and Therī-gāthā*, London: Pāli Text Society, 1966 (second edition with appendices).

Udāna (Ud) : edited by Paul Steinthal, London: Pāli Text Society 1982 (reprints); 전재성 옮김,『우다나-감흥어린 시구』, 서울: 한국빠알리성전협회, 2009.

Vinayapiṭaka (Vin) : 5 vols., edited by H. Oldenbert, London: Pāli Text Society, 1969, 1977, 1964, 1964, 1982 respectively reprints.

찾아보기

【ㄱ】

갈애(愛, taṇhā) 164, 283, 303, 306, 309
감각적 욕망에 대한 갈애(慾愛, kāma-taṇhā) 160, 307
감각적 욕망에 대한 집착(慾取) 303
견해(見, diṭṭhi) 110
견해에 대한 집착(見取) 303
계(戒, sīla) 141
계(界) 279
계율(戒律) 141
계율과 서원에 대한 집착(戒禁取) 303, 304
계학(戒學, sīlasikkhā) 211
고따마 싯닷타 15
고성제(苦聖諦) 152
고행(苦行) 56
괴로움(苦, dukkha) 102, 150, 151, 154, 159, 260
근본불교 40

금욕주의 56
깨달음(覺, bodhi) 28, 135, 169, 170

【ㄴ】

남방불교 44, 45
내세(來世) 144
네 번째 선정(第四禪) 26, 208, 209, 222
노력[精進] 242, 243
느낌(受, vedanā) 105, 157, 169, 262, 283, 306, 309, 312, 319
느낌에 대한 지속적인 관찰(受隨觀, vedanānupassin) 220
늙음·죽음(老死, jarāmaraṇa) 283, 292, 294, 295, 331

【ㄷ】

다섯 기능(五根, pañca-indriyāni) 224
다섯 장애(五蓋, pañca-nīvaraṇāni) 227,

228, 239
다신교(多神敎) 76
단멸론(斷滅論, ucchedavāda) 19, 69
단일신교(單一神敎) 76
도성제(道聖諦) 108, 176, 184
돈오점수(頓悟漸修) 183
두 번째 선정(第二禪) 207
들뜸과 회한(掉擧惡作) 239

【ㅁ】

마음(心, citta) 113, 114, 337
마음기능(意, mano) 85, 88, 114, 266, 276, 277, 316
마음냄(作意) 319
마음에 대한 지속적인 관찰(心隨觀, cittānupassin) 224
마음요소(心所) 337
마음지킴(念, sati) 204, 205, 214, 231, 242, 244, 250
멸성제(滅聖諦) 168, 175
몸에 대한 지속적인 관찰(身隨觀, kāyānupassin) 217, 232
무명(無明, avijjā) 130, 283, 310, 327, 331
무명과의 접촉(無明觸) 314
무상(無常, anicca) 99, 219, 260
무색계의 4선정(四無色定) 234
무신론(無神論) 75
무아(無我, anatta) 105, 219, 260, 342

무아설 344
무위(無爲) 339, 341
물질현상(色, rūpa) 105, 157, 258, 260, 309, 319, 320, 337
물질현상을 벗어난 세계(無色界) 115, 116
믿음(信, saddhā) 96, 111, 242, 243

【ㅂ】

바라문교 49, 73
바른 견해(正見, sammādiṭṭhi) 111, 184
바른 노력(正精進, sammāvāyāma) 200
바른 마음지킴(正念, sammāsati) 203
바른 삶(正命, sammā-ājīva) 197
바른 삼매(正定, sammāsamādhi) 207
바른 언어(正語, sammāvācā) 191
바른 의향(正思惟, sammāsaṅkappa) 187
바른 행위(正業, sammākammanta) 194
반열반 37
밝은 앎(明, vijjā) 264
번뇌 173
범아일여(梵我一如) 59, 60
법(法, dhamma) 143, 334
법에 대한 지속적인 관찰(法隨觀, dhammānupassin) 227, 232, 239
베다(Veda) 49, 72
보리(菩提, bodhi) 241
보시(布施, dāna) 138

북방불교 44, 45
불(佛) 143
불성(佛性) 61
붓다 21
브라흐만(梵, Brahman) 59
빨리불교 41

【 ㅅ 】

사념처(四念處, cattāro satipaṭṭhāna) 203, 214, 239, 249
사띠(念, sati) 250
사마타(止, samatha) 31, 92, 215, 234, 252
사성제(四聖諦) 16, 20, 29, 146, 149, 184, 228, 332
삼계(三界) 115, 117, 299
삼매(定) 209, 242, 244
삼빠쟌냐(知, sampajañña) 251
삼세양중인과론(三世兩重因果論) 329
삼학(三學) 211
상좌부(Theravāda) 15
상주론(常住論) 18
색계의 4선정(色界四禪) 234
성냄(瞋, dosa) 122, 126, 127
세 번째 선정(第三禪) 208
세계(世界, loka) 76, 114, 116, 118, 120
숙명론 66, 68
순수한 물질현상의 세계(色界) 115, 116

승(僧) 143
신(神) 52, 75, 76, 77, 120
신체(身, kāya) 85, 88
신체적 접촉(有對觸, paṭigha-samphassa) 314
십이연기(十二緣起) 283, 287, 333
십이처(十二處, dvādasa-āyatanāni) 276, 316
십팔계(十八界, aṭṭhārasa-dhātuyo) 279, 281
싯단따(siddhānta) 94, 96

【 ㅇ 】

아뇩다라삼먁삼보리(阿耨多羅三藐三菩提) 182
아뜨만 60
아뜨만(我, Ātman) 59
아리야삿짜(cattāri ariyasaccāni) 149
아비담마불교(Abhidhamma) 336, 344
아지비까(ājīvika) 66, 67
악한 마음(瞋恚) 239
알아차림(知, sampajañña) 204, 214
어리석음(癡, moha) 122, 127, 129
언어(口, vacī) 85, 88
언어적 접촉(命名觸, adhivacana-samphassa) 314
업(業, karma) 78, 85, 86, 88, 328
여래장(如來藏) 61

여섯 장소(六入, saḷāyatana) 283, 312, 316, 319
연기(緣起, paṭiccasamuppāda) 29, 287
연기설 283
열반(涅槃, nibbāna) 79, 88, 131, 172, 175
염세주의(厭世主義) 104
영혼(jīva) 337
오온(五蘊, pañcakkhandhā) 102, 255, 309
오온설 344
오취온(五取蘊, pañca-upādānakkhandhā) 106, 156, 272
완전한 지혜(aññā) 137
요가(yoga) 25, 91
욕구(chanda) 124
욕망에 지배되는 세계(欲界) 115, 116
우빠니샤드(Upaniṣad) 82, 83, 91
원시불교 41, 91
위빠사나(觀, vipassanā) 31, 93, 203, 214, 234
위없는 바른 깨달음(無上正等正覺, anuttaraṃ sammāsambodhi) 30, 151, 182
유위(有爲) 339
유일신교(唯一神敎) 76
육도(六道, 六趣) 117
윤회(輪廻, saṃsāra) 79, 88, 122, 342, 343
윤회설(輪廻說) 296

율(律, vinaya) 141
의도(思, cetanā) 83
의도(思, sañcetanā) 90
의식(識, viññāṇa) 105, 158, 272, 283, 309, 319, 323, 327
의심(疑) 239
인간계 118
인격신(人格神) 53
일곱 깨달음의 조목(七覺支) 228, 229
일분상주론(一分常住論) 19
있는 그대로(如如, yathābhūtaṃ) 32, 207, 235, 259, 301
있음(有, bhava) 283, 295, 298, 300, 303
있음에 대한 갈애(有愛, bhava-taṇhā) 160, 161, 308
있지 않음에 대한 갈애(非有愛, vibhava-taṇhā) 160, 162, 308

【 ㅈ 】

자아(attan) 70, 106, 337
자아의 교리에 대한 집착(我語取) 303, 304
자애(慈, mettā) 247
자이나교(Jainism) 57, 84
잘못된 견해(邪見, micchādiṭṭhi) 130
잠재적 성향(隨眠, anusaya) 237, 325
재생연결의식(結生識) 325
전법(傳法) 31, 32

접촉(觸, phassa) 283, 309, 312, 316, 319
정신(名) 319, 320
정신・물질현상(名色, nāmarūpa) 283, 316, 319, 323
정학(定學, samādhisikkhā) 211
제식주의 52, 81
중도(中道, majjhimā paṭipadā) 26, 29, 35, 177
중도연기(中道緣起) 178
지각(想, saññā) 105, 114, 157, 265, 309, 319
지각과 느낌이 소멸된 선정(想受滅定) 208, 237
지음(行, saṅkhāra) 105, 158, 237, 269, 283, 309, 310, 323, 327, 332
지혜(慧) 173, 242
진리 18
집성제(集聖諦) 160
집착(取, upādāna) 283, 298, 303, 306

【 ㅊ 】

천상계 118, 120
철학(哲學) 94
첫 번째 선정(初禪) 26, 207, 208
초기불교 15, 40, 42, 344
출가 24
출세간(出世間, lokuttara) 119, 121
침묵(無記, avyākata) 20, 70

【 ㅋ 】

카스트(caste) 80
쾌락에 대한 욕망(貪欲) 239
쾌락주의 62, 63, 71

【 ㅌ 】

탐냄(貪, rāga) 122, 127
태어남(生, jāti) 283, 292, 295, 298

【 ㅍ 】

팔정도(八正道) 29, 176, 181

【 ㅎ 】

해탈(解脫) 79, 88, 132
혜학(慧學, paññāsikkhā) 211
혼침과 졸음(昏沈睡眠) 239
화(kodha) 128
환영(幻, māya) 59
힌두교 72, 74